一张K线图赢遍全球市场

李志尚◎著

SPM
南方出版传媒
广东经济出版社
·广州·

图书在版编目（CIP）数据

一张K线图赢遍全球市场 / 李志尚著. —广州：广东经济出版社，2021. 4
ISBN 978-7-5454-7436-7

Ⅰ. ①一… Ⅱ. ①李… Ⅲ. ①股票投资—基本知识 Ⅳ. ①F830.91

中国版本图书馆CIP数据核字（2020）第245069号

责任编辑：周伊凌
责任技编：陆俊帆

一张K线图赢遍全球市场
YI ZHANG K XIAN TU YING BIAN QUANQIU SHICHANG

出　版 发　行	广东经济出版社（广州市环市东路水荫路11号11～12楼）
经　销	全国新华书店
印　刷	佛山市迎高彩印有限公司 （佛山市顺德区陈村镇广隆工业区兴业七路9号）
开　本	787毫米×1092毫米 1/16
印　张	19
字　数	389千字
版　次	2021年4月第1版
印　次	2021年4月第1次
书　号	ISBN 978-7-5454-7436-7
定　价	88. 00元

图书营销中心地址：广州市环市东路水荫路11号11楼
电话：（020）87393830 邮政编码：510075
如发现印装质量问题，影响阅读，请与本社联系

前　言

笔者从业以来的座右铭："唯有专注才专业，做精一招胜千招。"所谓"做精一张图"，是指笔者对K线图进行反复分析和研究，并且将成果运用于全球所有适用K线图的市场，做到一通则全通的通用技术精髓。对此，笔者自认为已经达到一定境界。笔者在2011年出版的股票类图书《做精一张图》至今已热销近10年，目前，各大书店仍在架展销。历经近10年的提炼，笔者再推经典之作，向读者阐释"会千招不如一招精"和"一招鲜吃遍天"的投资交易之道。

本书将200张经典案例K线图、详细的图文注释、丰富的干货和精美的彩绘呈现给读者。如果要问本书与《做精一张图》有何区别，笔者认为可以这样去形容：《做精一张图》为"散招"，本书为"组合拳"。或者换一种更直观的形容方式：《做精一张图》属于"中学"级别，本书属于"大学"级别，再高一级则是自我的"交易模型"和自我"心态"的修炼。

【六大亮点】

亮点一：浓缩精华

笔者从之前写的8本书中提取精华，重点突出各种综合应用。因为学习知识都会有一个过程，例如先把书"读厚"，再把书"读薄"。当然，很多人难以做到把书"读薄"，那笔者就助其一臂之力，挑选精华部分，并告诉他们如何在实盘中实际应用。

亮点二：融会贯通

笔者将教会你如何将通用又实用的方法和技巧融会贯通，并运用到全球各热门品种市场中去。从学懂到学会再到学透，最后化为己用，这才是真正的"学以致用"。

亮点三：最高概率

笔者以自身10余年的实操经验，总结出成功率最高的K线图形条件进行分享，教你懂得K线图真正的精髓。

亮点四：立竿见影

笔者仍以精简、易学、实用的形式描述，书中句句实言干货，字字深刻，招招能现学现用，没有一句多余的话，阅读时请一定要仔细品味。

亮点五：技能升华

笔者为了让老读者和市场中的老投资者的实盘交易技能得到高层次的升华，同时也让新投资者少走弯路，专门对“左侧交易”和“右侧交易”以及各种“精准预期”的实操应用进行了周详的描写。

亮点六：体系建立

这三本书——《一张K线图赢遍全球市场》《一种交易模型赢遍全球市场》《一种交易心态赢遍全球市场》可以帮助读者朋友们成功建立自己的交易体系，其他两本书很快也将上市，敬请期待。

总之，这本书绝对经典、绝对实用、绝对易学、绝对能达到立竿见影的效果！

【K线图的核心要点知识】

笔者一直专注于研究各大交易市场的K线图，通过化繁为简的形式，在此精心为大家揭晓K线图的核心本质，以便读者朋友们对K线图有更深一层的认识，并理解K线图的精要之处。

“树高万丈不忘根，人若辉煌莫忘恩。”这句话教育人不能忘本，笔者的这本书就以“本质”为开端。

所有事物都有其根本的性质，包括人也会有“本性”，只有明白本质的核心所在，才能使其起主导作用。在实践中围绕本质，才不会被误导，才不容易偏离路线。

首先，我们要明白一个道理：交易市场是资本的博弈场所，也是高智商者的竞技场，不是“菜鸟”的提款机。俗话说：“8个小时以内求生存，8个小时以外求发展。”放在A股市场中来讲，4小时以外的学习，是为了做好盘中的4小时交易。

一张K线图的背后

人的行为、多空博弈、大资金的操纵、宏观和微观的政策影响以及周边市场环境的干扰等，都能够以最直观的形式体现在一张K线图中。

真正的技术派内心是这样的：不愿意跟所有人都交往，更愿意选择志同道合的人。放在交易中便是只做自己最熟悉的、理解得最透彻的、成功率最高的图形。

一张K线图的技术分析内容

K线图的技术分析内容主要包括切线分析、形态分析、K线组合分析、波浪分析、技术指标分析、均线分析、成交量分析、价格分析、时间分析、空间分析，以及揭开K线图背后的人性（市场大众的情绪和主力的心理与行为）等。对以上这些内容，一定要进行专业的科学分析，不能带有自己的情绪。

为什么要学习K线图技术

1. 一张K线图包含市场中的一切信息，任何信息受到影响，都会第一时间反映到K线图中，所以学习K线图技术是了解市场最快捷、最有效、最直观的方法，这个方法可以让你在灵活应变中发现交易信号。

2. 可以在实践中寻找规律、发现规律、运用规律，因为越是成熟的交易市场，就越有规律可循，历史总是在不断重演。

3. 没有只涨不跌的市场，也没有只跌不涨的市场，因为“物极必反”。下跌越多，反弹就会越高，急涨之后就有潜在的急跌。总之涨多了就会跌，跌多了就会涨。就A股市场而言，风险是涨出来的，机会是跌出来的。

4. 在实操应用中，我们可以通过K线图形、指标和均线的过往走势与历史规律以及当前所处的阶段位置，推测接下来短期或中长期潜在的各种变化。在对各周期图进行细致、周密的分析之后，技术派终将诞生，由此实现“手中有单，心中有点位；手中无单，心中有行情”。

学习K线图技术的五步进阶式

第一步：理解K线的本质核心。万事不忘本，不偏离核心。我们要明白哪些是必学的，哪些为辅助，哪些可以忽略，哪些可为己用。例如单根K线、组合K线、形态K线的构成和其处于不同阶段背后的意义，以及量价形态的关系，这些都属于K线图形的本质核心。

第二步：熟知K线的主要理论。理论是从实践当中获得的认知，也是实践经验的结晶。“志尚投教”平台上的“通用的投资理论大全（实践与应用）”系列视频课程，共包含46种常用理论，其中有三分之一的课程与K线图技术相关，其余的与市场周期规律和人性（情绪）相关。

第三步：精通K线形态的应用。笔者2011年出版的股票类图书《做精一张图》中有近百种K线图形的变化，虽然我们不会将其全部用于实盘交易，但是在分析过程中一定要看懂、看细、看透各种图形，这样才能判断出交易机会和评估出风险，制订出周密的交易策略。总之，90%的K线图形是需要记忆的，主要用于理论分析；另外10%的K线图形是用于实盘交易的，这10%也是所有K线图形中最有规律可循、信号最明确、成功率最高、最让人得心应手的。本书力求精简，所以主要围绕这10%的K线图形进行讲解。

第四步：善用K线指标做辅助。读者朋友们一定要记住，指标仅起辅助作用，不能忽视K线形态。如果我们仅以指标为交易信号，必须先分析K线图形，后用指标辅助参考，并且笔者不建议运用太多种指标，否则会产生冲突、导致质疑。例如趋势-分析型（EXPMA）、波段-人气型（MACD）、顺势-通道型（BOLL）、主力资金-流动型（SUPL）、买卖和捂仓约束依据-均线型（MA），如此简单的几种指标各自发挥着不同的重要作用。如何将这些最实用的指标的作用与功能发挥到极致？本书会对200张图进行分析，以帮助读者朋友们理解。

第五步：修炼自己的交易行为。请记住，人一定是“学得多，用得少”，只有博学多闻才能明白真理所在。要先明白真理所在，再充分运用所学去实现目标或达到一种境界。很多人是“学得少，用得多”，这才会乱套，或者是“学得多，做不精”，这也是白学，甚至有的人心中明白，但行为相反，可见最怕的是不好的行为习惯。行为是一种修养，需要漫长的时间去纠正、完善，才会熟能生巧、得心应手。总之，不是技术不实用，也不是技术难学，而是学会之后要灵活运用、融会贯通，并慢慢养成良好的交易行为习惯。

当你能“看懂”一张K线图，便可马上得知市场或主力的意图；当你能“做精”一张K线图，便可赢遍所有市场。凡是有K线图的市场都一样，K线的本质核心和规律不会变，因为都是交易行为中的人性的直观体现。

由此可见，你有多高的技术水平，就决定你在有K线图的市场中能赚多少钱。

另外，“经验”告诉你要怎么“做”；“技术”告诉你要怎么“执行”；“行为”决定你执行力的“强弱”。

笔者认为，要想在市场中取得成功，是要靠2分技术+3分经验+4分体系模型+1分修行的（分先后顺序）。众所周知，“知行合一”是一种境界，但必须先有“知”后才知道怎么“行”，最关键的一步是能否执行。能学到的东西都不难，只要用心学，大都能学会，但需要“修炼”的东西就有难度了，因为“修炼”是更高层面的觉悟和感知，所以笔者在本系列图书中的第3册《一种交易心态赢遍全球市场》中会写到交易心态的克制与调整法则，以使读者朋友们在“修炼”之路上得到帮助。

目　录

第一章　K线图浪形结构判断

第二章 K线图黄金分割运用

第三章 K线图左侧形态分析

第四章　K线图右侧顺势交易

第五章　K线图量价关系买卖

第六章 在各市场运用K线技巧的注意事项

附 录

结 语

第一章　K线图浪形结构判断

在所有K线图市场当中，60%的交易时间里市场会出现四种浪形结构：K线由短到长、K线由长到短、K线两头长中间短和K线波浪3+1。

导　读

任何市场中的K线图，其背后反映的都是人性的博弈、资本的运作。价值和价格围绕着市场供需变化而波动，价格曲线变化演变为行情波浪形状，反映行情走势的K线图再演变为人性之间的博弈。久而久之就会产生一些常见的运行规律。众所周知，K线图源于日本，在欧美国家发展成熟，特别是在国际市场如现货黄金、外汇、国际期货等领域更为成熟、更有规律可循。笔者通过多年对国际市场进行研究，发现所有K线图市场中，在60%的交易时间里，市场会出现四种浪形结构。学会并掌握这四种浪形结构，对于判断行情现处阶段位置、未来预期空间有极大的帮助。

第一节　K线由短到长

K线由短到长是指K线图形态由十字星、小K线、中K线、长K线等一连串K线组成，当阳线由短到长排列时，说明多头能量获得大量释放，随后转为空头的潜力较大；当阴线由短到长排列时，说明空头能量获得大量释放，随后转为多头的潜力较大。这是对一个波段行情的分析与判断，通常在一个波段行情中，这组形态完成后，会有回转之势（再运行另一个波段行情）。

该形态的构成原理是行情由不明确到明确，再到市场公认的过程。这好比汽车从一挡到五挡的提速过程，当提速到最高挡时，下个挡必将是降速挡。

在实盘运用时，左侧分析是指分析已经出现由短到长的K线图中准备做右侧回转的行情；右侧分析是指分析正处在由短到长的中途区域、可博取后半段的长K线行情。

按K线构成来划分，可将由短到长形态分为直接3连K线组成和间接多根K线组成。

在K线图中每个阶段位置均有可能出现这种K线形态，特别是在主升浪或主跌浪中出现时极其关键，说明大趋势即将反转。

案例1

股票K线由短到长

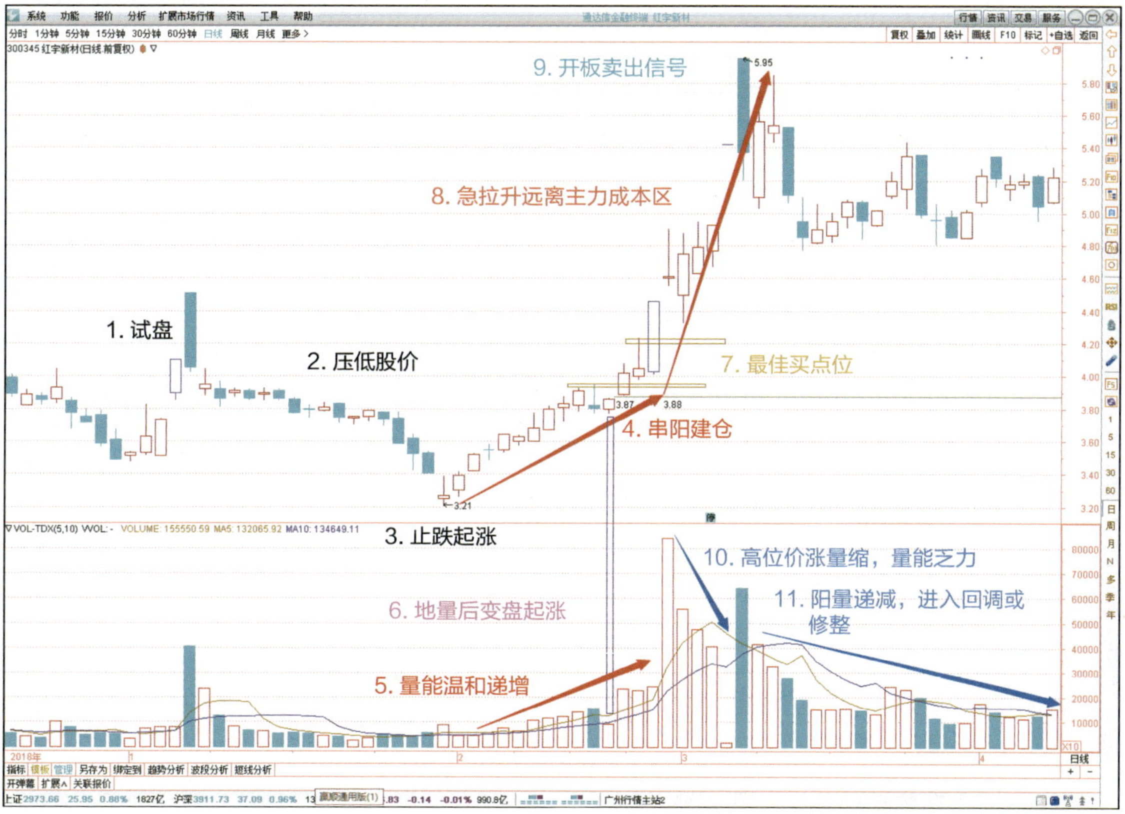

图 1 （股票）红宇新材（300345）在 2019 年 2—4 月的日 K 线走势

【图形特征】

标记1：行情先以长上影线冲高回落，随后出现中阳线向上修复，接着均量涨停，其后涨停开盘低走收长阴线。能在较低位置出现均量涨停、开盘迅速涨停现象，说明不是散户所为，主力必然有抢筹的意图，除非受到重大公开的利好影响。所以，可以初步界定主力有试盘行为。

标记2：出现小阴线、小阳线盘跌的目的是诱空，洗出跟风盘和被套盘的浮筹，同时再打压出新低，逼迫散户交出手中筹码，从而使主力可以捡到更低、更多的筹码。

标记3：打开最低价3.21元的分时图会发现，当日探及此位后股价瞬间回升，直至尾盘仍围绕着均价线。就3.21元的最低价来讲，这是一种盘口暗语，类似于倒计时的开始，在低位出现最低价存在较大的看涨意义，相反，若在高位出现最高价就存在看跌的意义。当然，类似的神奇暗语有很多，如“顺子号”“豹子号”“对子号”等，都值得我们关注，不得不防。

标记4：串阳组合盘升，属于主力正式建仓的特征，同时也印证了标记1的试盘判断。根据标记1和标记3进行综合判断，此时有足够的时间与主力同步建仓。

标记5：温和放量、阳量递增属于良好的上涨态势，当后续高位阳量拉长、高位爆出巨量或天量时，说明该轮波段行情结束。

标记6：通常在串阳组合后会产生单根地量K线，无论是阳线还是阴线，只要成交量柱明显比前几根低，就可确认为地量。这种地量属于主力惜售特征，也就是买卖盘很少的变盘信号，随后一旦放量起涨，行情便会加速上涨。

标记7：综合标记1和标记3、4、5、6的看涨特征后，最佳买点在地量次日放量起涨时，或随后收复长上影线三分之二时再加仓“买入”，止损位为地量日的低点之下。

标记8：主力在低位完成建仓之后，股价会急拉快涨，远离主力自己的成本区。

标记9：股价远离主力成本区，有利于主力进行洗盘、盘整，当散户们放弃并不再关注时，主力再次拉升，进入新的一轮上涨周期。如果大盘趋势较弱，或者该股仅为短期热点炒作个股，那么主力也只会以短炒为主。所以，在涨停之后不能再封板或开板就是止盈信号。

标记10：在阶段行情的主升浪中，价格上涨而成交量递减，说明上涨动力欠缺，须随时注意探顶回调。

标记11：在修整过程中，阳量逐渐减少，类似电器关机后的散热期，行情波动幅度也随之进入低迷状态。但整体仍是阳量比较突出、阳量大于阴量，所以后续仍有上涨潜力。

【综合分析】

我们将图1整体分为左侧和右侧两部分，左侧是标记1至标记3，此阶段为预判阶段。一旦右侧配合和逐步确认左侧的预期，那么下一步将是寻找最佳买入点位。同时，研究在右侧回升过程中的K线运行规律，发现它具有“由短到长”的伸延特征，所以在由小阳到中阳阶段时寻找买入点最为恰当，随后待预期中的大阳线出现时，便是寻找卖点的信号。

另外，读者朋友们还可以打开股票上证指数月线趋势图来看，在2007年和2015年牛市中，月K线也是遵循“由短到长”的浪形周期规律。所以，同样的分析与判断技巧，在各个市场、各个周期图形中都通用。

案例2

期货K线由短到长

图2 （期货）菜粕2001（RM2001）主力合约在2019年2—7月的日K线走势

【图形特征】

标记1：无论是横盘箱体、区域震荡、收敛三角形还是中继平台，其横向跨度有多长，一般变盘突破后的单边行情就有多长。虽然不是百分之百一样长，但也相差不多。所以，横向跨度越长，意味着未来的单边行情越长，更值得留意变盘前后的预期信号。

标记2：跌破箱体下轨后，通常会有回抽确认反阻的过程，一旦受阻后再继续加速下跌、相反收复失地则说明诱空洗盘成立。此时，可关注破位时的阴量大小和止跌后的阳量变化，例如阴线价跌量减，其后阳量递增，一般为诱空假跌现象。

标记3：只要收复失地，确定为诱空，那么后续行情将上涨，紧接着将是寻求买点信号。

标记4：在向上收复失地途中，阴线量能明显价跌量缩，阳线量能逐根递增，属于卖盘较少、买盘渐增的情况，是良性的上涨趋势特征。根据上行通道中的量能技巧，每逢出现缩量阴线或地量时均为低多机会，稳健者也可待随后阳量递增时再追涨“买入”。止损位为缩量日或地量日的低点之下，扫损幅度也较小。

标记5：在到达前高点即黄金分割1.0位置时，一般会有短暂的修整过程，例如以缩量阴线、十字星线和上下影组合线完成修整。如图2上下影线出现后，修复上影线三分之二时可看涨买多单（止损位为下影线低点）；修复下影线三分之二时可看跌买空单（止损位为上影线高点）。

标记6：从自低而上的整轮波段行情来看，K线浪形结构的节奏规律为“由短到长”。

标记7：上下影线变盘信号出现后，连续三根阳线逐根拉长，在第三根阳线比第二根阳线长的时候，便是逢高止盈的位置。

标记8：虽然在3连阳后还有新高点，但其属于构顶阶段的震荡行情，不值得去博取不确定和不稳定的行情。最终以长上影线诱多探出2431点的最高价，寓意为“1234”顺子号的暗语。接着在高位震荡收窄区域中探出三次顶底，其后进入变盘方向的突破阶段。

标记9：在横向磨顶过程中，MACD绿柱堆逐堆扩大，意味着在横向中偏向空头的意愿较强。

标记10：在三次顶底后该变盘选择方向突破时，高位爆阴量体现出空头的强劲，同时也是反手开空单的信号。

【综合分析】

我们对图2进行整体分析可知，长时间盘升后转急升，在急升阶段一般属于爆发式的主升浪，其K线“由短到长”形态完成后，必将进入下一轮周期行情。所以可等左侧的“由短到长”形态完成后，再到右侧反向做空。

再从图2标记4后面的成交量来看，先是阳量递增，再到阳量递减，然后是高位爆阴量转为跌势，运用标准化的量价关系分析法，可解释为阳量递增到最大，完成释放多头后，行情必然会滞涨；磨顶过程中阳量递减代表多头力量较弱；再爆阴量说明市场一致开始看空。

案例3

黄金K线由短到长

图 3　黄金在 2019 年 9 月 1—6 日的 60 分钟 K 线走势

【图形特征】

标记1：左侧两天的横盘箱体，高低不齐，无论后续往哪个方向变盘突破，都将满足横有多长、竖有多长的预期。

标记2：针对根据横向K线走势难以判断预期行情方向的情况，可以通过MACD指标线和红绿柱来辅助判断。如图3所示，在横向走势中指标线向上移、红柱多于绿柱，这就意味着向上变盘突破的概率较大。因为指标均线代表均价移向，向上移说明买多的均价在上移，看涨的人气偏高一些；红柱代表多方的力量，频繁出现红柱多于绿柱的现象，说明陆陆续续有不少人开多单。持续的时间越长，代表达成一致看多的人越多，其后一旦向上突破确定，行情就将加速上涨。

标记3：虽然是不起眼的5根阴线，但从一个小级别的浪形周期结构来讲，其属于“两头长中间短”的规律节奏，形态完成后又将进入下一轮浪形周期。

标记4：MACD在0轴之上向上“蜻蜓点水”，在K线图中体现为修整结束后开始加速上涨之势。老读者们理应都很熟悉这一技巧，因为在股票类图书《做精一张图》中有多个相关案例的图文解析。

标记5：突破并收复前面所有长上影线时，正是多单最佳的买入位置，止损位为前一根阴线低点之下。

标记6：从两组连阳走势来看，这两组走势都遵循“由短到长”的伸延规律。在前高点附近时以单根阴线修整，再以上下影线组合完成试盘，其后又以3连阳结束本轮上涨周期浪，3连阳中的第三根阳线拉长或滞涨时，即多单止盈的位置。

标记7：冲高回调中的阴线明显以“由长到短”的规律运行，完成此轮浪形结构后，又将进入下一轮周期浪。

标记8：回调低点以前面横盘箱体的上轨高点为支撑，止跌后的阳线突破构底平台高点时，是多单进场信号，止损位为新低点之下。

标记9：在两根中阳线上涨至前高点附近时，再以上下影线试盘修整，其后向上修复创出新高。由此，又形成“两头长中间短”的浪形周期结构，长阳线创新高的位置即逢高止盈位。同时，虽然价格创新高，但从MACD红柱堆和指标均线来看，显然比前一堆收短与背离偏下移，意味着多头力量在减弱。

标记10：由小阴线到中阴线，再到长阴线，形成“由短到长”的浪形结构。特别是在该轮主跌浪中3连阴线逐根拉长最为明显，以此完成本轮下跌周期浪。

【综合分析】

我们对图3进行整体分析，可以看出三种阶段式的浪形周期结构：标记3和标记9为“两头长中间短”、标记6和标记10为“由短到长”、标记7为“由长到短”。在短短三天时间的小时图中，就出现三种和五组浪形结构。这也足以证明笔者在本章中强调的：在所有K线图市场当中，60%的交易时间市场会出现四种浪形结构。也就是说，只要能掌握这四种浪形结构，就能看懂超过60%的行情分析，并且这四种浪形结构非常精简、易学和实用，读者能学以致用，学习效果立竿见影。这也是笔者多年来研究各种市场的K线形态和专注教学的心血和结晶。

案例4

原油K线由短到长

图 4 国际原油在 2019 年 10 月 1—3 日的 60 分钟 K 线走势

【图形特征】

标记1：该形态为下跌中继后的新一轮下跌周期浪，共有4个下跌浪和3个修整反弹浪，笔者将此下跌浪称为“3+1浪”，即3个下跌浪+1个主跌浪。图4中有3个下跌浪均以“由短到长”的浪形结构完成走势。

标记2：黄色箭头标注了“由长到短”的浪形结构。特别是处于下跌浪后的弱反抽或反弹阶段时，出现阳线“由长到短”的现象，这说明行情反转为多头的意愿较弱，更能体现出回升渐近尾声，再现重返跌势的预期。

标记3：每一轮下跌后的反弹高点，均以前一个低点为反阻力位，类似于阶梯式的下行趋势。

【综合分析】

我们对图4进行整体分析可知，只要高、低点下移，就说明行情维持下降通道趋势。若要构成反转趋势，就必须达到突破前一个高点，同时低点逐个抬高的基本条件。另外，图中做空的止损位常为前一个低点反阻力位之上，止盈位为前一个低点之下，阴线逐根拉长时逢低止盈，也可结合前面下跌浪形的长度规律进行对比，例如图中后面3个下跌浪的长度相当，如此也能给予相对应的止盈区域。

案例5

外汇K线由短到长

图5 （外汇）美元指数在2019年9月12—18日的60分钟K线走势

【图形特征】

标记1：如果单从一个小波段走势来看，或许难以看懂行情运行规律；但如果扩大到一个整体来看，“两头长中间短”的浪形周期结构就一目了然了，该结构完成之后再进入下一轮浪形周期。

标记2：由急跌到盘跌再转急跌释放空头时，MACD的绿柱堆也逐堆收短，说明一边在释放空头，另一边的多头也在逐渐进场；空头逐渐减少的同时，多头也在逐渐增多，这更意味着下一轮浪形周期预期看涨。

标记3：低位回升中，阳线只要是“由短到长”，就绝对不是弱反抽，而是反弹行情，因为弱反抽回升的阳线往往是“由长到短”。反弹行情能持续多久？“由短到长”组合中，长阳线的出现为终结信号。能否由反弹演变为反转？要观察是否突破前高点再回踩确认反支撑力度，若获得反支撑后再回升，则为反转确认信号。笔者会在后面章节中详细描述。

标记4：高位横盘收窄后诱多成立（冲高回落时阴包阳），由此可以确定为“横有多长，竖有多长”的走势。

标记5：在横盘中MACD红柱逐根收短、绿柱逐根拉长，意味着在酝酿空头之势。

标记6：在诱多确定后转跌时的阴线，“由短到长”完成一个波段下跌周期浪。

【综合分析】

我们对图5进行整体分析可知，该走势属于震荡行情，但将波段拆分来看，做单并不是很困难。例如笔者在2016年写的歌曲《现货白银歌》中的一段歌词：“大波段、小波段，做好自己能看懂的那一段。”所以，看不懂的那一段行情就直接忽略，能看懂的那一段行情就绝不错过。

（提示：手机扫一扫图5中的二维码，可在优酷上试听该歌曲，请准备好纸笔，以便抄写歌词，因为每句都是精华。）

第二节　K线由长到短

K线由长到短是指K线图形态由长K线、中K线、小K线、十字星等一连串K线组成，当阳线由长到短排列时，说明多头力量减弱，缺乏上涨力度，随后转为空头的潜力较大；当阴线由长到短排列时，说明空头力量减弱，缺乏下跌力度，随后转为多头的潜力较大。这是对一个波段行情的分析与判断，通常在一个波段行情中，这组形态完成后，会有回转之势（再运行另一个波段行情）。

该形态的构成原理是行情由急到缓的过程，缓和过后可能是回转或是停顿后再次加速。这就好比汽车在完成高速路行驶后，出高速路进入匝道时，必须由快速降为慢速，同时这说明高速行驶已结束；但也可能并没有出高速路，而是转向另一条高速路。

在实盘运用时，左侧分析是指分析已经出现由长到短的K线图中准备做右侧回转的行情，特别是出现吞没前两三根中小K线时，可将此认定为初步的反转信号；右侧分析是指分析正处在由长到短的中途区域、不建议去博取后半段的小K线行情，除非上几个大周期图还有伸延空间与潜力，可考虑在等待中观察行情是否会停顿后再次加速。

按K线构成来划分，可将由长到短形态分为直接3连K线组成和间接多根K线组成。

在K线图中每个阶段位置均有可能出现这种K线形态。当其在上涨中的回踩和下跌中的长反抽过程出现时，往往还会顺势伸延；特别是当其在磨顶和磨底阶段出现时，说明大趋势即将反转。

案例6

股票K线由长到短

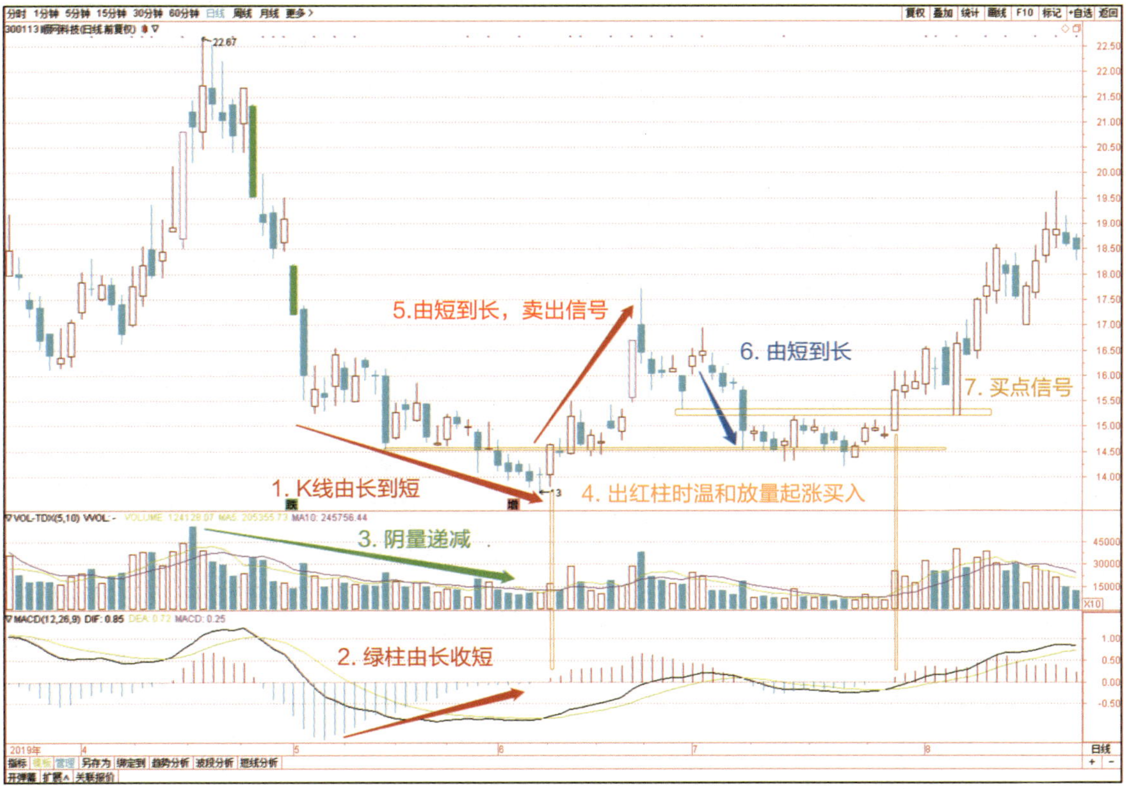

图6　（股票）顺网科技（300113）在2019年4—8月的日K线走势

【图形特征】

标记1：由高而下，从跌停到长阴线、中阴线、小阴线、十字星，由长到短探底。意味着空头在高位集中大量释放后，后半段散户随波逐流。当市场卖出的意愿逐渐减弱时，阴线也就随之缩短。

标记2：此时，可以观察SUPL和MACD指标柱线是否出现底背离现象，以便提前预判是会反转，还是会继续加速下行。通常，在K线盘跌或跌升过程中，这两个趋向性强的指标很有可能产生背离，但柱线背离的幅度大小很有讲究，笔者在后面的相关章节中会详细讲解。

标记3：虽然阳线和阴线同时收短，但阴线量能很明显呈由长到短的递减状态，直到探底时，阴线量能缩至最低，为地量区域。所以，往往一个浪形结构末端的几根K线极为重要，关键信号或许就在这里。

标记4：通过前面一连串的左侧分析（标记1～3），在只欠东风之时，观察是否会出现带放量的吞没线，当反包线吞没前1～3根K线时，就是关键的买入信号，止损位为新低点之下。

标记5：在左侧深幅下跌后的回升中，我们只能先看反弹行情，例如，反弹到前一轮跌幅三分之一或二分之一的位置为反阻力区。图6中反弹时的三根阳线特别明显：为由短到长的浪形结构，阳线成交量也随之递增，属于良性的上涨行情，但目测探至前轮跌幅的二分之一位置时首轮上涨结束，该处为该轮波段行情的止盈位置。

标记6：回调中阴线量能迅速递减至地量，与前一轮盘跌不同的是，本轮回调中的阳线量能较为突出，这说明行情在回调中仍有主力在低吸增持。在浪形上形成由短到长的特征，完成小波段的下跌周期。

标记7：当行情二次探底且低点上移后，重演第一次探底回升的特征时，为再次买入或增仓的信号，止损位仍为第二次探底的低点之下，止盈位一般为前一个高点附近或之上。为什么提到前高点附近？因为一般到达前高点时会有短暂的停顿修整过程，如果是高位二次、三次探顶阶段，则是卖出信号；如图6则属于低位构底阶段，突破前高点之上的潜力还是较大的。所以，通常在前高点左右为缩量或地量中小阴线时，修整完成，停顿时间也较短（1～3根K线）。最为稳妥的方法是，到达前高点附近时，逢高减持；待停顿修整结束后阳包阴时，再次增持。

【综合分析】

我们从图6整体来看，发现其属于《做精一张图》中讲的“弯弓射箭”形态，也可简单地理解为“双底”或“W形”。特别是在二次探底回升中，阳线成交量明确放大，说明市场一致认为构底成功后将上涨。另外，第二轮上涨往往比第一轮上涨的幅度要大，行情持续得会久一些，这也被称为启动浪阶段后的发展浪阶段，再往后便是主升浪阶段。所以，当你精通“量价关系”后，建议珍惜发展浪阶段中缩量阴线或地量时的低吸机会。有关判断股票、期货、原油的量价关系的技巧，笔者会在后面的相关章节中详述。另外，例如上证指数月线图，在2009年至2014年这一轮熊市中，也出现了由长到短的浪形结构。

案例7

期货K线由长到短

图 7　（期货）PTA2001（TA2001）在 2019 年 1—4 月的日 K 线走势

【图形特征】

标记1：左侧上行三浪的规律和节奏相似，在完成左侧浪形结构周期后，行情出现了逆转而下，并以3连阴跌破前低点，导致低点下移，且在下轨之下构出下跌中继平台。在到达左侧第三浪上涨的高点后，出现阴包阳吞没线时（以收线为准），为首次做空信号，止损位为新高点之上；在下跌中继后再次破平台低点时，为增持空单或新买入空单的信号，止损位为左侧三浪的下轨（横向红箭头）之上。

标记2：整轮下跌中的阴线由长到短，并跟着三浪下行的节奏进行，而完成第三浪下行的过程即空单逢低止盈的区域。

标记3：阴线量能三次递增放大，强力度地释放空头力量。空头力量被大量释放后，自然存在由空翻多的潜力预期。

标记4：MACD绿柱由长到短，接着红柱由短到长，这属于良性的由空翻多趋向。特别是第一根红柱出现或第二根红柱比第一根红柱长时，为做多买入的信号，止损位为新低点之下。

标记5：如果再结合量价关系观察，在左侧低位爆阴量后，紧接着再爆阳量，这属于量价关系中的由空翻多趋向。

标记6：一轮反弹行情中，阳线由长到短滞涨的过程为多单止盈区域。当反弹至前一轮跌幅的二分之一（即黄金分割的0.5）位置，即前面下轨反阻力位置，出现上下影K线组合时，先观察其后收复影线的关系，再选择方向。

【综合分析】

我们从图7整体来看，发现在浪形方面，有三浪上行和三浪下行后的反弹与反阻，成交量的波动节奏也相当好，整张图形的交易难度并不大，在此不再赘述。

案例8

黄金K线由长到短

图8　黄金在2019年8月1—5日的60分钟K线走势

【图形特征】

标记1：左侧一轮下跌中的K线由长到短排列，随后两根长下影线探底回升，也正好探至1400.40美元整数关口的支撑位。

标记2：回升中以中阳线突破底部平台的吞没线为起点，但这根吞没线一定要待收线后，再确认实体较长、上影线较短的时刻，次日即做多买入的最佳时机，止损位为中阳线低点之下或新低点之下。

标记3：在回升过程中整个波段行情由短到长完成周期浪，当最长的一根阳线拉升时，可逢高分批减持或止盈。

标记4：到达前高点附近或之上时，往往会有回抽确认的过程，出现滞涨或高位阴包阳，即该波段行情多单的最后止盈信号。

标记5：回踩至前面密集区，构成支撑区域，随后出现的阳线由短到长，这意味着再次回升的力度在加大。

标记6：重返至前高点时，再次回踩确认。回踩中的低点与重心在上移，说明多头正在酝酿。新高点一旦出现，则为继续做多买入的信号，止损方法与前面相同（阴包阳或前一个低点之下）。后续开始第二轮上涨趋势，持续的周期可能会长一些，可按新一轮的浪形结构规律去发现止盈信号。

【综合分析】

我们对图8进行整体分析可知，该图走势属于最后一跌之后的上涨趋势行情。特别是低点上移或低点与高点都上移的情况，均属良好的上行通道，此时，要珍惜低多机会；而到高点下移或高点与低点都下移时，则要当心行情反转。这一规律在任何周期图中都适用。

案例9

原油K线由长到短

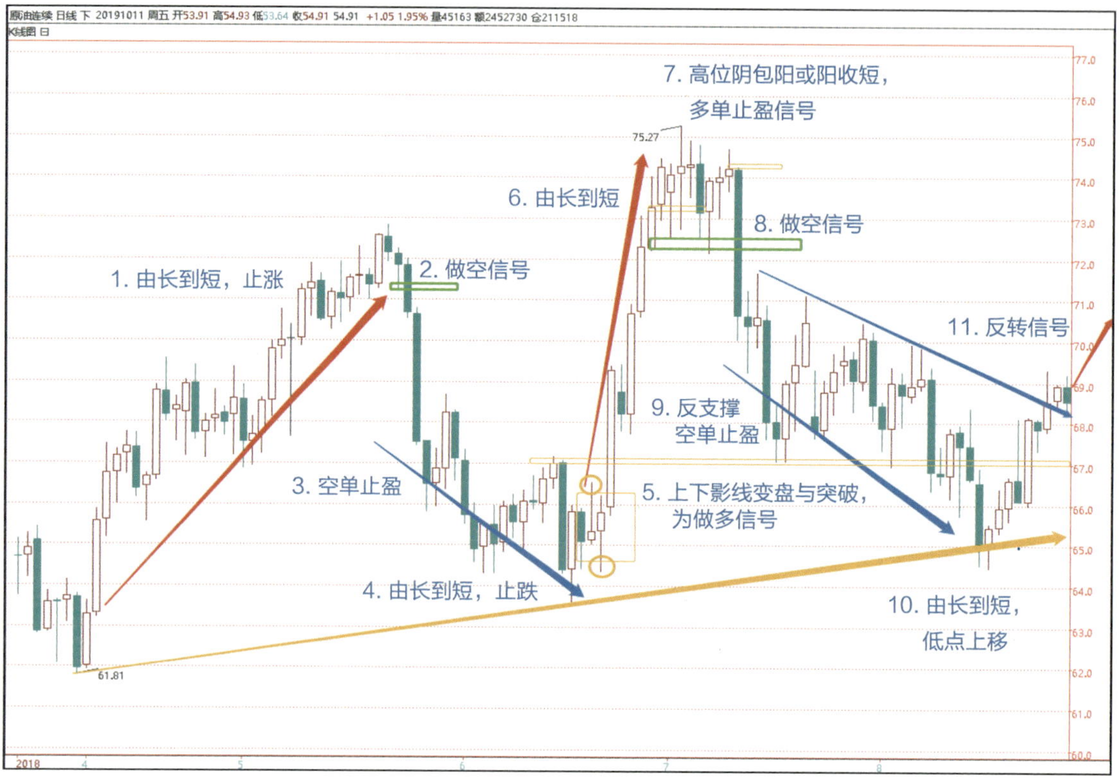

图9 国际原油在2018年4—8月的日K线走势

【图形特征】

标记1：左侧一轮上涨中，K线由长到短排列，虽然最后一根阳线有加速“腾飞”之势，但最终成为诱多假象。

标记2：在左侧完成一轮上涨浪形周期后，一旦出现反转的条件信号，则为反向做单的关键时刻，更何况“诱多之后真下跌”，为此，当收线确认阴包阳诱多成立时，是做空买入信号，止损位为新高点之上。

标记3：急挫中完成3连阴，第三根阴线完成即为止盈或减持信号。

标记4：由急跌到盘跌的K线由长到短排列，还构出了“下行三次底”的形态。

标记5：在盘跌中第三次探底后，出现上下影线试盘待变的信号，随后向上爆发的力度与之前不同；当阳线收复上影线三分之二或吞没前面大阴线时，为最安全的做多买入信号，止损位为上下影线组合中长下影线的低点位置。

标记6：一轮上涨行情以由长到短的浪形结构完成，同时价格也到达前高点附近，这时，通常会有回调修整的需求。

标记7：一旦出现价格滞涨或阳线收短的情况，即为多单止盈信号，特别是再次出现阴包阳时，为最后的止盈信号。

标记8：按照浪形周期规律，在完成一轮浪形结构周期后，又将进入新一轮浪形结构周期。

标记9：通常构底的密集区上轨能成为支撑位，构顶的密集区下轨能成为压力位。

标记10：当出现反复运行的波段式浪形结构时，不妨将K线图缩小来看，观察其处于整体形态的哪个阶段位置。如图9中的黄色箭头标识，标记10的浪形结构处于大图形的下轨支撑位，且呈上移趋势。

标记11：既然行情在低点上移的下轨获得支撑回升，那么价格高点理应上移，高点首次上移后再回踩前高点获得反支撑时，为反转做多买入的条件信号。

【综合分析】

我们对图9进行整体分析可知，该图走势属于宽幅的震荡行情，所以在浪形轮廓和细节方面不是很直观，但高低点移向和上下轨还是一目了然的。对于这种日线震荡行情，建议多做60分钟（小时图）以内级别的行情分析，以进行日内短线交易。

案例10

外汇K线由长到短

图 10　（外汇）美元指数在 2019 年 7 月 5—11 日的 60 分钟 K 线走势

【图形特征】

标记1：行情在第二浪上涨结束的上涨中继横盘后向上突破变盘，进入第三大浪上涨阶段，具有“横有多长，竖有多长”的特点。这轮上涨中的阳线和三个浪形，均以由短到长的节奏运行，直到最长的阳线拉升后，行情随即进入回调阶段，但回调比较缓和，在该轮上涨幅度的三分之一区域内完成。

标记2：完成三大浪上涨之后，再次上涨按由长到短的节奏运行，这符合磨顶阶段的磨顶技术特征。

标记3：高位磨顶的关键位置频繁出现上下影线组合和大十字星，意味着市场人心动荡不稳，即将到变盘选择方向的时刻。此时，一旦向下突破或收复长下影线，即为做空买入信号，止损位为新高点之上。

标记4：这种高位上“一叶知秋”的长阴线反转形态之后，往往还会出现盘跌的情况，所以容易形成由长到短的浪形结构。

标记5：形态到达前面中继平台密集区的上轨或区域内，属于空单止盈的位置。

标记6：随着MACD绿柱收短，出现红柱逐根变长+中阳线突破构底平台，即为做多的买入信号，止损位为新低点之下，止盈位为前面长阴线的低点附近，为反阻力位。

【综合分析】

我们对图10进行整体分析可知，在完成前面三大浪形结构上涨后，后续一般会进入横向修整或收窄阶段，然后重新选择方向进入下一轮大浪形结构。此时，不妨切换到大一点的周期图，如对日线图和周线图进行分析，以判断修整后的行情方向。

另外，很多交易品种与美元指数价格有着密切的关系，例如黄金与美元有着70%的反向关系，欧元与美元有着100%的反向关系。所以，笔者在本书中多以美元指数为案例，读者也可从侧面体会其他有关联的品种的行情变化。但有时候也存在偏差，例如黄金价格有时与美元价格同步，有时反向度却达100%，有时反向度则只有60%。不过这都只是短期或暂时的现象，长期来看，两者具有反向度达70%的关系。

第三节　K线两头长中间短

K线两头长中间短是指K线图形态由长K线、中K线、小K线、十字星，再到小K线、中K线、长K线等一连串K线组成。阳线由长到短，再由短到长排列，说明多头停顿修整后继续加速上涨，完成后转为空头的潜力较大；阴线由长到短，再由短到长排列，说明空头停顿修整后继续加速下跌，完成后转为多头的潜力较大。这是对一个波段行情的分析与判断，通常在一个波段行情中，这样的形态完成后，会有回转之势（再运行另一个波段行情）。

该形态的构成原理是行情由急到缓，缓和过后再次顺势加速。这就好比汽车从一条高速路驶出，进入匝道，然后转向另一条高速路。

在实盘运用时，左侧分析是指分析已经出现由长到短、再由短到长的K线图中准备做右侧回转的行情。特别是如果在后半段由短到长的过程中，出现了第三根K线拉长，则可认定其为本轮行情的尾部。右侧分析是指分析正处在由长到短、再由短到长的中途区域、可以凭此去博取后半段的中K线和长K线行情。

若按K线构成来划分，前半段由长到短可分为多根K线，后半段由短到长很可能由3连K线组成。

K线图中每个阶段位置均有可能呈现这种形态结构。特别是磨顶和磨底之后出现反转行情时，更容易呈现该形态结构。

案例11

股票K线两头长中间短

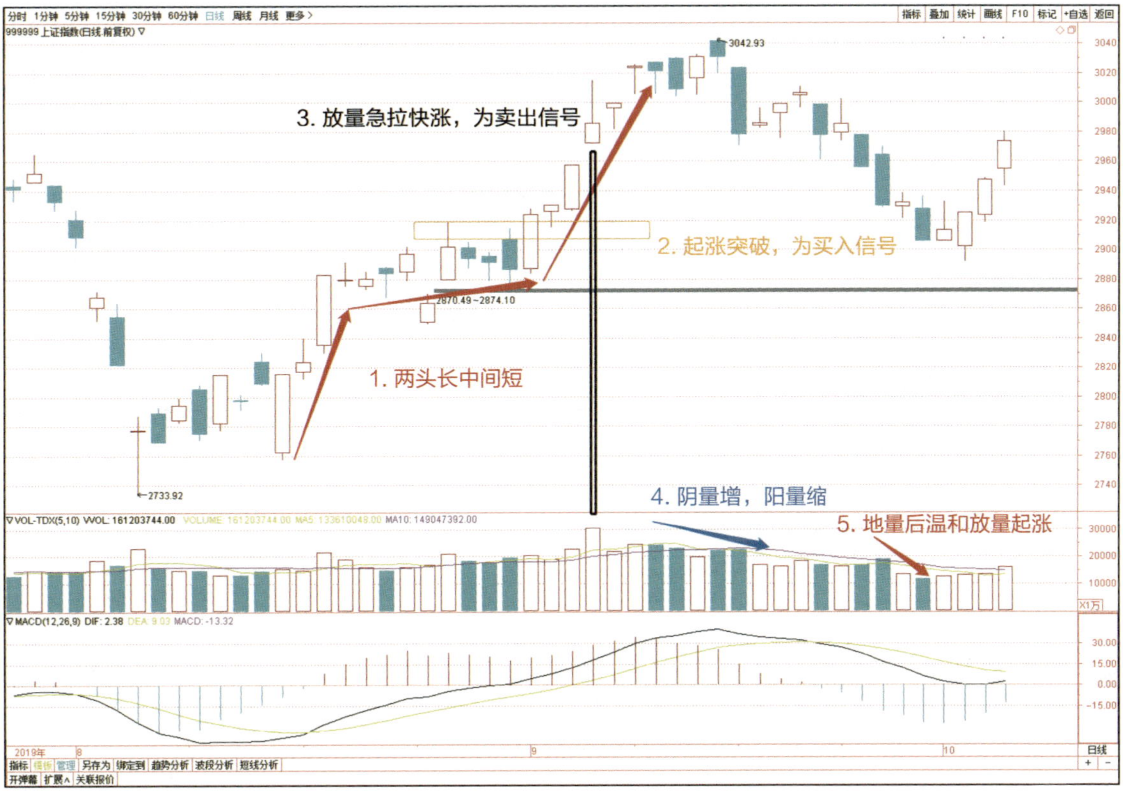

图 11　（股票）上证指数在 2019 年 8—10 月的日 K 线走势

【图形特征】

标记1：自长下影线探到2733.92点之后，整轮反弹上涨行情形成两头长中间短的浪形结构，中间以小阴线小阳线盘升构造出上涨中继平台。

标记2：虽然在中继修整时行情连续收出三根阴线，但以缩量为主，这可作为预判看涨的条件信号之一。随后吞没线阳包阴，即最佳的买入信号，也是完成上涨中继突破的确认信号，止损位为前一根阴线的低点之下。

标记3：高位放量急拉快涨，为逢高止盈信号。也可与第一轮上涨的幅度进行对比，上涨中继后的涨幅往往与第一轮的涨幅相当。由此，可预判出上行空间和止盈区域。

标记4：完成左侧两头长中间短的浪形结构后，虽略创新高，但此时的成交量明显与之前不同，出现了阴线增量、阳线缩量的空头信号。

标记5：在一轮由长到短的阴线下跌后行情正处在前面中继平台的位置，确认反支撑，此时迅速出现地量信号，随即反弹也在情理之中。

【综合分析】

我们对图11进行整体分析可知，由高而下急挫后迅速回升，填补了前一轮7月的跌幅，但最左侧5—7月曾出现过横向箱体，那么右侧行情必然会在左侧箱体区域再次横盘一段时间。所以，在两头长中间短的走势完成之后，必然存在横向修整的过程。修整结束前后可观察高低点移向，以决定最终大趋势的方向。

案例12

期货K线两头长中间短

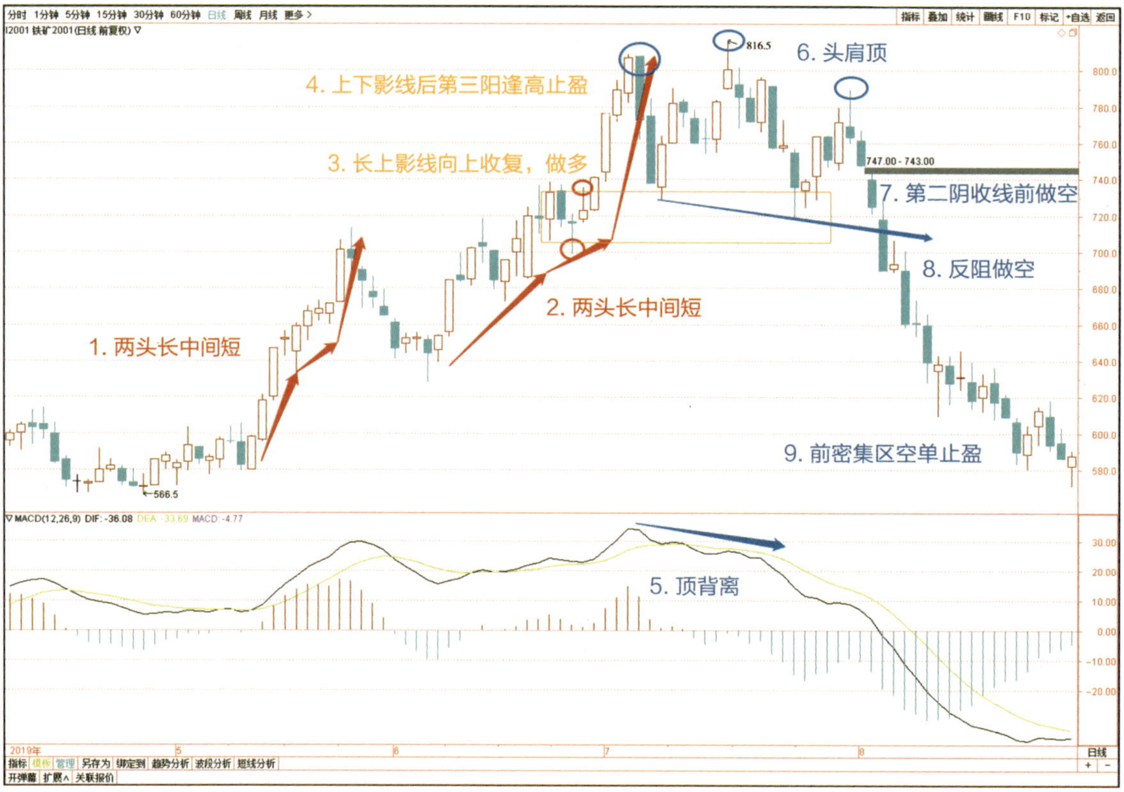

图12　（期货）铁矿2001（I2001）在2019年4—8月的日K线走势

【图形特征】

标记1：9连阳线完成两头长中间短的浪形结构。在技术形态学中，凡是连续出现3、5、7、9、11、13连阳线或连阴线时，一定要注意下一根K线的变化，因为这些都是变盘数字窗口。

标记2：整体为两头长中间短的浪形结构，中间的上下影线为停顿修整试盘，随后加速上行赶顶。

标记3：长上影线向上收复或吞没前一根阴线时，为做多单的买入信号，止损位为长下影线的低点或前面阴线的低点之下。

标记4：当完成后半段的由短到长形态时，可逐步逢高分批止盈。

标记5：左侧完成两轮两头长中间短的浪形结构，说明上涨幅度已经到达一定高度，随后观察修整的过程中是否有构顶的可能。如图12在高位构成三次顶，并且第二次探顶后的低点和第三次探顶的高点，均为下沉式（低点、高点均下移）；同时MACD在前一轮上涨中的红柱堆同比收短，MACD两条均线也下移，且出现顶背离。

标记6：类似头肩顶形态的右肩高点明显比左肩高点低，这属于标准的头肩顶条件，并以长上影阴线完成右肩。

标记7：右肩形成后，第二根阴线收线前，是做空单的买入信号，止损位为前高点处，短线可博取3连阴中的第三根阴线拉长时逢低止盈。

标记8：在完成3连阴击破下轨后，收出小阳线反抽，但受下轨反阻继续往下，并收出长上影线，这意味着还有继续下跌的潜力。

标记9：整轮阴线下跌顺序由长到短，探至左侧起点位置前的密集区获得支撑，这也是空单最后的止盈区域。

【综合分析】

我们对图12进行整体分析，可将其拆分为四轮浪形周期结构：两轮两头长中间短的浪形+头肩顶+由长到短。相信读者们在认真学完这本书后，能轻而易举地看懂超过90%的K线形态。

案例13

黄金K线两头长中间短

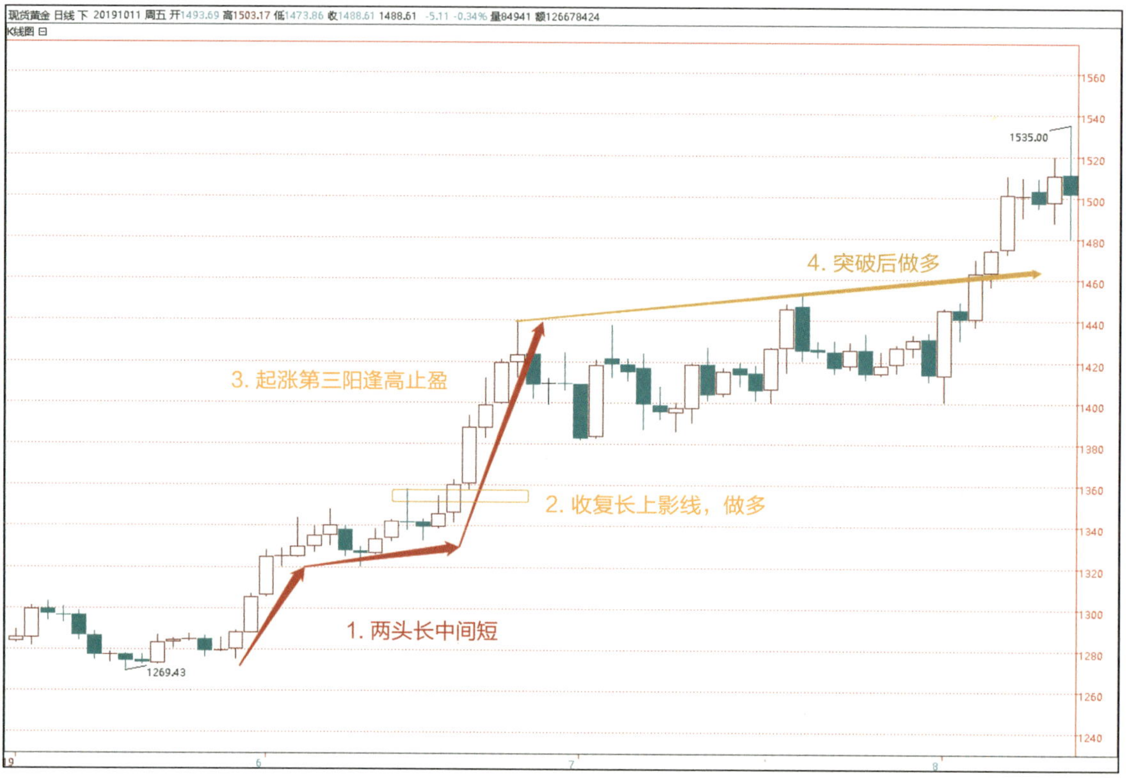

图 13　黄金在 2019 年 5—8 月的日 K 线走势

【图形特征】

标记1：在两头长中间短的浪形结构中，两头均以连阳形态完成，也可理解为二浪上行。

标记2：在中间区域呈盘升形式，并构出长上影线试盘。最关键的是在长上影线后能收阳线收复长上影线，这既是向上起涨的确认信号，也是做多单的买入信号，止损位为平台低点之下。相反，若长上影线后再收实体中/长阴线，则构成诱多。

标记3：当第二浪上涨幅度与第一浪上涨幅度相当时，可逢高止盈，或者在长上影线后的3连阳中的第三根阳线拉长时逢高止盈。

标记4：后续继续盘升，为第三浪上行蓄势，要知道，有了第二浪就可能存在第三浪。且第三浪上涨的幅度会比第二浪的上涨幅度大，因为第二浪的涨幅与第一浪的涨幅相比有所扩大。

【综合分析】

我们对图13进行整体分析可知，该形态既符合两头长中间短的浪形结构，又符合上行三浪的重叠浪形结构。同样的K线形态技术，在不同的市场中均可通用，但产生的收益却不一样。例如现货黄金具有百倍杠杆效应，可用少量资金博取大收益，且当其图形条件符合标准时，风险也相对较低。例如在图13所示的行情下，做多至少可赚取50美元，若以最小交易单位0.1手（100美元保证金）买多，则黄金每上涨1美元，账户可盈利10美元，也就是说，黄金价格的50美元涨幅中账户可赚取500美元，即交易本金的5倍收益，这仅需4天交易时间。所以，笔者一直提倡不要死守一个单边市场（例如股票），学好技术后，读者们可将理论运用的范围扩大到多个交易市场，无论哪个交易市场、哪个交易品种，只要符合看中的浪形结构条件，就可参与短期的波段交易。因为，我们只认图，不认市场和品种，一招通则全球通！

案例14

原油K线两头长中间短

图 14 原油在 2017 年 3—6 月的日 K 线走势

【图形特征】

标记1：行情在前高点之下反转，以两头长中间短的浪形结构完成一轮波段下跌。

标记2：中途盘跌中上下影线组合试盘，横框线之上是指收复上影线后可做多，之下是指收复下影线后可做空。图14中上下影线组合出现后，连阴由短到长收复下影线，此为多单买入信号，止损位为横框线之上。

标记3：在下跌中继后再次急跌，且阴线由短到长释放空头，当大阴线拉长急挫时，可逢低止盈。

标记4：完成一轮浪形结构周期后，下一轮必将是反转行情，因为前两个高点均下移，所以第三个高点也将随之下移。完成三次探高后，下一轮将完成第三次探低的过程。

【综合分析】

我们对图14进行整体分析可知，虽然上下振幅较大，但因为高点、低点下移构成了下降通道趋势，所以该图走势简洁、明朗，交易难度并不大。前面笔者概述了国际现货黄金的案例，在此再概述一下国际原油的交易说明：同样以最小交易单位0.1手（100美元保证金）为例，原油价格每下跌0.1美元，账户盈利10美元，如图14所示，按照做空信号交易后至少可赚取3美元的行情，账户可盈利300美元，即交易本金的3倍收益，这仅需4天交易时间。

案例15

外汇K线两头长中间短

图 15 （外汇）美元指数在 2019 年 10 月 3—12 日的 60 分钟 K 线走势

【图形特征】

标记1：从最高点往下，在第二浪下跌时跌破上升通道的下轨，随即反抽确认下轨反阻力位是否有效，反抽过程正好符合第二浪下跌后的修正浪要求。在这两个条件之下，可在受阻回落收阴线时做空买入，止损位为反阻力位之上。

标记2：盘跌末端以上下影线组合试盘后再向下收阴线收复下影线，此为做空加仓信号，加仓部分的止损位为上影线高点处。

标记3：整轮下跌由两头长中间短的浪形结构完成，同时叠加了第三浪下行的规律。

标记4：上下影线组合后第三根阴线拉长，此为逢低止盈的信号。

【综合分析】

我们从图15整体来看，发现其属于趋势通道反转的图形。读者必须明白其中有三个重要条件：第一个是趋势通道的反转，第二个是反阻力位确认有效，第三个是符合波浪理论。特别是在第二浪下跌后，存在第三浪的可能，且以盘跌构成下跌中继平台，在这种情况下，往往盘跌后会转为急跌。所以，图中第三浪是最易把控的一段行情。

第四节 K线波浪3+1

K线波浪3+1是指只注重波浪理论中的第一、第三、第五推动浪+主升浪与主跌浪，第二、第四、第六修正浪不作为交易方向考虑，主要交易的是第五浪+主升浪与主跌浪。

【波浪理论的基本原理】

艾略特认为：股票市场的发展遵循五浪上升及三浪下跌的基本节奏，从而形成一个包含8个波动浪的完整周期，后3个下跌浪（A浪、B浪、C浪）可视为对前5个上升浪的修正，其中前5个上升浪在主要趋势上进行，其后伴随3个修正浪。

第一、第三、第五浪称为上升推动浪，第二、第四浪称为修正浪，第二浪修正第一浪，第四浪修正第三浪，而第一浪至第五浪的整个上升波浪又被A、B、C3个下跌浪修正，A、C浪称为下跌推动浪，B浪又作为修正浪对A浪进行修正。在这样一个八浪周期之后，随之而来的是另一个八浪循环，周而复始。在牛市或熊市中，甚至会进一步细分为21个浪或89个浪等。

【波浪3+1的基本原理】

以笔者的经验来看：修正浪、次级浪、小级别浪可直接忽略，我们只做精简、易懂、实用的大级别主推浪，若完全按照原始的“艾略特论”，则容易陷入“浪涛迷惑”。下面以下行波浪为例简述。

1. 三浪中一浪比一浪短，说明下行空头乏力，第三浪后会有反弹的要求。

2. 三浪中一浪比一浪长，说明下行空头力量获得一定释放，第三浪后也会有反弹的要求。

3. 一旦构成反弹，反弹的第一个目标便是回补左侧下行中的第三浪，回补之后将会挑战前高点，到达前高点附近后并不一定继续上涨，而是可能横向修整后再重新选择方向。

4. 三浪中一浪比一浪长，若后面反弹不到第三浪的一半，则说明会出现横盘走势。在横盘走势中可观察高低点移向和MACD指标是否有强烈的底背离。如果横向修整末端高低点下移、MACD指标没有底背离或底背离不强烈，则说明主跌浪有下跌的潜力。

5. 三浪中每一浪都一样长，说明空头力量还未得到大量释放，在第三浪后很可能构成下跌中继平台后再下行完成主跌浪。

6. 有了第一浪下行后，暂时不能确定是否还有第二浪下行；但有了第二浪下行后，再产生第三浪下行的概率就较大了。同时，可依据前面2个浪形的长短与修正浪的规律，对第三浪进行预判。同理，再根据前面3个浪形的长短与第三浪后的反弹情况，预判是否有主跌浪。因为，做技术交易的核心是“只做成功率较高的图形条件”，忽略不明确和具有不确定性的浪形。值得注意的是，在极少数情况下也会出现单边下行5个推动浪后才探底的情况，通常是到达较高位置后转势时才会出现。

上行波浪的情况与下行波浪相反，可类比，此处不再赘述。

从K线浪形周期来讲，各个周期均有可能产生K线波浪3+1，大到周线、月线，小到日线及其以下的各个周期。对于股票市场，通常交易日线较多；对于T+0市场，通常交易小时以内级别的周期较多。

在实操当中，我们只交易第三浪+主浪，只按第三浪来讲，以国际现货黄金为例：日线级别出现一个第三浪的幅度均不会小于50美元，每年至少会出现2轮这样的波浪周期，也就是说单一只做日线的第三浪，在一年中也能赚取100美元，而通常全年上下的振幅也就是200多美元；再加上小时图（60分钟图）几乎每一周会出现1轮波浪周期，小时图中的第三浪一般会出现10美元左右的振幅，也就是说一个月可赚取40美元，一年可赚取480美元。不计小时图以内级别的K线图，例如1分钟图、5分钟图，单计上述两类，且在一年当中只交易第三浪，就可盈利580美元；如果以0.1手（100美元保证金）来计算，黄金价格每赚取1美元，账户可盈利10美元，则共可盈利5800美元（580 × 10=5800），是交易本金的58倍；如果只动用10%的仓位交易（也就相当于仅10倍杠杆、风险极小、不易爆仓），一年的盈利是投入总资金的5.8倍。

通过上面的计算你会发现“做精一张图”的精妙之处，除了黄金市场以外，这些方法还可用在原油市场、外汇市场、股票市场和期货市场。只要你有足够的精力，足够精通图形技巧，加上合理的资金分配，实操难度并不大。

成功率较高的图形技术条件+适当的杠杆运用=财富快速增长。若想让财富如滚雪球一般越滚越大，就必须在有雪的下坡滚雪球。

案例16

股票K线波浪3+1

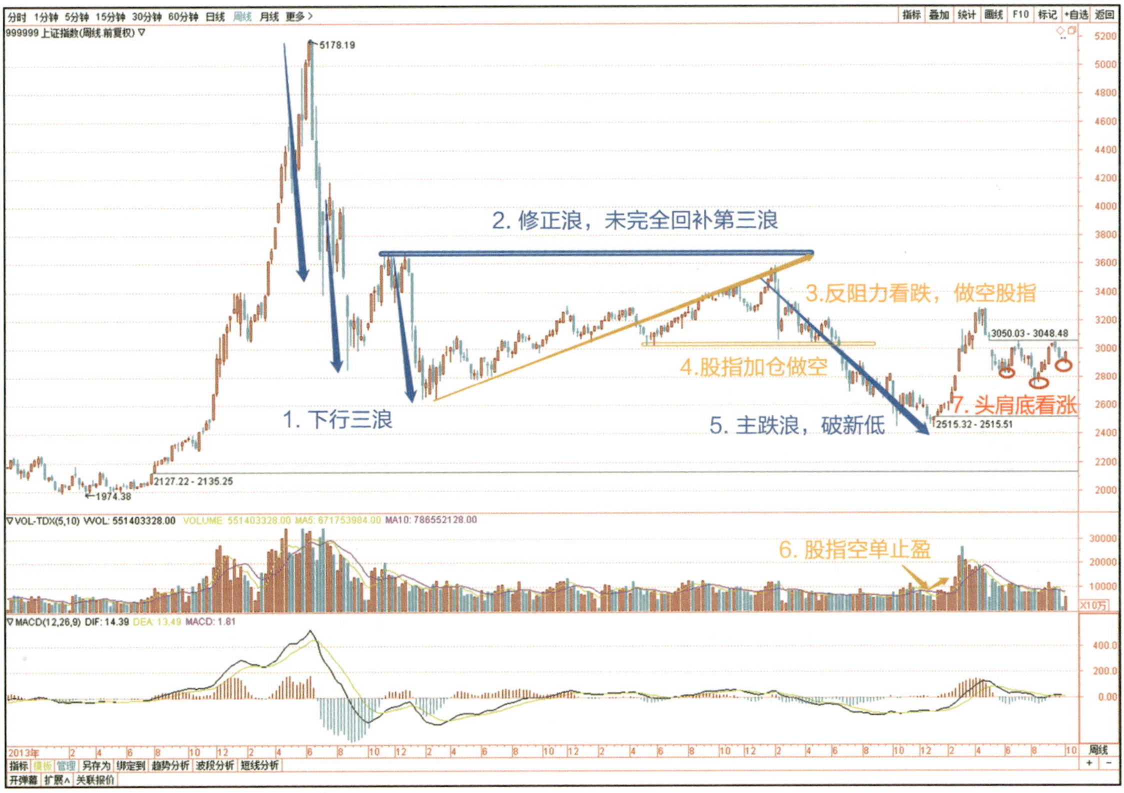

图 16 （股票）上证指数在 2013—2019 年的周 K 线走势

【图形特征】

标记1：自2015年牛市结束后，并分三浪下行，每一浪较前浪略收短，随即构成盘升反弹之势。

标记2：在三浪下行后的修正浪高点，并没有完全回补第三浪，所以不构成反转之势。

标记3：以第三浪高点为压力，在受阻后急挫反转，随后高、低点逐个下移，形成下降趋势通道。

标记4：行情再次跌破前出现大低点与大阴线，低点过后，开启新一轮顺势下跌，此时可加仓做空股指期货。

标记 5：缓慢走出主跌浪，完成 3+1 浪，直至跌破第三浪新低后，频现地量构底。

标记6：在跌破新低点后（有“不破不立”之说），由地量阴到出现增量阳，此时是股指期货的空单止盈之时。

标记7：在完成3+1浪之后，将进入下一轮浪形结构周期，所以先看反弹再看反转。反弹以主跌浪的黄金分割线（0.5、0.618、1.0处）为三道压力线，图16中并未完全回补前一浪（主跌浪），所以行情继续进入回调期和横向修整期。虽然在修整中构成头肩底形态，但还需根据高、低点上移来确定向上趋势的稳定性。

【综合分析】

图16是跨越近几年时间完成的一个波浪3+1的浪形结构周期，其间这一形态可能被很多人忽略。因为大多数人只顾选个股、看个股，没留意过大盘指数在周线、月线、年线的大周期形态变化。然而，炒股是需要依靠大趋势向上的背景环境，才能实现大概率盈利的。读者在炒股时，切记不能违背趋势、逆势而行，要在看清大势后再着手个股交易。

案例17

期货K线波浪3+1

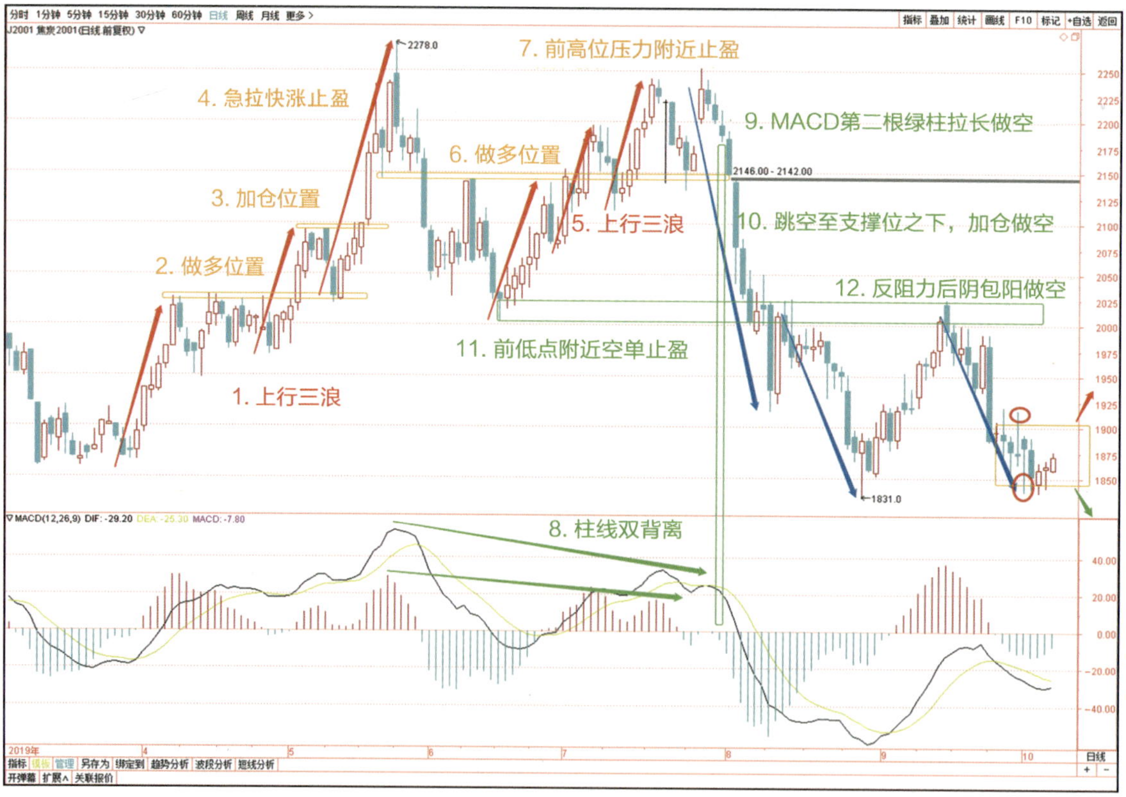

图 17 （期货）焦炭 2001（J2001）在 2019 年 3—10 月的日 K 线走势

【图形特征】

标记1：上行三浪中第三浪明显拉长，随后再回补第三浪的起点作为支撑位。

标记2：第二浪起点位置突破中继平台时，即为做多买入位置，止损位为中继平台下轨低点之下。

标记3：有了二浪上行后，再产生第三浪的概率也就较大，所以第二浪后回调获支撑或再突破高点时，是加仓做多买入位置。

标记4：第三浪拉出长阳线时，即为多单逢高止盈的位置，因为第二浪比第一浪短，第三浪也会比第二浪短，所以不要贪图高位。虽然最终第三浪长于第二浪，但这只是意外收获，我们只在有把握的范围内做交易。

标记5：重演前一轮三浪上行，但力度明显不及前一轮。

标记6：做多位置仍然是第二浪的突破点和第三浪的起点。

标记7：三浪中的每一浪正好一样长，到达前高位压力处，恰好是多单止盈位置。

标记8：从MACD柱线双背离可以看出，第二轮上行的小三浪实属第一轮大三浪的修正浪。

标记9：在第二轮小三浪完成浪形结构后，MACD出绿柱是做空买入信号，止损位为新高点之上。

标记10：继续重演第三轮的下行三浪，由小阴线到中阴线再跳空低开，即为做空加仓的信号，因为后面预计还会出现长阴线和由短到长的浪形结构。

标记11：长阴线出现并触及前低处，即空单止盈的位置。

标记12：完成前面的二浪下行后，在前低点反阻力位出现阴包阳，即为做空第三浪的买入位置，止损位为反阻力位之上，止盈位为新低点之下。

【综合分析】

我们对图17进行整体分析，发现在某个时间周期内符合波浪理论的品种，最容易反复产生波浪形。因为这是市场中人性的自然反应，所以才有图17所示的反复三轮三浪。

案例18

黄金K线波浪3+1

图 18　黄金在 2019 年 10 月 12 日的分时图走势

【图形特征】

标记1：标准的下行3+1浪，逐浪拉长。

标记2：第二浪下穿均价线，在均价线之下的修整中以均价线为反阻力位，再破低点时是做空买入位置，止损位为均价线之上。

标记3：由于第二浪比第一浪长，顺应此，当第三浪比第二浪长时，即空单逢低止盈位置。

标记4：反弹不超过第三浪的一半且高点下移，说明还有出现主跌浪的潜力。低点再下移时是继续做空买入位置，可博取主跌浪的预期，止损位为第三浪后修正浪的高点之上。

标记5：在主跌浪与第三浪长度相当时，是空单止盈位置。

标记6：完成3+1浪的浪形结构周期后，下一轮将是看反弹行情的阶段周期，一般会先回补主跌浪。

标记7：可在回补主跌浪时逢低做多买入，止损位为修整中低点之下。

【综合分析】

我们对图18进行整体分析，发现不单是K线图中会有明朗的浪形结构，分时图中也会出现浪形结构。不过，在运用分时图进行交易时，建议同时结合1分钟图、5分钟图判断买卖点，并结合日K线图形预测趋势。更多有关分时图的讲解，请阅读笔者与李智诚老师合著的《T+0分时图交易技巧大全》，此书自2014年出版至2018年，在4年时间内共重印8次，一直热销于全国市场，赢得无数好评，2019年笔者将此书进行修订，1年内再次实现重印。

案例19

原油K线波浪3+1

图 19 原油在 2019 年 9 月 18 日—10 月 12 日的 60 分钟图走势

【图形特征】

标记1：在横盘中先是高点下移，后是高点、低点一并下移，形成类似下行三角形的形态，此图形一旦形成跌势后会转为加速下行。

标记2：看似横盘滞跌，实则是高点、低点下移的下行趋势通道。

标记3：MACD红绿柱持续三堆收窄之后，为变盘区域。

标记4：盘跌后转为急跌，在击破下轨急跌中构造3+1浪，特别是出现第三浪之后行情在低位三分之一区域（黄金分割0.382以内）弱反抽，这意味着出现主跌浪的概率较大。

标记5：在3+1浪周期中，MACD柱线两次底背离，意味着在主跌浪之后的反弹必定会回补前一浪（即主跌浪）。

标记6：一旦完成回补前一浪，就代表反弹行情成立，至于如何反弹与反弹的节奏规律如何，则需要进一步观察新浪形；至于会不会由反弹到反转，则需要看底部结构与突破前一个高点后的回踩确认反支撑情况。

标记7：三小浪下行修整前面的反弹，并试探二次底。

标记8：第三小浪前受消息影响诱多走高，但仍继续完成第三浪后才止跌回升。

标记9：回补了第一轮的主跌浪和第三浪后，看似应继续看涨，但MACD红柱堆持续三堆收短，这意味着行情还会回调并继续在前面密集区域内震荡。

【综合分析】

从图19整体来看，标记1和标记2属于盘跌趋势，标记4为盘跌后的加速推动浪赶至阶段底，然后在横向修整中再酝酿下一轮单边波浪行情。无论在哪个周期图形中，只要是在低位阶段走出三浪或3+1浪、在高位阶段走出三浪或3+1浪，就都具备赶底和赶顶的特征，其后是阶段性的反转趋势行情。

案例20

外汇K线波浪3+1

图 20 （外汇）美元指数在 2019 年 10 月 1—12 日的 60 分钟图走势

【图形特征】

标记1：目测下行三浪一样长，但第二浪下行后的修整反抽浪比第一浪下行后的修整反抽浪短，这属于常规走势。因为一旦下降趋势形成，越往后反抽力量越弱，由此也说明后面还有一轮急跌的过程。相反，若下跌趋势中的反抽浪逐次拉长增强，则说明离探底回升不远。

标记2：有了标准的第二浪下跌后，再走第三浪下行的概率也就较大了，所以当行情跌破第二浪下行后的修正浪低点时，为做空买入信号，止损位为反抽浪的高点。

标记3：从第二浪与第一浪长度相当的规律来看，第三浪的长度规律会保持一致，所以在第三浪与第二浪一样长时，即空单逢低止盈的位置。

标记4：在完成左侧下行三浪的浪形结构周期后，必定有三种可能：第一种是反弹回补第三浪，第二种是在第三浪的一半位置（黄金分割0.5位置）之下低位横盘酝酿主跌浪，第三种是横向震荡再待定方向。特别是在横盘中可借助MACD是否产生底背离来预判。

标记5：在回补第三浪后的回踩中，出现高点、低点下移，由此不能构成反转条件，而是进入新一轮下跌周期。

标记6：结合MACD前两绿柱堆递增放大，推测必然还会有第三堆更长的绿柱堆产生，预期看跌。

标记7：在几个高点已经明确下移时，若再突破前一个低点导致低点下移，则此为做空买入的信号，止损位为前一个高点之上。

标记8：第二浪下行后的反抽以前一个低点为反阻力位，是做空加仓的信号。

标记9：在没有完成第三浪下跌之前，低点每一次的下移均是加仓的信号。

标记10：由于第二浪比第一浪要长，当第三浪比第二浪长时，是逢低止盈空单的位置。

【综合分析】

从图20整体来看，如果将图形缩小，再往后移可以发现，在2019年10月12日至10月19日期间，又一次重演了3+1浪下跌，加上图中的两轮，共为三轮三浪的规律。直到第三轮中的三浪再加主跌浪、同时MACD均线三次底背离时，大趋势才得到反转回升。这就属于浪中有浪，例如一轮大浪中走出三小浪，或在主浪中走出三浪或3+1浪，只要细心地缩小图形，这些规律便一目了然。

【波浪3+1的注意事项】

1. 不是所有出现第二浪的情形必定会有第三浪，例如原油小时图或日线图处在强势多头通道中，其5分钟图出现第二浪下跌后未必会出现连续的第三浪下跌，笔者在实盘中经常发现这种现象。

2. 同样，在期货市场中也常有类似现象，例如化工类的品种易受原油影响，如果原油行情没有第三浪，那么期货化工类品种的行情自然也不会有第三浪；再如期货某品种已走出第二浪，但第三浪却被原油突然转向影响，也会导致没有第三浪。

3. 若要确保高概率，例如第二浪上行时，MACD的红柱堆比第一堆大、第二浪比第一浪长，顺势产生第三浪的概率较大。依据此条件可决定仓位的比重。例如，当这两大条件都符合时，仓位可适当多一些，相反就应少一些。

4. 极少情况会出现5个浪形伸延。例如第五浪上涨后再磨顶中还有新高点，此时把握不当很容易被扫损。但这种情况下的MACD极可能出现顶背离，同时在走完第五浪后转势的概率极大，一旦发现反转，在下跌初期，仓位可适当多一些。即使前面被扫损的单，也能再赚回来。

5. 所以，无论会不会有第三浪，在做第三浪预期单时，一定要将止损位设在第二浪后的反抽高点或低点处。例如做第三浪上行的预期，止损位设在第二浪上行后回调的低点之下，因为在上行中低点不能下移，一旦低点下移就很可能转势。

6. 总之，某一段时间或某一个品种的规律性很明朗、顺畅，但也有某一段时间或某一个品种的规律性不明朗或不顺畅的情况。比如黄金、原油的小时图极少出现下行第二浪后再反弹收复第二浪的跌幅，最后走第三浪下行的趋势行情。读者朋友们在实操中一定要灵活变通。

第五节　K线各周期共振运用

K线四种浪形结构在各周期共振是指在小时图的第三浪中，在1分钟图、5分钟图中也走出了三个浪形。例如日K线由短到长，小时图出现三个浪形；日K线两头长中间短，而小时图在后半部分是由短到长的节奏。K线各周期共振运用就是对大小周期图形进行综合分析，形成同方向的共振预期，这能对提高交易成功率起到事半功倍的作用。

一般而言，各周期图的组合方式参考如下：

T+0市场的“超短线”是以5分钟图或15分钟图为趋势+以1分钟图和分时图寻找买卖点信号（在行情活跃时方可采用），T+0市场的“短线”是以小时图为趋势+以5分钟图或1分钟图寻找买卖点信号，T+0市场的“波段”是以日线图为趋势+以小时图寻找买卖点信号，T+0市场的“中线”是以周/月线图为趋势+以日线图寻找买卖点信号。

T+1市场的“超短线”是以小时图为趋势+以5分钟图寻找买卖点信号（在弱势行情中方可采用），T+1市场的“短线”是以周线图为趋势+以日线图寻找买卖点信号，T+1市场的“波段”是以周/月线图为趋势+以日线图寻找买卖点信号，T+1市场的“中长线”是以月/季/年线图为趋势+以周线图寻找买卖点信号（在牛市中方可采用）。

案例21

股票K线各周期共振运用

图 21　（股票）山东黄金（600547）的月线第三浪与日线共振

【图形特征】

标记1：月线左侧先是以下行三浪完成一轮下跌周期浪形结构，随后探底回升。

标记2：月线上行三次底为下轨一条线的支撑位。

标记3：月线以上行三浪回升，并且逐浪拉长，此时在日线中切莫错过月线第三浪的买入机会。

标记4：月线在第二浪后回调的末端，在日线中以三小浪完成最后一跌，有效释放空头力量。

标记5：在日线的三小浪下行中，MACD出现三次底背离。

标记6：随后行情探底回升，迅速回补第三浪，导致高点、低点上移，属于买入信号，止损位为新低点之下。

标记7：完全回补三小浪，到达黄金分割1.0位置即为止盈位置。

标记8：回踩以前面的高点和低点一条线为支撑位，可以作为再次买入信号。

标记9：突破新高点为加仓信号，直到完成月线第三浪同比第二浪拉长时止盈。

【综合分析】

从图21整体来看，重点在标记6的环节，可以总结出四个看涨条件：第一是月线有第三浪拉长的潜力；第二是日线低位出现三小浪完成浪形结构后看回升；第三是低位构成MACD三次底背离后看涨；第四是迅速回补第三浪。第四个条件为前三个条件的确认信号和买入信号。笔者在核心课程中一直强调，只有同时符合3个以上的买入条件时才能开仓，否则应静观其变。

【仓位分配技巧】

以T+1市场的股票为例，同时符合3个买入条件就用3成仓，同时符合4个买入条件就用4成仓，同时符合5个买入条件就用5成仓，如果是在牛市中，可以再各上调1～2成仓。由此可知，同时出现的买入条件信号越多，成功率就越高、风险越小、仓位越大，从而达到小风险高收益、大赚小赔的成效。

以T+0市场的黄金、原油、外汇百倍杠杆为例，同时符合3个买入条件就用1成仓，同时符合4个买入条件就用2成仓，同时符合5个买入条件就用3成仓。以国内商品期货为例，同时符合3个买入条件就用2成仓，同时符合4个买入条件就用3成仓，同时符合5个买入条件就用4成仓，如果周线图、月线图是单边行情，则可以再各上调1成仓。

以上仓位分配技巧仅供参考。

案例22
期货K线各周期共振运用

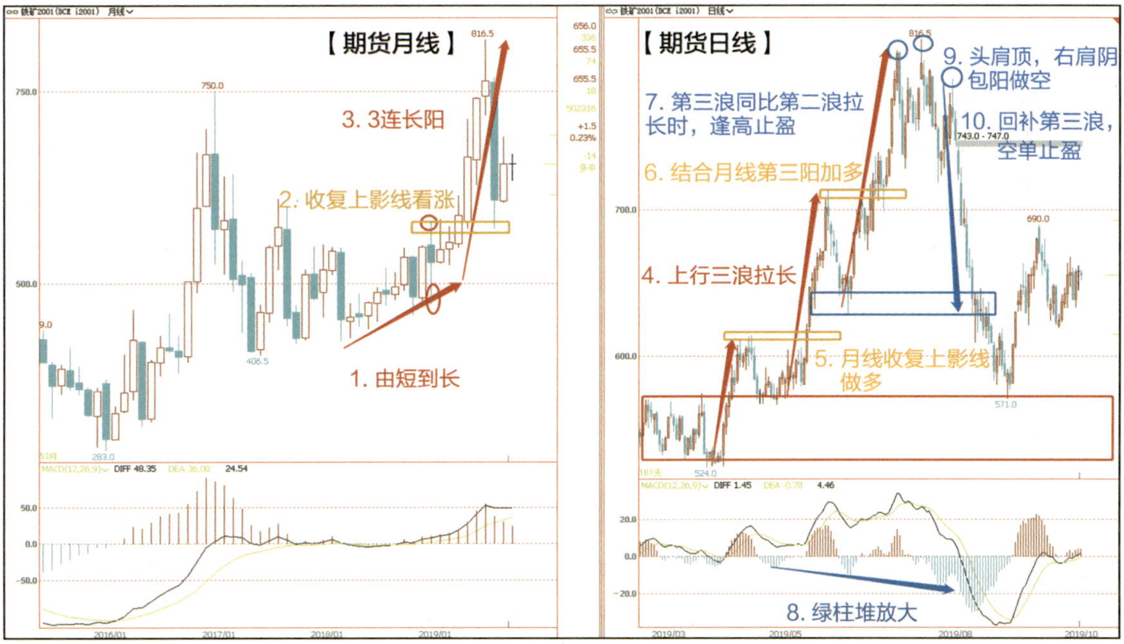

图 22　（期货）铁矿 2001（I2001）月线 3 连阳线拉长与日线三浪的共振

【图形特征】

标记1：由短到长，向上修复，蓄势待发。

标记2：大十字星震荡试盘，也是变盘信号，随后收复上影线，此为看涨做多的信号。

标记3：收复大十字星后的3连阳线逐根拉长，成为主推浪。

标记4：月线由短到长的主推浪是三根阳线，在日线中即为上行三浪，且逐浪拉长。

标记5：此位正是收复月线大十字星的上影线部分，为做多买入位置，止损位为前低点之下。

标记6：结合月线由短到长的3连阳中的第三根阳线预期，在日线中高点上移时，是加仓多单的位置。

标记7：因为日线第二浪比第一浪要长，所以在第三浪同比第二浪拉长时，为逢高止盈的位置。

标记8：随着月线由短到长完成、日线上行三浪完成，再加上日线MACD绿柱堆同比放大，说明在完成一轮上涨周期浪形结构后，转为反向空头的预期在增强。

标记9：与此同时，行情在高位构出头肩顶形态，在右肩出现阴包阳时为做空买入的确认信号。止损位在左肩高点之上。

标记10：通常确认反转后的第一个目标是回补前一浪（第三浪），此为空单止盈的位置。

【综合分析】

我们对图22进行整体分析，发现先看懂月线再分析日线会非常轻松。所以，笔者在“志尚投教”在线学习平台上的视频课程中常提到：先从大周期图形中看大趋势，当大周期图形有机会时，就根据大趋势赚大钱；当大周期图形没有机会时，就根据中小周期图形趋势做短线赚小钱。其实，无论是哪个周期图形，所运用的K线的分析技巧和应用技巧都一样，只是时间周期跨度不一样而已。

案例23

黄金K线各周期共振运用

图 23 黄金日线反抽 3 连阳与小时图上行三浪的共振

【图形特征】

标记1：从日线中可以看出市场常以3连阳结束一个波段的涨势，第三组涨势中虽存在4根阳线，但第1根为星线，后面3根才算主推浪，所以只计后3根阳线。此位属于由高而下第一浪下跌后的反抽浪，接着是第二浪下行，完成后再是反抽3连阳，通常当下跌通道形成时，后面的反抽浪均会比前面的反抽浪弱一些。

标记2：小时图上行三浪位置正是日线第二浪下跌后的反抽3连阳。

标记3：在此阶段位置的阳线本为反抽修整，显然日线还有第三浪下行的预期，所以这3连阳反抽难以成为反转之势。小时图中，这3连阳线的MACD红柱堆递减收短，意味着完成三浪后转跌的预期在增强。

标记4：综合前面的预期分析，再结合3连长上影线的高点下移，推测行情随之会加速下跌。

标记5：注意日线MACD绿柱堆递减收短，所以小时图随后的下跌幅度或有限，有再现红柱的预期。除非绿柱堆再次放大，日线第三浪下跌至新低点才能完成。

【综合分析】

我们从对图23的整体分析中可以看出，笔者在前面提到要同时符合3个买入条件才能开仓，如果只看一个周期图形，是难以看出3个条件信号的，即使能看出那也是从多个副图指标中得出的，且笔者认为指标均只起到辅助作用，看多无益。所以，必须结合两个以上的周期图形，从浪形结构与MACD或SUPL（趋向性指标）中找出3个以上买入条件，这样才更踏实，才能更精准地判断。

案例24

原油K线各周期共振运用

图 24　国际原油日线双上下影线与小时图的震荡行情判断

【图形特征】

日线中的横线正代表市场对于收复上影线转多的预期，小时图中的横线正代表市场对于完成第二浪上涨修整、再次起涨回升的位置，并顺势进入第三浪上行的预期。此时MACD红柱堆在收短，说明在完成三小浪上行后会有回调的预期。

【综合分析】

我们从对图24的整体分析中可以看出，当遇到持续震荡的行情时，可以对往上一个大周期的图形进行观察，这样就能明白行情为何震荡，震荡区域处在哪个阶段位置。例如图24中小时图的震荡行情并无方向，也无法预判；但从日线图中可以看出其处于第三次底的支撑位置，两组上下影线组合实为变盘信号，随后只需观察日线是先收复上影线偏多，还是先收复下影线偏空，就可瞬间将一堆乱麻梳理明白，由此更清楚接下来的交易预期、交易准备以及交易策略。

案例25

外汇K线各周期共振运用

图 25　（外汇）美元指数小时图与英镑兑美元 5 分钟图的反向共振

【图形特征】

标记1：美元与欧元和英镑的行情呈反方向，特别是美元与欧元，是百分之百的反方向运行，即美元看跌，欧元与英镑则看涨。如图25所示，美元指数小时图出现上下影线后向下收阴线，修复下影线部分，为看空转跌的信号。

标记2：此时可以观察英镑或欧元品种，通过小时图以内的周期（例如5分钟图）去寻找做多的买点信号。虽然随后走出3+1浪，但是在已经完成第二浪后再做第三浪，成功率就高了。

标记3：当第二浪后完成修整，再次起涨（阳包阴）时或高点上移时，为做多买入信号，止损位为前一个低点之下，即第二浪后修整浪的低点之下。

标记4：第三浪与第二浪长度相当时，为逢高止盈的位置。

标记5：回调中以第二浪高点为反支撑，此时若再出现阳包阴的起涨信号，就可初步确认还有主升浪的预期，可作为继续做多买入信号，止损位为新低点之下。

标记6：当主升浪的高点在第三浪的高点之上时，便可逢高止盈。如果第三浪比第二浪短，或三个浪形一样长，那么在第三浪后再次上升时，要注意第三浪高点左右的阻力情况，防止构双顶的情况出现。

标记7：在3+1浪上行中，MACD柱线双背离，这就意味着在完成浪形结构周期后，下一个浪形周期转跌的预期在增强。

标记8：在右侧高、低点下移，跌破第一根横线时，为做空位置，往下每一根横线均为支撑线。

【综合分析】

我们从对图25的整体分析中可以看出，对于美元在小时图以上的周期，只要能看懂下一根K线的预期，就有在反向品种小于小时图的周期图中做超短线的机会。这样做风险小、持单时间短、成功率高。当然，若从专注与专业的角度来讲，建议至少选用一台主机接四屏或六屏的电脑来看盘与分析，如此才不会错过多品种、多周期的最佳做单机会。如果你只有一个屏幕，那么只能盯着单一的一两个品种和一两个图形，当其他品种和其他周期图中有更完美的图形条件时，你不能第一时间发现，从而会错过最佳做单机会。所以，笔者团队的老师和学员都是用四屏或六屏电脑。

【本章综述】

恭喜你！在学完本章的内容后，你的看盘与交易技能瞬间提升了50%，笔者对每种浪形结构的条件都进行了多面性和多品种的讲解，并且示范了如何从不同周期中发现共振运用的技巧，相信读者朋友们定能有所收获。若要继续巩固加深，笔者建议观看“志尚投教”在线学习平台上的“36节通用形态技巧”视频课程。在后面的章节中，笔者将继续完善更多的细节技巧，希望能帮助读者朋友们学有所成、学以致用，同时也希望读者朋友们能将笔者的著作分享给身边有需要的朋友。

第二章　K线图黄金分割运用

在所有K线图市场当中，K线黄金分割测量方法对于测量现阶段位置和未来空间都适用。

导　读

最发达的金融市场在西方国家，我们今天所看到的行情软件中的各种指标与交易理论，大多数也源于西方国家。其中最为典型的黄金分割线与波浪理论，已经存在于市场几十年，并且长盛不衰，这其中自然有它们存在的价值，就看我们如何简单又灵活地将其运用到K线图分析中，这也是本章的重点。

第一节　K线黄金分割测量方式

黄金分割是一种古老的数学方法，由古希腊数学家毕达哥拉斯提出。

0.191— 0.382— 0.5— 0.618— 0.809

1.0 —1.191—1.382—1.5—1.618—1.809

2.0 —2.191—2.382—2.5…

上述黄金比例可应用于有K线图的市场，其中0.382— 0.5—1.0最为重要，特别是0.5—1.0，极容易产生黄金分割线处的支撑和压力。

案例26

通用黄金分割测量

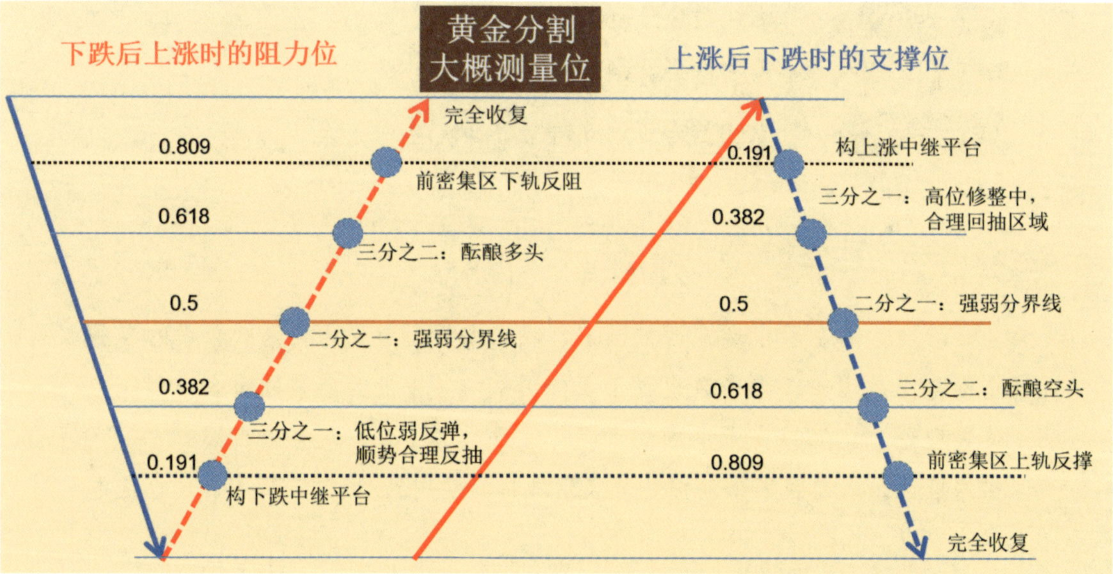

图 26　黄金分割应用于 K 线图走势中的测量方式示意图

【图形特征】

以价格近期走势中重要的底位或顶位，计算测量未来走势的阻力位或支撑位。

第一种用法：

当价格上涨时，以底位价格为基数往前一轮转跌的顶点向上画，当右侧涨幅达到前一轮跌幅的某一黄金比例时有可能受到阻力。

当价格下跌时，以顶位价格为基数往前一轮转涨的底点向下画，当右侧跌幅达到前一轮涨幅的某一黄金比例时有可能受到支撑。

第二种用法：

在行情大趋势通道中，某一个阶段的回调或反弹中的顶、底位也同样测量有效。

【综合分析】

例如价格从1元上涨到10元，在转向下跌时，可从10元位置（起点）向1元位置的方向画黄金分割线。随即就能看出0.382的位置为6.18元（10－3.82=6.18），在此价之上修整往往容易构成上涨中继平台，这属于正常、合理的修整区间，更属于多头强势区域内整理。0.5的位置为5元（10－5=5），此价为多空强弱分界线，价格在此之上运行仍属于偏多头的区域，而价格在此之下运行则属于偏空头的区域。1.0是指价格从10元跌回起始价1元位置，属于完全回补前面的涨幅，K线形态跌回原形。通常0.618～0.809之间为密集整理区，当价格再回到此区域时仍会再次横向整理，整理之后再选择新方向。倘若出现1.191或1.382的位置（即价格创出1元的新低之下），则说明空头趋势非常强盛，假设再回抽至1.0（即1元价格）时再构成反阻力，那么就会继续下跌，这也是确认反转为空头趋势的信号。

另外，在股市中还常用到“斐波那契数列”，该数列由13世纪意大利数学家斐波那契发现，被称为“神奇数字”。具体数列为1，2，3，5，8，13，21，34，55，89，144，233……从该数列的第三个数字开始，每个数字等于前两个相邻数字之和。它们构成了股市中关于市场时间和空间计算的重要数字，越靠前面和中间的数字越有效。特别是用在大盘指数方面，例如上证指数在2440点之后的第8天、第13天、第21天、第34天、第55天、第89天、第144天、第233天都有可能形成重要转折点，比如开户转涨或转跌。因为看大盘指数的人多，运用这种方式的人多，所以往往会使其产生明显效应，但个股中看和用该数列的人相对较少，所以效应未必明显。

第二节　K线黄金分割0.382运用法

案例27

通用黄金分割0.382运用法

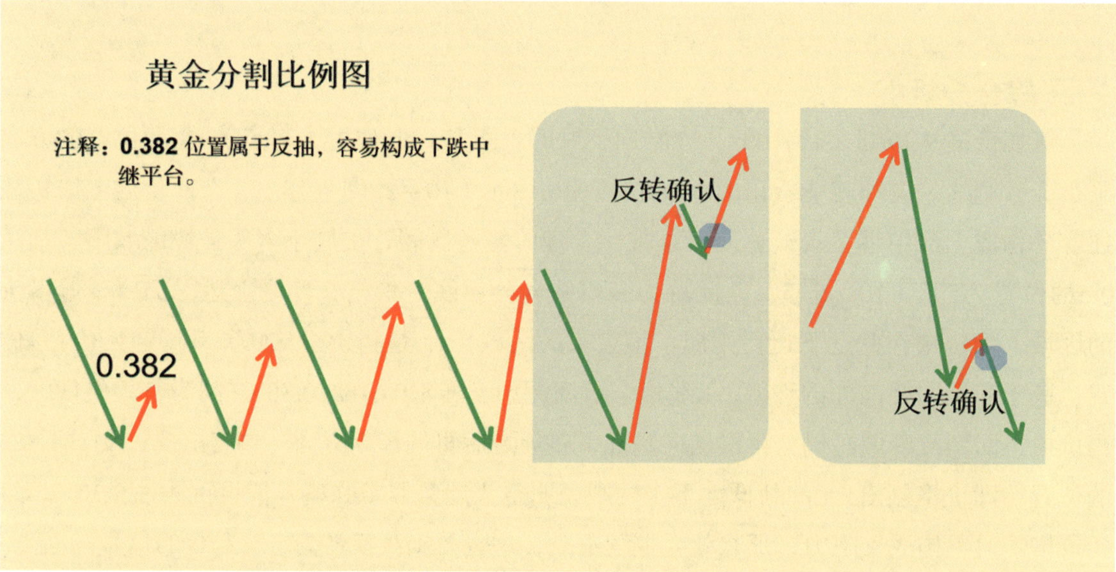

图 27　黄金分割在下跌后反抽至 0.382 位置时的注释示意图

【图形特征】

黄金分割反抽至0.382位置属于弱反弹现象，也是一种急跌后的技术性反弹，其间等待均线下移靠拢的缓解过程。该位置在0.5（强弱分界线）之下，仍属于偏空的区域，连下行通道的上轨都未突破。

【综合分析】

此时我们可以观察K线的细节，例如反抽中的阳线逐根收阳，或者3连阳同比收短，这就意味着构成下跌中继和下跌三部曲的潜力较大，随后仍然继续看跌。这种情况不适合抄底或抢反弹，因为空间有限。价格由上而下时可反向运用。

第三节 K线黄金分割0.5运用法

案例28

通用黄金分割0.5运用法

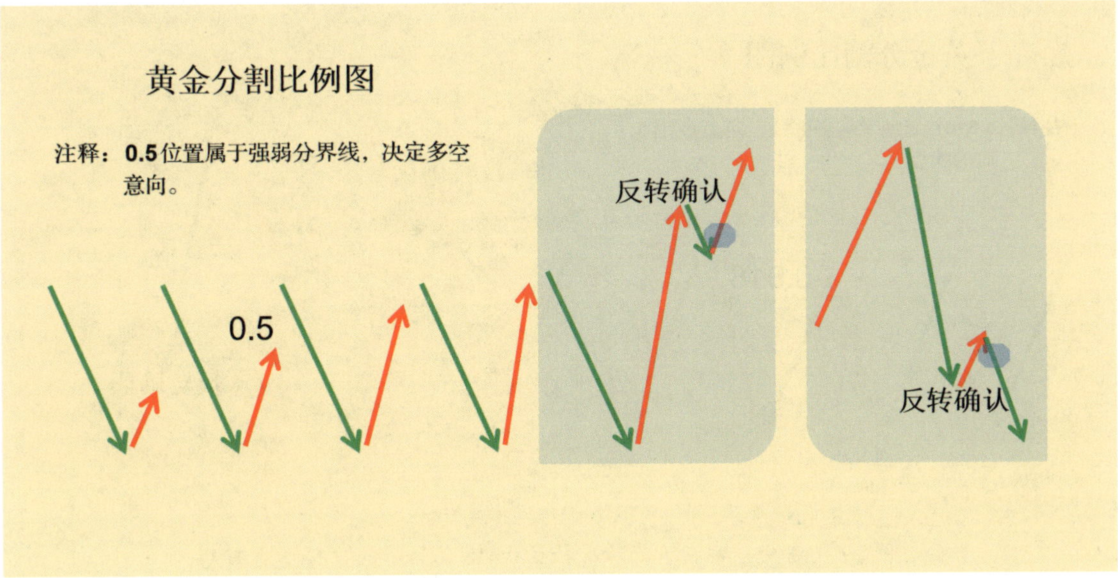

图 28 黄金分割在下跌后反抽至 0.5 位置时的注释示意图

【图形特征】

黄金分割反弹至0.5位置属于多空/强弱分界线，价格在此之上运行仍属于偏多头的区域；价格在此之下运行属于偏空头的区域。“偏”是指一种倾向，不代表已经确定。

【综合分析】

价格由下而上到0.5位置时，很有可能构成反阻力；价格由上而下到0.5位置时，很有可能构成反支撑。有时价格也可能会突破0.5位置后再返回，这种情况也可有效判定为受阻或受支撑。除非突破之后坚守不再返回，否则不能继续伸延（由空头转为偏向多头或由多头转为偏向空头）。

第四节　K线黄金分割0.618运用法

案例29

通用黄金分割0.618运用法

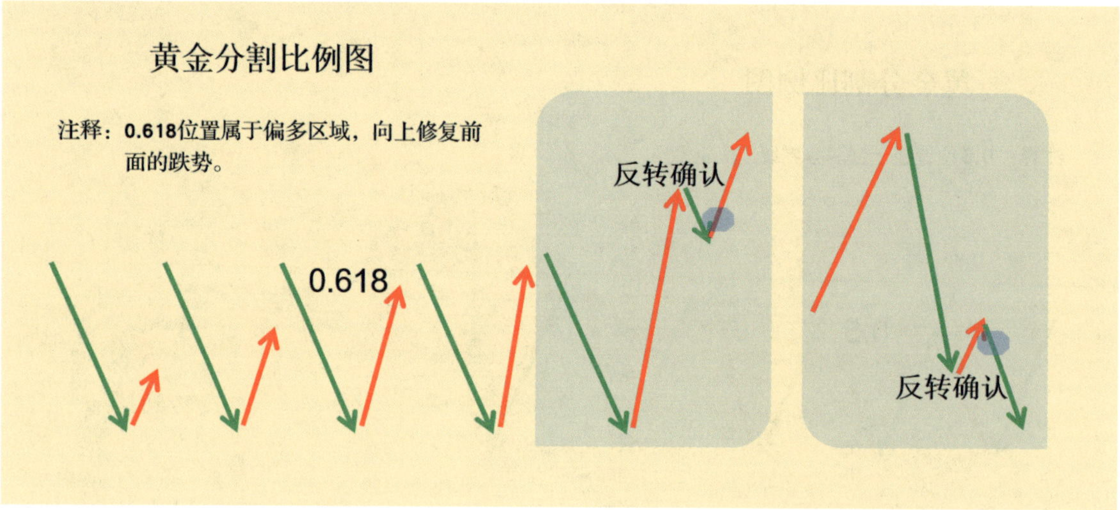

图 29　黄金分割在下跌后反抽至 0.618 位置时的注释示意图

【图形特征】

黄金分割反弹至0.618位置时，代表进入由空头市场转为偏多头市场的区域，此时密切关注0.5位置的得失。具体来说，能稳守0.5位置之上就极有可能在酝酿多头趋势，相反，若再突破0.5位置之下，则将重返偏空头区域。

【综合分析】

通常在实盘运用中，我们未必会使用计算器去计算具体价格位置，况且使用计算器反而容易影响判断。我们只需目测大概位置，例如三分之一处（代表0.382）、二分之一处（代表0.5）、三分之二处（代表0.618），一眼看过去便可大致识别，如此才能更灵活地运用，在交易中一定要留有弹性空间，不要把点位计算得那么死板。当行情到了重要位置的附近，就该引起重视，并有相应的两手准备。

第五节　K线黄金分割1.0运用法

案例30

通用黄金分割1.0运用法

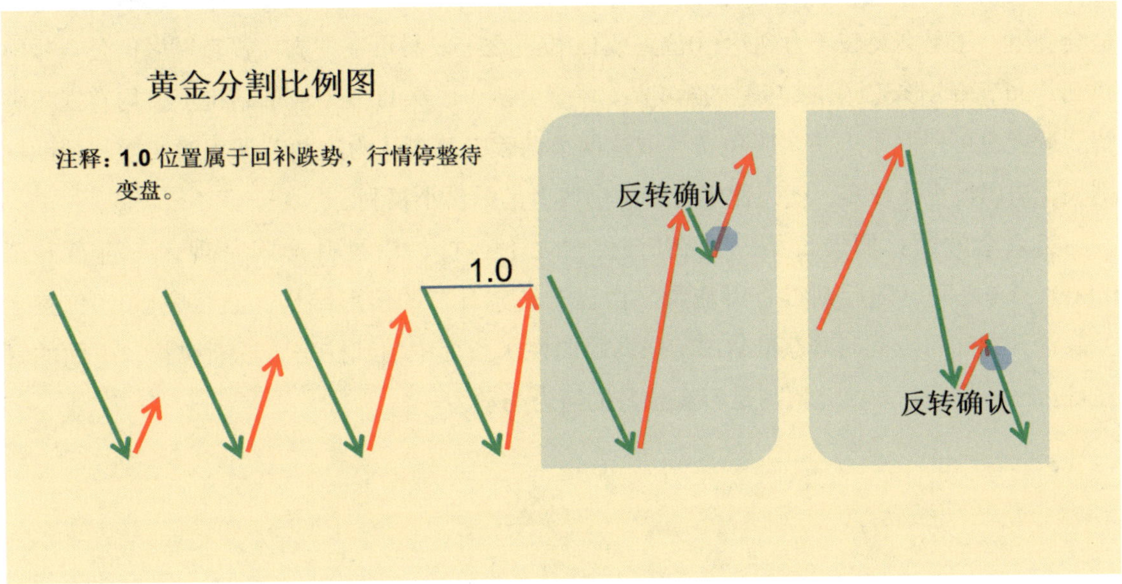

图 30　黄金分割在下跌后反抽至 1.0 位置时的注释示意图

【图形特征】

黄金分割反弹至1.0位置时，代表行情完全回补前一轮的跌幅，恢复原先位置，反弹力度较强。

【综合分析】

在实盘运用中需要注意以下6个方面：

第一个方面：0.809～1.0之间往往是前面转跌前的密集整理区域，当价格重返此区域时，均会再次进行横向整理。

第二个方面：此时可以通过观察前面密集区的长度和上下宽度，来预判右侧区域是否会模仿前面的节奏。

第三个方面：观察右侧密集区末端的重心移向，例如，向上移则为蓄势待涨，向下移则为蓄势待跌。并不是价格由下而上回到1.0位置后都可看涨，也不是价格由上而下回到1.0位置后都会看跌。

第四个方面：笔者认为，还有一个细节问题，例如价格由下而上到0.9位置，并没有到达1.0位置，也没有突破1.0位置，这种强势行情用满分10分来评只能打8分；到达1.0位置可打9分；到达1.0位置之上才可打10分。

第五个方面：如果价格到达0.809位置（前密集区的下轨处），则需注意反阻压力，此时可观察前面由下而上反弹涨势中的K线浪形结构组成（参阅本书第一章），以判断预期是会受阻，还是会突破压力到达1.0位置或1.0位置之上。另可在“志尚投教”微信公众号中找到“36节K线形态通用技巧”的第4节（黄金分割）、第11节（浪形结构），均有视频讲解。读者也可以联系志尚客服免费获取这两节课程，笔者认为这两节课程对实操的帮助特别大，运用得也比较多，就当作笔者给本书读者的一份小福利。

第六个方面：假设价格一直在0.5位置之上运行，以盘升形式呈现，一直盘升至0.809～1.0之间，随后则很有可能为“由盘升转急升”的浪形结构，直接突破1.0位置之上。盘升期间可以同时观察MACD（强弱趋向性）指标中的红柱是否逐渐拉长，下面的绿柱是否逐渐收短，并由此预判是否有急升的潜力与动力。

第六节　K线黄金分割反转信号确认法

案例31

股票黄金分割反转信号

图 31　（股票）中远海能（600026）在 2019 年 1—4 月的日 K 线走势

【图形特征】

如图31所示，最低价4.20元向前一个高点5.6元画出黄金分割线，再从右侧可以清楚地看到行情在0.5位置有过停顿，随后在0.5～0.618之间盘升，蓄势待发，转急升时直接突破至1.0位置之上，到达1.382位置再回踩至1.0位置确认反支撑，在确认反支撑过程中，低点上移，这意味着多头继续酝酿，有待爆发。

【综合分析】

我们从对图31的整体分析中可以看出，最为关键的位置是突破1.0和回踩1.0确认反支撑处，并且反支撑有效成立。原因是低点三次上移（形成上行三次底），量能方面阳肥阴瘦。读者朋友们一定要记住，此位置+此形态+此量能的综合=反转趋势的确定信号，在此之前都属于反弹，并不代表反转的确定。反弹行情随时都有可能结束，而反转确定之后，行情才能加速和继续伸延。

案例32

期货黄金分割反转信号

图 32　（期货）螺纹钢（RB2001 合约）在 2019 年 2—10 月的日 K 线图走势

【图形特征】

标记1：红箭头指的是，左侧三浪上行，每一浪以串阳完成，完成左侧浪形周期结构后，右侧将会酝酿新的浪形周期。

标记2：绿色线指的是，从第三浪的顶点往第一浪的起点画出黄金分割线，当右侧价格下跌时以便观察0.5、0.618、0.809和1.0这四个重要位置的关系。

标记3：红色线指的是，当价格重返1.0位置附近时，止跌回升，再由下向上画至第三浪的顶点处，可观察反弹过程中0.382和0.5位置的关系。

【综合分析】

我们从图32整体来看，发现前面第一浪和第二浪后的修整密集区，正好在红色的黄金分割线的0.5位置附近，由此可预判行情在0.5位置上下会有横向震荡的需求。当震荡修整至末端时，再观察行情是在0.5位置之上盘升，还是在0.5位置之下盘跌，然后进一步预判接下来的趋向，前者看涨，后者看跌。

案例33

黄金黄金分割反转信号

图 33 现货黄金在2016—2019年的周K线走势

【图形特征】

标记1：绿色线指的是，从1380美元画向1046.20美元，可观察出正好跌至0.809位置附近，止跌回升。

标记2：红色线指的是，从0.809位置附近的底点画向1380美元，右侧在0.5～0.618位置之间行情震荡多为多空两方在“争夺”，其中行情两次试探挑战0.809～1.0的区域。最终2019年在突破前面所有新高（1.0位置）之后，行情才进入加速快涨阶段。

【综合分析】

我们从图33整体来看（也结合了前面的描述），发现0.5位置是多空争夺线，容易反复震荡。0.618～0.809位置之间是酝酿阶段，容易出现盘升，但是否具备蓄势待发的动力，还需结合K线构成和MACD的辅助观察。1.0位置的突破和回踩反支撑（确认反转信号）之后，容易产生单边直线行情。所以，这3个阶段的关联性和重要性，读者朋友们一定要弄明白。

案例34

原油黄金分割反转信号

图34 国际原油在2007—2019年的周K线走势

【图形特征】

标记1：绿色线指的是，从33.2美元画向147.27美元的黄金分割线，在右侧反弹行情中以0.618位置为界线，多次上攻无果，且高点逐个下移，直至突破0.5位置后，行情加速下行。

标记2：蓝色线指的是，从26.06美元画向前面的0.618位置（转跌时的高点），右侧仍然以0.618位置为顶界点，同样是向下突破0.5位置之后，行情加速下行。

【综合分析】

我们从图34整体来看，发现无论是在哪个周期，在一轮大幅单边行情后，都会有震荡修整的过程，在此过程中需密切观察三分之一、二分之一、三分之二的位置。由于周期图不同，其震荡修整的时间长短也就不同，但图形节奏和规律是相同的。例如在小时图中出现单边行情后，其右侧震荡修整的时间一般是1～2天；但如果是在日线或周线以及月线中出现单边行情，相应的时间周期就逐渐延长了。

所以，在交易过程中，一定要先认清该品种现处的阶段位置。这就好比做人，先要弄明白自己的立场，明白立场后才知道“话”该怎么说，“事”该怎么做。包括做人的“大格局”（好比大周期的K线图）也要弄明白，这样才会少走弯路，正所谓为人处事要深谋远虑，不能只顾眼前一时。

案例35

外汇黄金分割反转信号

图 35　（外汇）美元指数在 2015—2019 年的周 K 线走势

【图形特征】

如图35所示，观察从87.1795美元向上画至103.8222美元的黄金分割线，可以发现在0.5～0.618位置的走势均为盘升走势。另外，0.809位置极其重要，它是左侧前面两个高点处，也是100美元的大关口处，所以难以突破。

【综合分析】

我们从图35整体来看，可见继续讲“阶段位置”和“大格局”的重要性。当周K线、月K线到达黄金分割线的三个重要位置时，会有什么节奏规律？在日K线、小时图的日常交易中需要注意什么？对于这两个问题，笔者想让读者朋友们根据前述自己去总结，若仍不明白可再联系笔者。

【本章综述】

本章中笔者阐述的全是干货，都是在实操中实用的知识，读者朋友们认真理解后可提高对阶段位置和预期空间的判断能力，在此期间，可将区域内的K线走势与第一章的浪形结构细节相结合，可以由大（阶段位置）到小（K线构成）进一步去观察和分析。犹如先用放大镜后用显微镜，只有把行情的节奏、规律看明白了，才能精准地踏上节奏并运用规律。笔者逻辑清晰、用心良苦，在本书前两章先教会读者朋友们如何“定势”，后面再教读者朋友们如何通过精简、实用的K线形态去抓“变盘区域和变盘信号”“顶底图形”，还会讲解最实用的“指标”辅助技巧。这些技术、技巧在全球所有K线图市场都适用，这些内容也都是笔者亲身经历后总结的成果，并且通过了国际市场的无数次验证。笔者希望这些内容能在让读者朋友们自身受益的同时，借助各位的分享能让身边有学习需要的朋友也获得帮助。

第三章　K线图左侧形态分析

在所有K线图市场中，以下左侧形态的成功率最高。

第一节	3种头肩顶/底形态
第二节	3次顶/底4次确认
第三节	3种三角形修整
第四节	3种变盘组合
第五节	3连K线
第六节	3种顶底背离

导　读

左侧形态交易是指当顶/底图形形态还在构成中时，根据构成图形的规律去分析和判断后势（右侧）预期变盘的方向，以实现提前布局，埋伏预期交易单。如果左侧顶/底图形已经完成，则根据已完成的左侧走势去分析、判断右侧走势，以实现精准掌握，突破单交易。但最关键的是记住这些常见又实用的图形细节，这些图形也是本章要讲解的重点。

第一节 3种头肩顶/底形态

头肩顶或头肩底是一种大型顶底形态，其因构成时间偏长，比较坚固，容易构成反转之势。但从构成的细节来看，还需注意区分几种类型，例如标准型、疑惑型和强烈型。

案例36

标准型头肩底

头肩底：在急跌后的低位及变盘区域出现时，成功率较高。

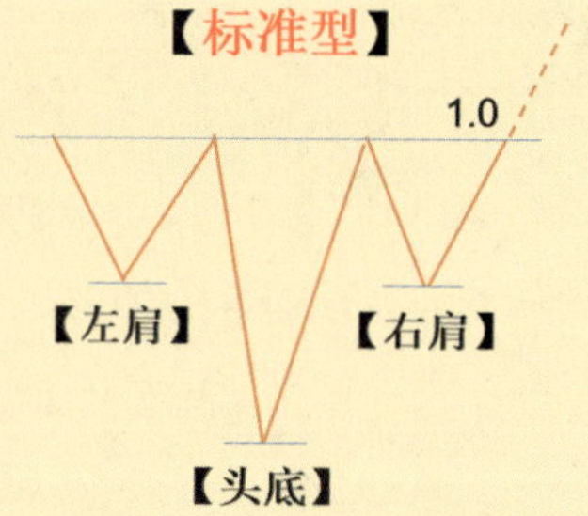

复合型头肩底：由两三个左肩和两三个右肩组成的形态。

买入信号：右肩阳包阴收线后或突破1.0位置时。

止损信号：跌破左右肩导致低点下移时。

图36 标准型头肩底的构成示意图

【图形特征】

如图36所示，注意两个细节：一是头底后向上呈V形的幅度刚好在1.0位置附近，二是右肩低点在左肩低点之上或与之平齐。

至于1.0位置之上的虚线，是指也许会向上突破，也许不会向上突破，须做好两手准备。是否突破，关键在于右肩后的起涨力度，力度决定高度。突破1.0位置之后即进入右侧顺势交易，在右肩起点的交易应采用“左侧交易法”。

【综合分析】

我们观察图36整体发现，头底V形是否到达1.0位置（差一点或超出一点）、右肩的低点比左肩的低点是高一点还是低一点、右肩后的起涨力度是强一点还是弱一点，这三大因素都会影响右侧走势的强与弱、成与败。

另外，这类头肩底若在日K线大幅下跌后的低位、洗盘后的低位、上升趋势震荡中构成，成功率一般较高。读者朋友们还可以在日K线到达低位后观察每日分时图，看其是否会构成头肩底，以便第一时间抓住反转信号。

案例37

疑惑型头肩底

头肩底：在高位出现是修整行情，在下降通道出现是盘跌再急跌的行情。

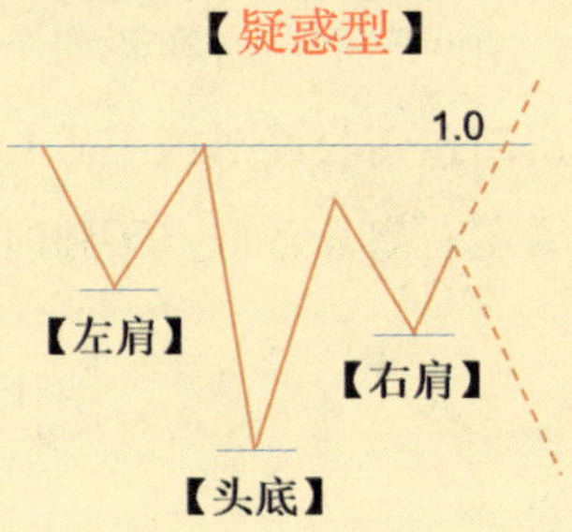

复合型头肩底：由两三个左肩和两三个右肩组成的形态。

买入信号：突破 1.0 位置时或回踩 1.0 位置获反支撑时。

止损信号：跌破左右肩导致低点下移时。

图 37　疑惑型头肩底的构成示意图

【图形特征】

如图37所示，与标准型头肩底不同的是，疑惑型头肩底头底后向上呈V形的幅度未到达1.0位置，或与之相差甚多，其右肩的低点明显低于左肩的低点。而虚线是指走势可上可下，通常向下的概率较大，因为整体形态中高点在下移，其后向下修复的概率较大。

【综合分析】

我们对图37进行整体分析可知，需注意右肩之后在不能突破1.0位置的情况下向下盘跌再急跌的可能性。在高位修整行情中或下降通道内，往往最容易出现这种类型。

案例38

强烈型头肩底

头肩底：在急跌后的低位及变盘区域出现时，成功率更高。

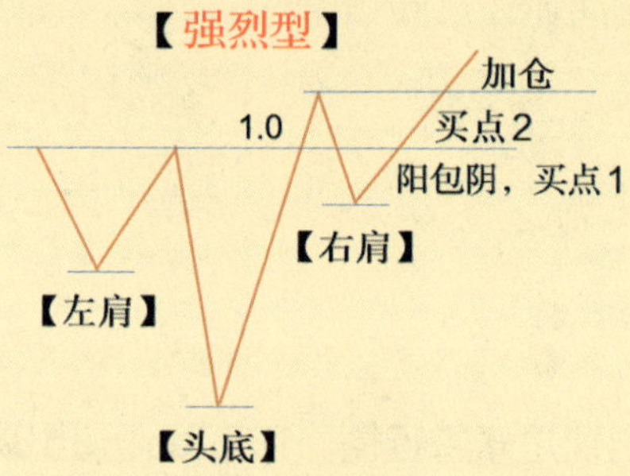

复合型头肩底：由两三个左肩和两三个右肩组成的形态。

买入信号：右肩阳包阴收线后或突破1.0位置时。

止损信号：跌破左右肩导致低点下移时。

图 38　强烈型头肩底的构成示意图

【图形特征】

由图38可知，与前两种类型的头肩底不同的是，强烈型头肩底头底后向上呈V形的幅度突破1.0位置，且右肩低点比左肩低点高，右肩起涨后高点甚至上移。

【综合分析】

注意不要错过三个看涨买点信号：第一个是在右肩阳包阴时，或收线后的起涨信号出现时买入；第二个是在再次突破1.0位置时买入；第三个是在高点上移（突破新高）时买入，随即进入右侧顺势的第二浪上行阶段。

案例39

标准型头肩顶

头肩顶：在急涨后的高位及变盘区域出现时，成功率较高。

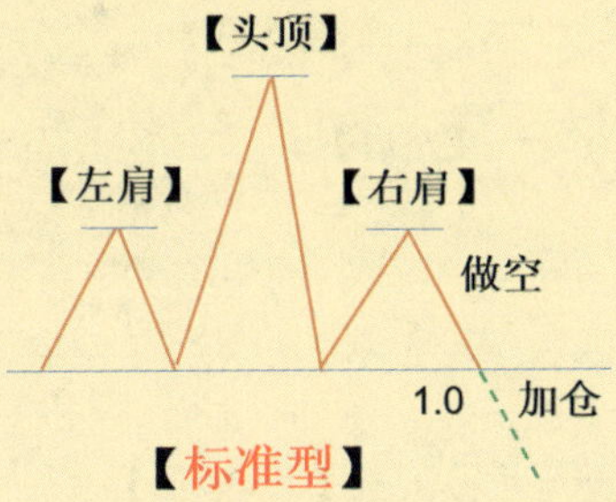

复合型头肩顶：由两三个左肩和两三个右肩组成的形态。

买空信号：右肩阴包阳收线后或跌破1.0位置时。

止损信号：突破左右肩导致高点上移时。

图 39 标准型头肩顶的构成示意图

【图形特征】

注意图39中的两个细节：一是头顶后向下呈倒V形的幅度刚好在1.0位置附近，二是右肩高点在左肩高点之上或与之平齐。

1.0位置之下为虚线，是指也许会向下突破，也许不会向下突破，须做好两手准备。是否能突破的关键在于右肩后的转跌力度，力度决定深度，突破之后即进入右侧顺势交易，在右肩拐点的交易应采用“左侧交易法”。

【综合分析】

我们对图39进行整体分析发现，头顶倒V形是否到达1.0位置（差一点或超出一点）、右肩的高点比左肩的高点是高一点还是低一点、右肩后的转跌力度是强一点还是弱一点，这三大因素都会影响右侧走势的强与弱、成与败。

另外，在日K线大幅上涨后的高位、急拉快涨后的高位、下降趋势震荡中构成头肩顶，成功率一般较高。读者朋友们还可以在日K线到达高位或主升浪后，观察每日分时图是否构成头肩顶，以便第一时间抓住反转信号。

案例40

疑惑型头肩顶

头肩顶：在急涨急跌后，或在横向震荡行情中，最容易出现。

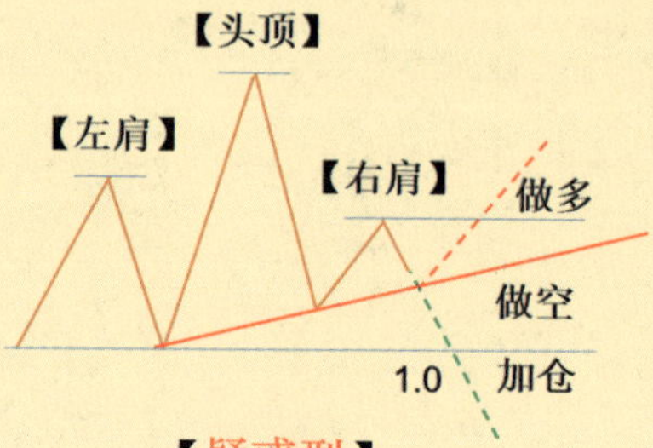

【疑惑型】

复合型头肩顶：由两三个左肩和两三个右肩组成的形态。

买卖信号和止损位置：取决于右肩之后的高、低点移向。

图 40　疑惑型头肩顶的构成示意图

【图形特征】

如图40所示，与标准型头肩顶不同的是，疑惑型头肩顶头顶后的倒V形未到达1.0位置，或与之相差甚多，其右肩的高点明显低于左肩的高点。而虚线是指走势可上可下，通常向上的概率较大，因为整体形态中低点在上移，其后向上修复的概率较大。

【综合分析】

我们对图40进行整体分析发现，右肩之后在不能突破1.0位置的情况下，向上盘升后转急升的可能性较大。所以在低位修整行情中或上升通道内往往最容易出现这种类型。

另外一种变异值得我们注意：如果图40中的右肩再创新高，就会形成“上行三次顶”的特征。

案例41

强烈型头肩顶

头肩顶：在急涨后的高位、变盘区域出现时，成功率更高。

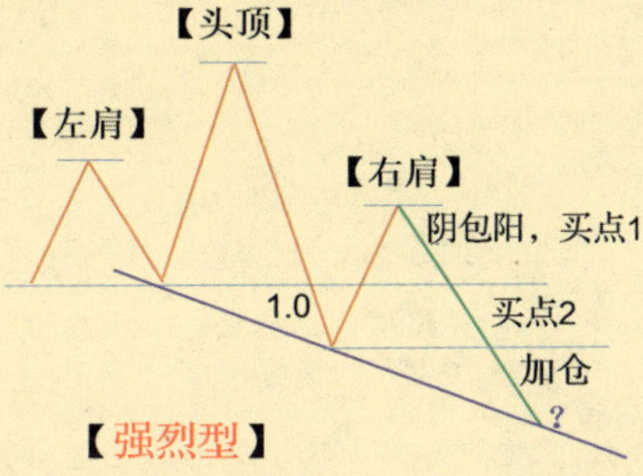

复合型头肩顶：由两三个左肩和两三个右肩组成的形态。

问号：指在完成第二浪下跌后，是否先进入反抽再开展第三浪下跌。

止损信号：1.0位置之上和右肩之上。

图 41　强烈型头肩顶的构成示意图

【图形特征】

由图41可知，与标准型头肩顶及疑惑型头肩顶不同的是，强烈型头肩顶头顶倒V形后突破了1.0位置，且右肩高点比左肩高点低，右肩转跌后甚至出现低点下移。

【综合分析】

注意不要错过三个看跌买点信号：第一个是在右肩阴包阳时或收线后的转跌信号出现时买入；第二个是在再次突破1.0位置时买入；第三个是在低点下移（突破新低）时买入，随即进入右侧顺势的第二浪下行阶段。

案例42

股票头肩底

图 42　（股票）上证指数在 2008 年后的日 K 线走势

【图形特征】

第1组：在一轮熊市后的底部，MACD同步共振底背离，构成标准型头肩底形态。

第2组：在2009年小牛市上涨后的修正浪中出现标准型头肩底形态，但未能突破左侧前面的下行三重顶，因而最终继续向下修复并再次进入熊途。

第3组：虽然跨越时间较长，但从图42仍可明显看出左、右肩与头底的特征。图形有一些变异，符合疑惑型头肩底形态特征。正因有不确定性，所以在右肩反复确认稳定性。

【综合分析】

我们对图42进行整体分析，重点描述第2组和第3组的细节。第2组形态产生右肩后进入第二浪上行，但由于前方压力过大，并没有成功伸延至第三浪上行。第3组右肩横盘中可结合MACD辅助分析，若MACD一直在0轴之上，则偏向多头酝酿之势，但还需进一步确认，例如还需确认盘升蓄势待发中高、低点是否上移，MACD红柱堆是否放大等。

案例43
期货头肩底

图 43 （期货）焦炭 2001（J2001）在 2019 年底的 60 分钟 K 线走势

【图形特征】

标记1：在构成标准型头肩顶的同时，MACD出现顶背离，当价格从右肩后跌破1.0位置时，出现加速下行。

标记2：在头肩顶的头顶构成时，MACD绿柱堆明显同比放大，这意味着空头力量在增强。

标记3：在头肩顶构成后，右侧顺势完成三浪下行，MACD再现底背离，这意味着暂时止跌，再构新的图形。

标记4：随着MACD两条线底背离，红柱堆开始逐堆放大，显然多头力量在增强，收复1.0位置势在必行。

标记5：标准型头肩底右肩形成后，以震荡形式再次完成三浪上行。

标记6：头肩底右肩后的右侧上行中，MACD两条线一直维持平行走势，这意味着多头比较谨慎，因为创新高具有挑战性。

【综合分析】

我们从图43整体来看，发现K线图的规律性源于人性的惯性思维和行为，所以才有头肩顶后的下行三浪与头肩底后的上行三浪。因此，某一个交易品种或各个品种在某个时段内，其K线图往往有规律可循，当大家发现这个品种的规律或其在近时段的规律时，可大胆地运用规律做单。例如图43中的头肩底形成后，读者朋友们可勇于参与第三浪，甚至可以适当“重手”出击。

案例44

黄金头肩底

图44 国际现货黄金在2019年8—12月的60分钟K线走势

【图形特征】

在上行大通道的修整阶段，疑惑型头肩底中的V形以两步完成了形态，但右肩形成后的起涨力度明显很强，随后上涨的力度也明显比头底形成后要强，这说明多头力量逐渐增强。

【综合分析】

我们从图44整体来看，发现按前述“黄金分割线”的条件，1.0为最关键的位置，其是确认是“反弹的结束”还是“反转的开始”的重要位置。同时1.0位置前面均会有密集区，而在右侧1.0位置附近也会再构密集盘整区，盘整中只要高、低点上移，就为酝酿多头之势。

案例45

原油头肩底

图 45　国际原油在 2018 年 9 月—2019 年 9 月的日 K 线走势

【图形特征】

标记1：形成头底V形时，MACD两条线背离上移，绿柱收短，柱线同时底背离，这说明由空头转为多头的概率较大。

标记2：由于左肩有密集区，右肩也构成类似的密集区，但在右肩盘整中高、低点上移，说明酝酿多头的势力在增加。

标记3：右肩之后的上涨势头越来越缓慢，MACD的红柱也没有比形成头底时的红柱大，显然其逐渐缺乏多头力量。

标记4：到达左右肩的密集区时，再构成重要支撑区，反复震荡确认是否有效。

【综合分析】

我们从图45整体来看，发现其属于一轮大单边行情下跌后的修整阶段行情，此时仍需估量“黄金分割线”中0.5位置和0.618位置的重要关联性，一旦行情重返0.5位置之下，则都是以高空为主。

案例46

外汇头肩底

图46 （外汇）纽元兑美元在2010年2—12月的日K线走势

【图形特征】

标记1：头底V形中三小浪收短上行，到达1.0位置处，且MACD红柱逐堆收短，这意味着在完成三小浪的浪形结构周期后必有一轮下跌，回补位在第三浪的起点之下。

标记2：当构成复合头肩底的两个右肩的低点上移时，结合右侧上行三重底的特征，其后当行情再次突破1.0位置和回踩1.0位置反支撑时，都是做多的信号。

标记3：在获得前面两个高点的反支撑后，上涨势力加速，似乎进入主升浪之势。

【综合分析】

我们从图46整体来看，看似一张复杂的图形，我们借助波浪3+1、底部图形、MACD背离关系、黄金分割线的1.0关系等技术理论进行分析，将它们综合运用起来，即可化繁为简。

案例47

股票头肩顶

图 47 （股票）上证指数在 2017 年 10 月—2019 年 9 月的日 K 线走势

【图形特征】

第1组：符合强烈型复合头肩顶的特征，两个右肩的高点明显比两个左肩的高点低很多，在右肩下跌后回抽时，以1.0位置为反阻力位，反阻力位后低点下移并形成新的下降通道时，下跌明显加速。

第2组：在1.0位置再次受阻，再次构成强烈型头肩顶形态，其后重演第1组的反阻力规律。

第3组：上有头肩顶，下有头肩底，行情将进入横向争夺区域。

【综合分析】

我们从图47整体来看，发现2440.91点之后的上涨属于反弹修整阶段，第2组头肩顶下跌也属于对前一轮涨幅的修整，所以在修整阶段最容易产生震荡行情，只有在摆脱这种震荡格局和区域后，才能顺利进入新一轮单边行情。

案例48

期货头肩顶

图 48　（期货）豆一 2001（A2001）在 2019 年 8—10 月的日 K 线走势

【图形特征】

该形态是标准型头肩顶形态，且右肩形成后也进入了标准的第二浪下行阶段，问号表示是否会再进入第三浪下行阶段尚不明确。

【综合分析】

我们对图48进行整体分析，从细节中可以看出右侧第二浪下跌后的反抽幅度明显比第一浪下跌后的反抽幅度大，这说明多头的力量在增强，因此，不要对第三浪下跌的幅度期望过大。

案例49

黄金头肩顶

图 49 国际现货黄金在 2019 年 1—10 月的日 K 线走势

【图形特征】

标记1：在K线构成标准型头肩顶时，MACD柱与MACD线同时顶背离。

标记2：虽然下跌幅度不大，但下跌的过程也有其规律性。MACD红柱堆递增，同时K线突破前面的1.0位置反阻力后，行情就正式进入多头区域。

标记3、4、5：重演前面形态的规律。

【综合分析】

我们从图49整体来看，发现图中形态符合日线级别的上涨中继或洗盘阶段特征，此刻仍可用“黄金分割线”进行分析，在前一轮涨幅的0.5位置之上修整仍属于多头区域，当MACD绿柱堆收短、红柱堆递增时，均为继续转强做多的信号。

案例50

原油头肩顶

图 50　国际原油在 2019 下半年的一波 60 分钟 K 线走势

【图形特征】

第1组：强烈型头肩顶，直线跌破1.0位置之下，反抽构右肩时，以1.0位置为反阻力位。

第2组：以第一组的1.0位置为反阻力位，构左右肩，但右肩形成后低点上移，所以当右肩高点上移时为空单止损位。

第3组：重演标准型的头肩顶形态。

【综合分析】

我们从图50整体来看，发现面对这种小时图（60分钟）中的震荡走势，能看懂一段行情就做一段行情，不宜恋战，还需结合日、周K线的阶段位置和趋向进行分析。注意，不要一直沉迷在一个频繁震荡的周期图中，否则会找不着方向和节奏。

案例51

外汇头肩顶

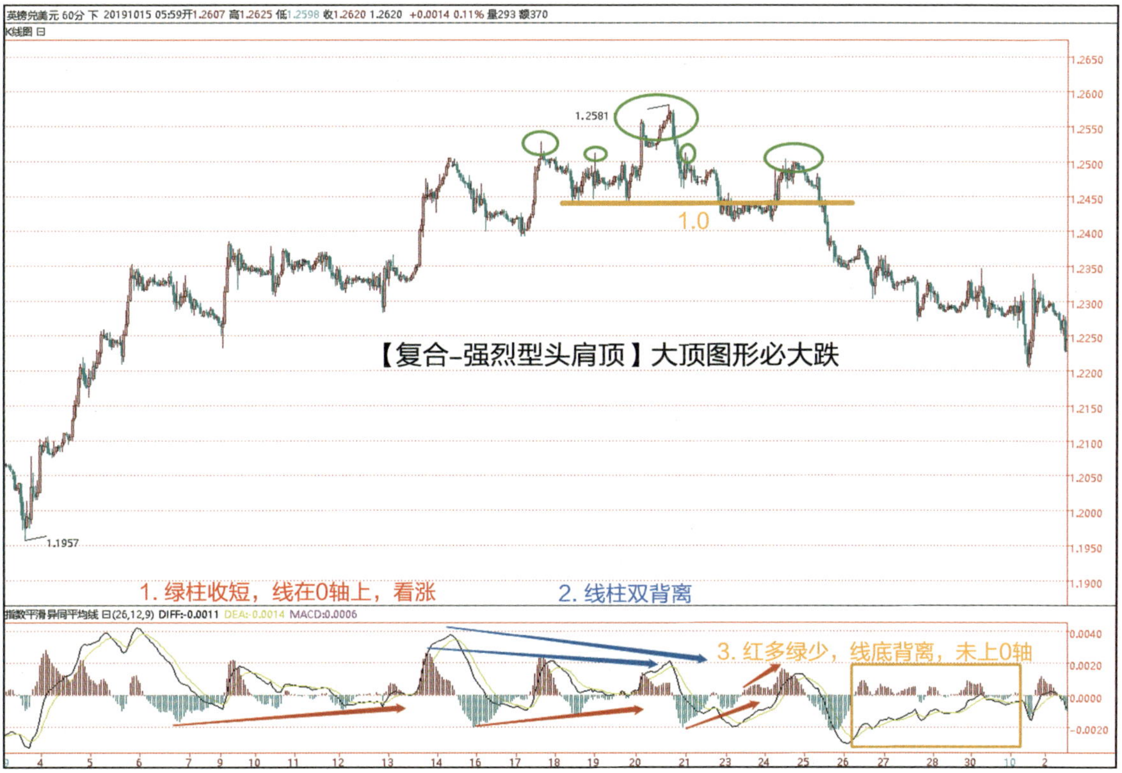

图51　（外汇）英镑兑美元在2019年10月15日的60分钟K线走势

【图形特征】

标记1：先看左侧横盘，高、低点虽然收窄，但MACD绿柱逐渐收短，当红柱堆放大时，便是做多的信号。

标记2：在高位磨顶、构筑复合头肩顶的过程中，MACD柱与线同时顶背离，属于强烈的看跌预期。

标记3：右肩后（右侧）的盘跌中，MACD红柱虽多但不长，并且MACD两条线仍在0轴之下，这说明多头并未站稳，只有当MACD重返0轴之上、红柱堆递增放大时，才有反弹浪的潜力。

【综合分析】

我们从图51整体来看，发现不是所有头肩顶形成时，右肩一轮下跌后都会有反弹确认反阻力的过程。特别是当复合头肩顶的跨度较大、图形较明朗时，其一旦转跌，反弹就会很弱或没有反弹过程。在这种盘跌行情时做空，可将止损位设在前一个高点之上，盈利后再将止损位下移，直至急跌中远离均线可全止盈。

【本节总结】

头肩底形态是否成功的分析法与分析步骤：

一看左侧下跌浪形结构是否完成下跌周期浪；

二看构底时MACD是否有底背离；

三看构底的右肩或二、三次探底的低点是否在抬高；

四看右侧探底回升时的起涨力度和阳线拉长或缩短的规律；

五看头底V形向上是否突破前一个高点，超出黄金分割1.0（左颈线）位置；

六看回踩时右肩的低点与左肩相比是否抬高；

七看右肩后的起涨阳包阴是否有力度；

八看右肩后上涨为二浪上行的幅度和规律，据此判断是否还有第三浪；

九看小周期图出现是否产生小行情，大周期图出现是否产生大行情；

十看小时图中小头肩底是否产生小行情，大头肩底是否产生大行情。

（注：头肩顶反之。）

第二节 3次顶/底4次确认

3次顶/底4次确认是指邻近又相似的3次顶/底或者第4次确认。平时最常见的尖顶、尖底形态以单次V形或倒V形、双顶/底出现在走势图中，但3次或4次顶/底的成功率比单次和双次顶/底的成功率要高。大多数人所见所学的是平行顶底，而笔者在此只挑选成功率最高的标准条件与三种不同的识别方法进行讲解。例如：平行3次顶/底、上行3次顶/底、下行3次顶/底。

案例52

标准型3次底4次确认

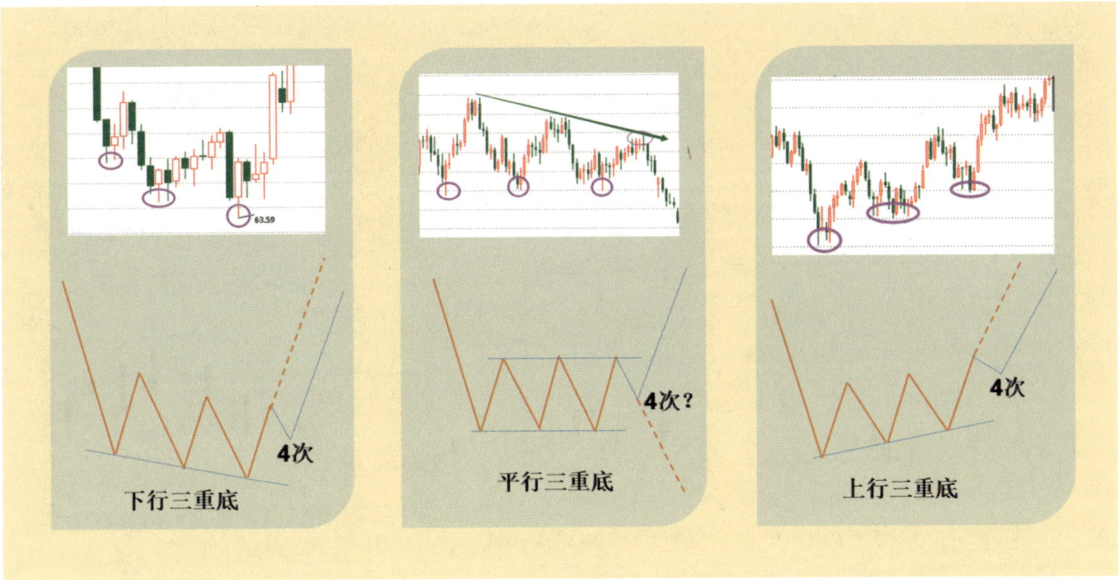

图52 下行3次底4次确认、平行3次底4次确认、上行3次底4次确认的走势示意图

【图形特征】

下行3次底4次确认：前面由一轮急跌转为盘跌，在盘跌中构成3次探底，低点形成一条下滑直线。在第3次探底后的回升中高点上移，或在第4次回踩时确认前3次底点的有效

性，进入反弹或反转的上升通道。虚线是指没有第4次的确认过程。

平行3次底4次确认：在一个箱体中完成3次顶/底的构筑，图52中间图是先探出第3次底，后探3次顶，所以第4次回踩箱体的0.5位置很重要，如图中实线与虚线的区别。

上行3次底4次确认：在前面一轮急跌后的缓慢向上修复中构成盘升，盘升中产生上行3次探底，低点上移形成一条直线。虚线是指没有第4次的确认过程。

【综合分析】

我们从图52整体来看，3次底的构成细节是距离近、图形相似（例如都是由尖底或阳包阴构成）；每一次探底后的回升幅度很关键，例如如果第2次探底后回升的高点比前一个高点高，则会更好；在完成下行3次底时，MACD指标最好是呈现底背离，在完成上行3次底时，MACD指标的红柱堆最好是逐堆放大且价格高点上移，在完成平行3次底的过程中，同时观察高点是否上移、高点与MACD指标的关系，以及是否有第4次确认来进行方向预判。

案例53

标准型3次顶4次确认

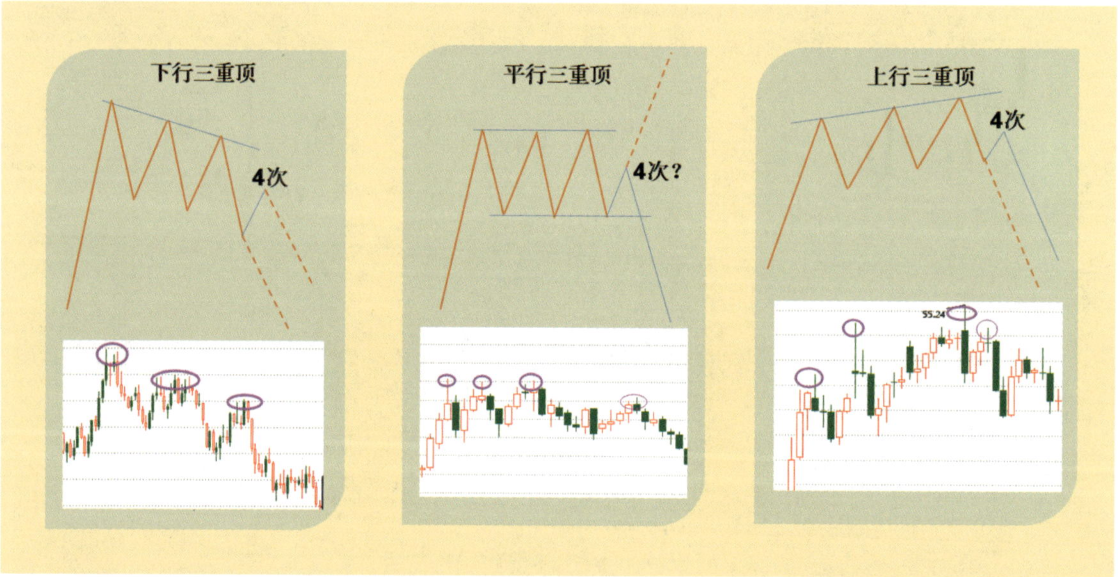

图 53　下行 3 次顶 4 次确认、平行 3 次顶 4 次确认、上行 3 次顶 4 次确认的走势示意图

【图形特征】

下行3次顶4次确认：前面由一轮急涨转为盘跌向下修复，在盘跌中构成3次探顶，高点形成一条下滑直线。在第3次探顶后的回升中高点下移，或在第4次回抽时确认前3次顶点

的有效性，进入回调或反转的下降通道。虚线是指没有第4次的确认过程。

平行3次顶4次确认：在一个箱体中完成3次顶/底的构筑，图53中间图是先探出3次顶，后探3次底，所以第4次回抽箱体的0.5位置很重要，如图中实线与虚线的区别。

上行3次顶4次确认：在前面一轮急升后的缓慢向上盘升之中，出现了上行3次探高，高点上移形成一条直线。虚线是指没有第4次的确认过程。

【综合分析】

我们从图53整体来看，发现3次顶的构成细节是距离近、图形相似（例如都是由尖顶或阴包阳构成）；每一次探顶后的回调幅度很关键，例如如果第2次探顶后回调的低点比前一个低点低，则会更好；在完成上行3次顶时，MACD指标最好是呈现顶背离，在完成下行3次顶时，MACD指标的绿柱堆最好是逐堆放大且价格低点下移，在完成平行3次顶的过程中，同时观察低点是否下移、低点与MACD指标的关系，以及是否有第4次确认来预判方向等。

案例54

股票3次底4次确认

图 54 （股票）美思德（603041）在 2018 年 8 月—2019 年 9 月的日 K 线走势

【图形特征】

图54中红色圆圈代表左侧3次探底后，都是以V形回升，而黑色圆圈代表第4次确认，随后行情由盘升转向急涨。

标记1：在第2、第3、第4次探底过程中，低点上移，同时MACD绿柱堆收短，形成预期上涨的助力。

标记2：在第4次确认后，向上突破小平台的实体阳线收线时，可作为试探性的买入信号。

标记3：当行情突破前一个高点或平台时也可以作为买点或加仓点。

标记4：在到达1.0位置之后，再起涨时可作为加仓点，因为随后行情在突破所有障碍后会进入加速阶段。

【综合分析】

我们从图54整体来看，发现虽然第2次探底的低点要低于第1次探底的低点，但右边3个低点逐步上移，也可视为上行3次底。最主要的细节是标记1处MACD绿柱收短、红柱拉长，这个细节可成为预期向上的判断依据。K线图中的紫色线为涨停板，因为笔者擅长运用“左侧抓涨停板”的技巧，所以对五彩K线涨停和跌停的色彩做了调整，以便一眼能识别出哪些位置有涨停板，哪些位置有跌停板。如果有读者朋友需要这个五彩K线公式，可以联系笔者。

案例55

期货3次底4次确认

图 55　（期货）硅铁 2001（SF2001）在 2019 年 4—10 月的日 K 线走势

【图形特征】

标记1：在下行3次底的过程中MACD绿柱收短，代表空头力量减弱、多头力量转强。

标记2：在第3堆绿柱收短后现红柱、收复第3次底部的平台时，可作为做多的买点信号。

标记3：止损位为第3次底的下轨之下。

标记4：由盘升到急升的过程中，3连阳拉长时可在第3阳的高点止盈。

标记5：虽然回调幅度较大，但低点收在左侧第2、第3个低点位置为支撑位，形成整体图形中的第4次确认。第2根阳线收复第1根阳线的长上影线时，可以作为做多的买点信号。

标记6：止损位为新低点之下。

标记7：上涨中到达前高构平台后，再跌破平台下轨时为止盈信号。

标记8：在第4次探底确认后的回升中，MACD红柱堆递减，为多头削弱现象。

标记9：在一轮急跌后反弹至0.5位置时，再构上行3次顶+第4次确认，之后行情预计回跌至前低点之下。

【综合分析】

我们从图55整体来看，发现第4次底和第4次顶点的确认很关键，同时结合MACD柱线背离也很重要。尽管图形较复杂，但可以分段、分图形去分析和判断。在每一组图形走完后，会进入下一轮构成新图形。

案例56

黄金3次底4次确认

图 56　国际现货黄金在2019年6—8月的60分钟K线走势

【图形特征】

标记1、2：左边上行3次顶+4次确认做空失败的原因在于低点在上移，形成高、低点收窄的三角形，在没有MACD背离配合的情况下，可以不做单。通常向上盘升后转急升的概率较大，所以在向直线急拉盘升突破新高时，可以追多，止损位为前低点之下。

标记3、4、5：整体为上行3次底+4次确认，在第4次底之后直线V形收复1.0位置之上、再回踩确认反支撑位时，是最佳的做多信号，止损位为前密集区下轨之下或新低点之下。当右侧上涨不断突破新高时还可适当加仓做多，因为一旦出现震荡行情，一般会进入单边伸延行情。

【综合分析】

我们从图56整体来看，发现整个图形反映的是左边（前一轮）行情大幅上涨后的修整过程，较大幅度的高、低点整体上移，根据“横有多长，竖有多长”的规律，一旦行情修整结束后向上突破，即进入新一轮大单边上行趋势，这种情况下一定要敢于保留底仓、不断将止损位上移、不断择机加仓，这样才能实实在在地抓住一轮大行情的机遇。但是，对于现货黄金的仓位而言，建议最大仓位不要超过3成，通常在2成仓以内交易。

案例57

原油3次底4次确认

图57 国际原油在2019年4—6月的60分钟K线走势

【图形特征】

标记1：下行3+1浪后再完成最后一跌，彻底完成左侧全部浪形周期，接下来进入右侧阶段的构底图形极为关键。

标记2：在最后一跌的浪形中，MACD明显底背离，说明真正的底点已出现。

标记3：在构底过程中，MACD绿柱收短、红柱拉长，说明空头力量在减弱、多头力量在增强。

标记4、5、6：上行3次底+4次确认，可在形成第3次底后行情突破1.0位置、再回踩1.0位置反支撑时，买入多单，止损位为前一个低点之下，在再次突破前一个高点后，可择机加仓。

【综合分析】

我们从图57整体来看，发现这种情况下识别左侧图形，并掌握底部图形的特点，有助于精准抄底。通常3+1浪下行后，回升的第一目标是回补前一浪，在实现此目标之前，如果有空间、有机会，可适当顺势加仓。

案例58

外汇3次底5次确认

图58 （外汇）美元指数在2017年10月—2019年7月的日K线走势

【图形特征】

标记1：完成左侧3+1浪下行收短的浪形结构周期。

标记2：在下跌浪形中，反抽力度逐次减弱，有助于顺利完成3+1浪。特别是在完成三浪后的主跌浪止跌时，收出平行3次底，且第3次平底后的高点逐步上移，代表多头力量在增强。

标记3：随后第4～5次低点逐步上移，代表变盘走势一触即发，可在收阳包阴的阴线带有长下影线（拐点信号）时做多。

标记4、5：如果以阳包阴为买入点，那么止损点为前一根阴线的低点之下，或者新低点之下，当高点再次上移时可以适当加仓。

标记6：底部修整过程中已经回补了主跌浪，再向上变盘的多头目标是回补前面第三浪的跌幅，所以可以借助下一章要讲到的四线技巧捂单，这样才能拿到最高位的盈利。

标记7：当完全回补前四浪的跌幅（到达1.0位置）时，行情一般会横向修整，修整之后再重新选择方向，此位置也是最终的止盈位。

【综合分析】

我们从图58整体来看，发现外汇品种中大多数品种都与美元的涨跌有关，当能看出美元指数的趋势时，再去做相关的外汇品种就会得心应手了。

案例59

股票3次顶4次确认

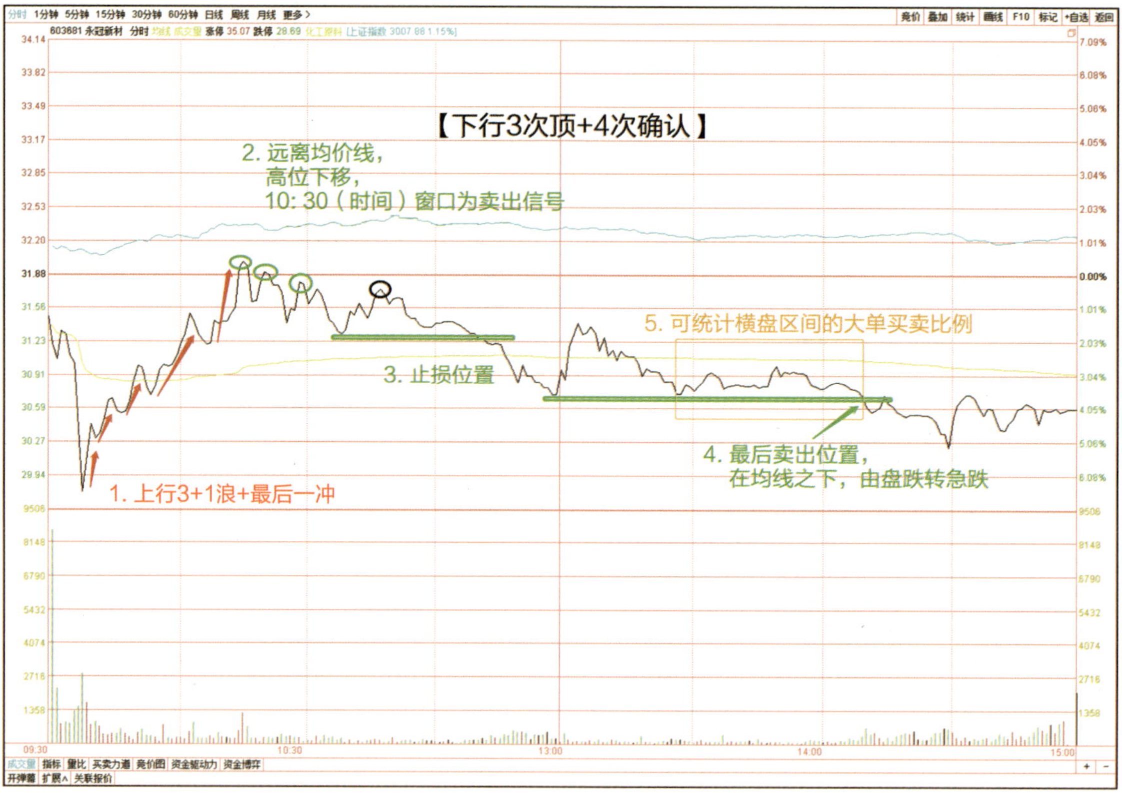

图59 （股票）永冠新材（603681）在2019年10月14日的分时图走势

【图形特征】

标记1：上行3+1浪与最后一冲，完成左侧全部浪形周期。

标记2：股价线远离均价线，前一日收盘价31.88元位置为阻力位。

标记3：下行中先探出3次顶，再探第3次底，通常完成3次顶/底后才会选择变盘，所以这种情况要等第3次底完成后，才会产生第4次确认。如果在第3次探底时做了多单，那么止损点为第3次低点之下。按条件，标准下行3次底（翻多）是在左侧有一轮急跌之后出现的，所以图59所示的情况不符合低位阶段的条件。图59所示的情况适合在第4次探顶时轻仓做空，待跌破第3次低点后加仓空单。

标记4：从股票的角度来讲，若持有这只股，在前一天最高价31.88元（盘口暗语数字）后没有卖出，那么在图59中标记3和标记4都是卖出信号。

标记5：凡是分时图出现横盘的情况，都可以点击鼠标右键选择横盘区域拖动，再松开鼠标，便可查看区间统计买卖单比例。当横盘无法判断方向时，可借助这个技巧来预判。再者，图59中的横盘区域为均价线之下的偏弱区域，所以后面出现了再探低点的情况。

【综合分析】

图59是针对分时图的图解，要知道，本书中的所有图形技巧，均可运用在分时图以及各个周期图中。我们可以通过分时图观察当天行情中的每个细节变化，也可寻找最佳的买卖点位，所以我们最好能掌握分时图的运用技巧。掌握分时图的运用技巧，还有助于在股票市场当中做当天的波段工作；在T+0市场中，该技巧还可作为短线或超短线的交易依据。

笔者为了完善教学体系，特与李智诚老师合著了《T+0分时图交易技巧大全》（2019年已推出修订版），“志尚读书会”解读的第一本书就是这本。此外，与之相关的20个视频（共20个小时）已经上传至“志尚投教”在线学习平台。相信读者朋友们在学习后会有所收获。

案例60

期货4次顶5次确认

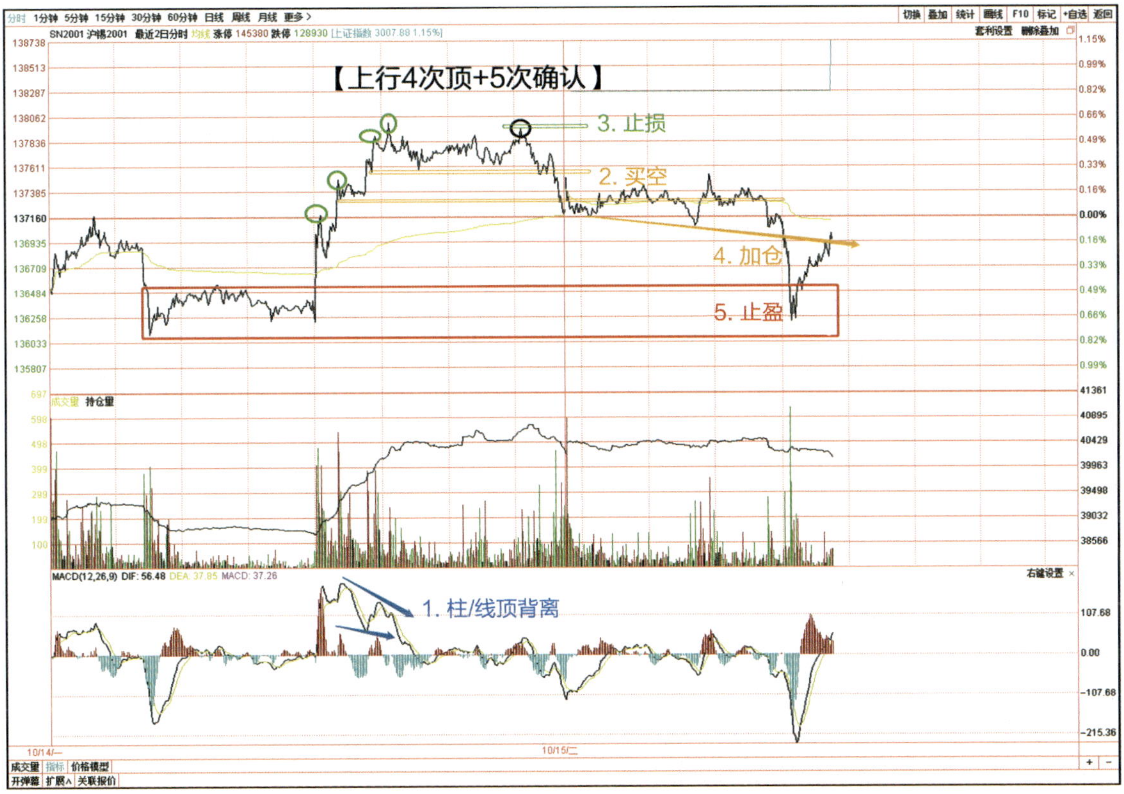

图 60　（期货）沪锡 2001（SN2001）在 2019 年 10 月 14—15 日的分时图走势

【图形特征】

标记1：在上行4次顶+5次确认的过程中，MACD柱线顶背离，代表前面一轮上涨周期结束。

标记2、3、4、5：在最后一次顶确认后跌破前低点时，为做空的买点信号，止损位为前一个高点之上。当K线回到均价线之下再破前低点时，可适当加仓空单，止损位为均价线之上，止盈位为左侧密集区域内，如图60所示，红色方框内为支撑区域。

【综合分析】

我们从图60整体来看，发现若要运用分时图技巧，切记要用多日分时图，如结合前一日的分时图一起分析，因为有的图形在当日分时图中没走完，会在次日分时图的早盘继续走完。例如：图60中若不结合14日的分时图来看，根本无法判断出15日的跌势行情。至于第4次顶和第5次顶这种“确认顶”，可理解为：一方面，确认顶的高点通常比前一个顶点要低；另一方面，确认顶之后再向下跌破前一个低点时，属于真正的有效确认。反之则是对“确认底”的理解。

案例61

黄金3次顶4次确认

图61 国际现货黄金在2016—2018年的日K线走势

【图形特征】

标记1、2、3：下行3次顶+4次确认后、跌破前低点时买空，在第4次顶的高点之上止损，回跌到前一浪的起涨点（黄金分割1.0位置）附近止盈。

标记4、5：反弹确认上面密集区的下轨反阻，随后在诱多确定、突破前一个低点时，都是最佳的做空位置，不但成功率高，而且下跌速度最快。因为反阻力位的确定也是空头趋势的最终确定。单边下跌过程中，可以按照下一章会讲到的“四线理论”顺势捂单。

标记6、7、8、9、10、11、12：在前期同样的位置构成同样的图形——下行3次顶+4次确认，交易信号和技巧如出一辙。

【综合分析】

我们通过对图61进行整体分析可知，同样的图形技巧，在不同的市场品种和不同的周期图中，会产生不同的收益结果。例如：在股票市场的日线交易操作中这张图预计能盈利30%，那么在期货市场的日线交易操作中这张图能盈利多少？在黄金、原油、外汇市场的日线交易操作中这张图又能盈利多少？按图中大致100美元的跌幅计算，用最小交易单位0.1手（100美元保证金）做空，价格跌1美元=账户盈利10美元≈700元人民币，价格跌100美元=账户盈利1000美元≈7000元人民币 ，是700元人民币的10倍收益。所以，在T+0市场中，多空双向都有机会，有多少技术就能赚多少钱，相信读者朋友们的付出都是值得的、有回报的。因为，我们做的是自己最熟悉的、理解得最透彻的图形条件，对于任何市场、任何品种或任何周期图，在一年中只做两三轮也足够了。

案例62

原油3次顶4次确认

图 62　国际原油在 2017—2018 年的日 K 线走势

【图形特征】

标记1：在图62中的上行3次顶+4次确认中，MACD走平，显然多头力量即将耗尽。且每次探顶后都是急跌，可见空头已蠢蠢欲动。

标记2、3、4：第4次顶的高点可能高于第3次顶，也可能低于第3次顶（最佳），关键在于第4次探顶后的表现。因此，图62中第4次探顶后不再有第5次确认的过程，而是短暂地在下轨中继平台停顿。在确认顶部形成后可以按照“四线理论”顺势捂单到底。

【综合分析】

我们从图62整体来看，发现一个顶部区域和一个底部区域是最难做交易的，在任何周期图中都一样，很多人就在这一个区域内把自己玩出局了（正所谓“做趋势的‘死’在震荡里”），最终迎来大机会却无缘抓住。所以，笔者经常说，在连续亏损两单后就该停止交易，休息一天或几天，待行情明朗后再交易，只有这样才能摆脱困境，走出迷宫。不过，就原油的K线规律特征来讲，小时图以上的周期图中的波段运行规律都比较明朗，少有频繁、持续震荡的局面。例如，从图62中就能看出波段轨迹的特征。

案例63

外汇3次顶4次确认

图 63　（外汇）美元指数在 2019 年 3—10 月的日 K 线走势

【图形特征】

标记1：在上行3次顶+4次确认过程中，MACD柱线顶背离，这是成功率较高的条件之一。

标记2、3、4、5：当第4次探顶未突破前高点，且阳线收短（多头乏力），随后收阴线，在阴线吞没前三根阳线（收线）时为做空的买入信号，止损位为阴线高点之上，低点下移时可适当加仓，每到前一个低点附近可以分批减持止盈。

标记6、7、8：行情反弹后用同样的技巧，在吞没线出现后再次做空，并设止损位和止盈位。

标记9、10、11、12：图形和交易技巧与前述一致。

【综合分析】

从图63整体来看，标记12的止盈幅度为什么那么小？因为该位置为上行通道的下轨处，在没有改变运行通道前，只宜短线操作。

【本节总结】

上述的上行、平行、下行顶/底图形与4次确认，可能会有一点难以理解，建议读者朋友们自己动手在白纸上画出来，以便加深印象，不然可能一时半会儿消化不了，会增加理解难度。

上行三重构底成功率最高的条件：

1. 左侧完成下跌周期浪或极低位置；
2. 近邻相似规律的上行3次底（特别是都带有长下影线）；
3. 上行的浪形和阳线在拉长；
4. MACD绿柱堆收短的同时红柱堆在拉长；
5. 3次底4次确认。

下行三重构底成功率最高的条件：

1. 左侧完成下跌周期浪或极低位置；
2. 近邻相似规律的下行3次底（特别是都带有长下影线）；
3. 下行的浪形和阴线在收短；
4. MACD两条线出现底背离；
5. MACD绿柱堆收短的同时红柱堆在拉长；
6. 3次底4次确认。

平行三重构底成功率最高的条件：

1. 左侧完成下跌周期浪或极低位置；
2. 近邻相似规律的平行3次底（特别是都带有长下影线）；
3. 平行中的高点上轨在上移，阳线多阴线少；
4. MACD两条线出现底背离；
5. MACD绿柱堆收短的同时红柱堆在拉长；
6. 3次底4次确认或构底跨度越长。

构底失败的特点：

1. 在横盘箱体中出现；
2. 距离较远，相似度低；
3. MACD背离不强；
4. 在中继阶段位出现；
5. 该发力时没有发力。

第三节　3种三角形修整

3种三角形修整是指上行三角形、下行三角形、平行三角形这3种修整形态。这3种形态是处在行情修整阶段后，即将变盘转势的图形。读者朋友们可通过学习本节内容，掌握各种细节技巧，提前预知变盘方向，以便做好在左侧交易与右侧追单的准备。

案例64

上行三角形

预期分析 → 上行三角形向上突破，下行三角形向下突破，都难以有回抽

平行三角形无论向哪边突破，都会有回抽过程

低位上行三角形，高位下行三角形，主要看修复位置

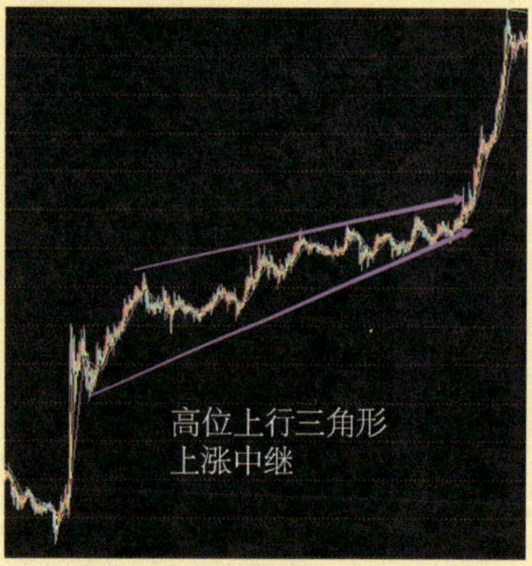

成功率最高的三角形条件：三角形有多长竖也有多长

上行三角形向上突破——多头
下行三角形向下突破——空头

平行三角形向上突破后回踩获反支撑——多头
平行三角形向下突破后回抽受反阻力——空头

低位上行三角形向上修复——转多
高位下行三角形向下修复——转空

上涨中继构上行三角形——爆发主升浪多头
下跌中继构下行三角形——爆发主跌浪空头

图 64　上行三角形的 K 线走势示意图

【图形特征】

从最低位转势向上完成一轮急涨后，再继续向上盘升，代表完成洗盘和修整，在振幅收窄后再向上突破，进入新一轮直线拉升的上涨趋势。

【综合分析】

我们从图64整体来看，发现盘升后本身就有转急升的潜力，再加上阶段位置处在低位起涨浪后的高位，代表上涨中继平台。所以，在多头通道酝酿多头趋势，一旦向上突破确认，行情一般会加速上涨，火山爆发似的急涨，甚至不会有回抽确认反支撑的过程。

但要注意，这种盘升中的MACD可能会是顶背离，很容易被误认为预期看跌，所以不能单一以MACD指标做交易，一定是以K线形态为主、指标为辅，这也是MACD背离唯一容易失效的阶段位置。

案例65

平行三角形

预期分析

上行三角形向上突破，下行三角形向下突破，都难以有回抽

平行三角形无论向哪边突破，都会有回抽过程

低位上行三角形，高位下行三角形，主要看修复位置

成功率最高的三角形条件：三角形有多长竖也有多长

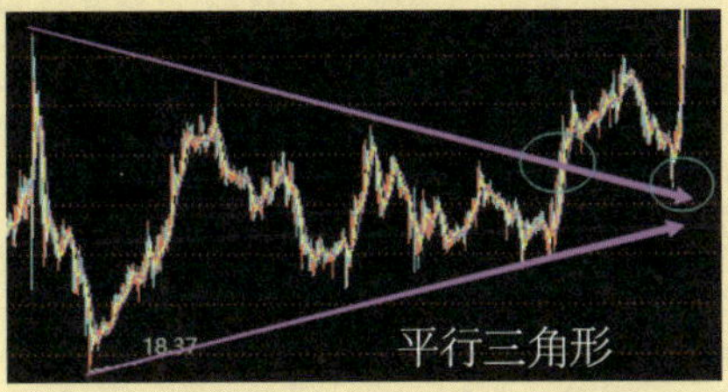

上行三角形向上突破——多头
下行三角形向下突破——空头

平行三角形向上突破后回踩获反支撑——多头
平行三角形向下突破后回抽受反阻力——空头

低位上行三角形向上修复——转多
高位下行三角形向下修复——转空

上涨中继构上行三角形——爆发主升浪多头
下跌中继构下行三角形——爆发主跌浪空头

图 65　平行三角形的 K 线走势示意图

【图形特征】

在一轮急涨或急跌后，行情均会开始修整。高、低点逐渐收窄，直至到达最低点窄位时，就是变盘区域。如图65所示的行情——在向上突破后再回踩上轨确认反支撑有效，随后继续上涨。

【综合分析】

我们从图65整体来看，发现当日线没有方向或正在修整时，60分钟图极可能出现三角形形态或箱体形态；当周、月线没有方向或正在修整时，日线极可能出现三角形形态或箱体形态。

通常根据大单边行情后反弹中的第一个高点与第一个低点，就能初步判断接下来怎样修整。如图65所示，一轮急跌后反弹的高点没有突破前高点，回调中的低点没有跌破前低点，修整中第一个高/低点在前面顶/底点之内，这就意味着后面会出现三角形形态。

平行三角形的MACD指标也可能会出现柱线同步收窄，即使有顶背离也有底背离对冲，仍为无效依据，最终仍以K线突破为准。

平行三角形还有一个细节需注意，即无论往哪边突破，往往会有回抽确认反支撑或反阻力的过程，这也是最关键的做单买入信号。

案例66

下行三角形

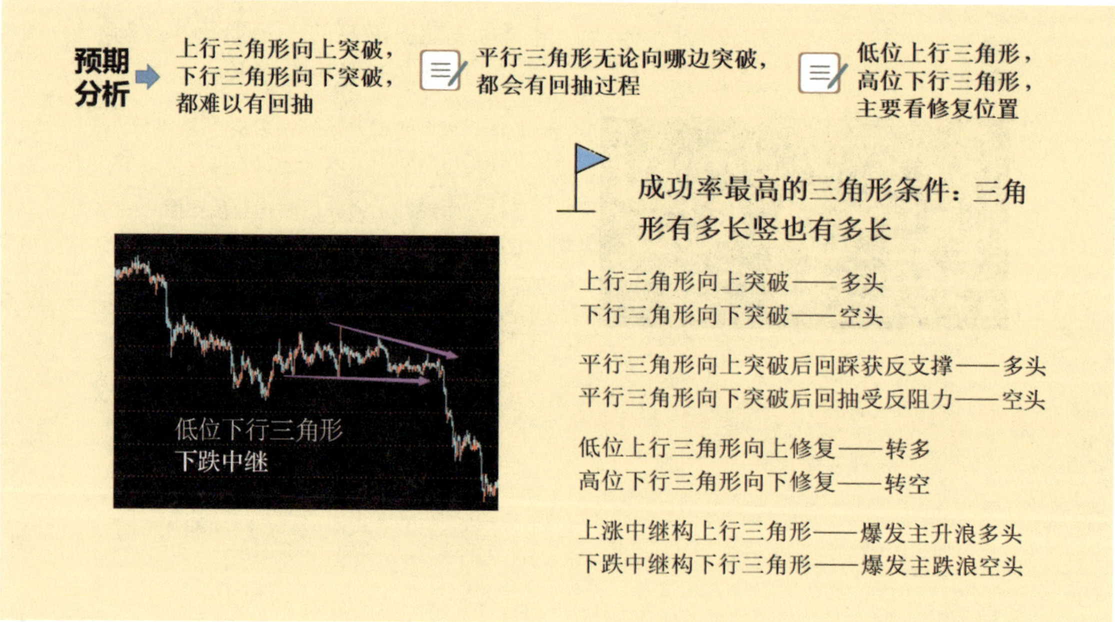

图66　下行三角形的K线走势示意图

【图形特征】

在一轮单边下跌后的修整中，高点下移、低点平行或下行，直至收窄后再向下变盘，向下突破后行情进入加速下跌阶段。

【综合分析】

我们观察图66可知，图66与图64的走势方向相反。这里补充3个细节要点。

1. 在收窄区域时，也有可能出现诱多形态后再真正转跌，实则为向上试盘，上行三角形收窄时注意诱空陷阱，跨度越长的三角形在变盘选择方向前，越有可能会诱盘。

2. 买点在变盘区域的吞没线，例如下行三角形后的拐点信号为阴包阳、上行三角形后的拐点信号为阳包阴，这些都是顺势抓拐点信号，其成功率也最高。

3. 上行和下行的三角形在突破行情后，一般不会有回踩/抽确认反支撑/反阻力的过程，而会是直线的单边行情，当然，在单边行情中也可能会有中继小平台，比如盘升与盘跌就代表行情正在酝酿，蓄势待发。

案例67

股票上行三角形

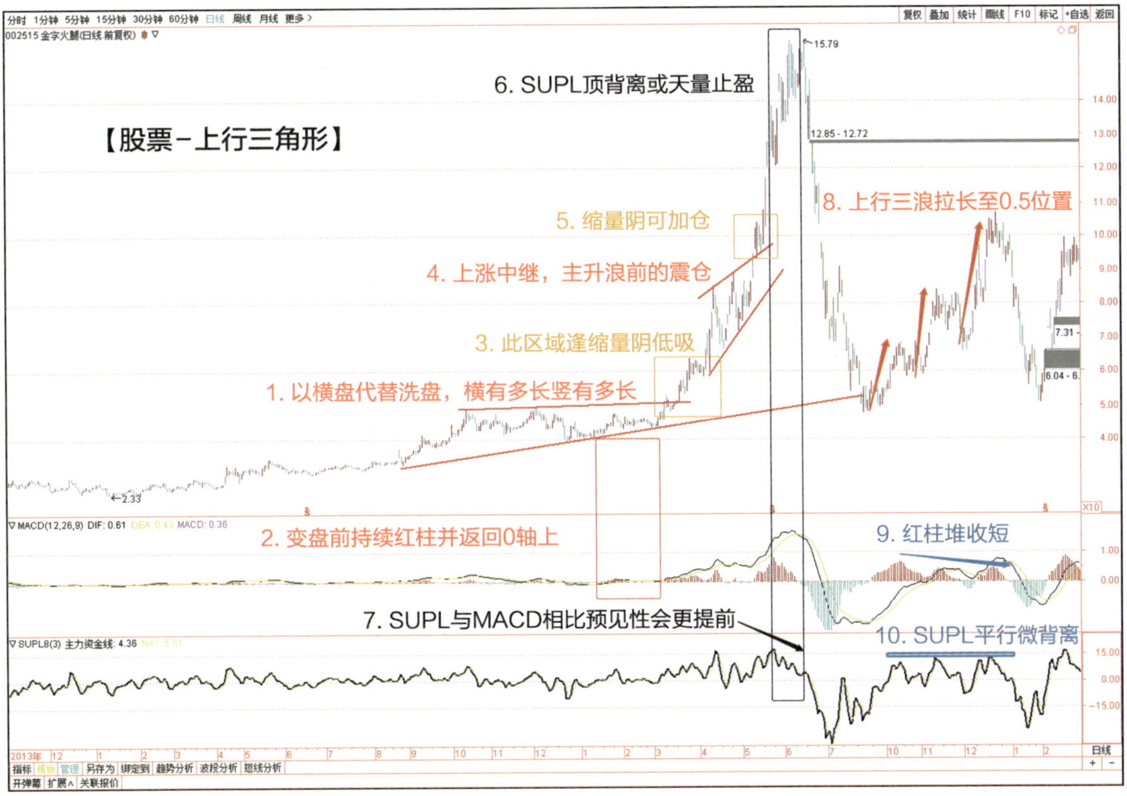

图67 （股票）金字火腿（002515）在2013—2015年的日K线走势

【图形特征】

标记1：处在上涨中继阶段的上行三角形形态，横盘时间长达近6个月，以横盘代替洗盘，当持股者无耐心坚持而抛弃筹码时，主力却正在慢慢地收集更多的筹码，一旦向上拉升，幅度就会很大，所以“横有多长竖有多长”。

标记2：在上行三角形的末端收窄处，MACD处在0轴之上的多头区域，这是向上突破的预期信号。

标记3：前文中已提到，上行三角形向上突破后一般不会回踩上轨，所以图67中的上行三角形向上突破后，先盘升后转为急升，在盘升中可逢缩量阴线低吸。

标记4、5：急升中的涨停板后再开板，震仓洗盘、再次拉升，再次急升过程中仍然可以逢缩量阴线继续增持。

标记6、7：直线拉升后转为阴阳K线频繁交夹盘升，同时，MACD和SUPL指标顶背离，成交量也随之扩大，这是磨顶的特征，也是止盈的信号。

标记8、9、10：轮回调至黄金分割线的1.0位置附近止跌，回升反弹中以上行三浪的形式到达前轮跌幅的0.5位置受阻，同时MACD和SUPL指标也出现顶背离的卖出信号。

【综合分析】

我们通过分析图67得知，从主力试盘到打压、建仓，再到洗盘、拉升、震仓、主升浪、磨顶、出货和下跌与反弹，一张完整的路线图中，每个阶段位置都具有不同的技术特征。在此无法逐一描述，建议阅读笔者写的《做精实盘手法（彩图版）》这本书，里面有关于这方面内容详细的图文讲解。

案例68

期货上行三角形

图 68 （期货）玉米 2001（C2001）在 2019 年 2—9 月的日 K 线走势

【图形特征】

标记1：上行三角形区域内，MACD三堆绿柱递减收短，随即出现红柱时即为变盘突破之时。其间虽然红柱堆也在收短，但MACD两条线在0轴之上（偏多区域），所以预期向上变盘突破的概率较大。

标记2：在上行三角形的收窄变盘区域中，出现上跳缺口一直未回补，这也是多头强劲的特征。

标记3：向上突破的光头中阳线没有收出上影线，代表突破的力度较强，同时这也是最佳的做多买点信号，止损位可设在缺口之下或前一个低点之下。

标记4：一轮拉升中可按四线技巧止盈，也可在MACD红柱第一根开始缩短时止盈。

【综合分析】

我们从图68整体来看，发现该上行三角形处在上涨中继的阶段位置，酝酿主升浪的意图较为明朗。当走出预期行情后，回调中的第一目标是回补前一轮涨幅（打回原形）。第二目标是否还继续向下，这还需结合其他周期图进行综合分析。根据图68所示的情况，直到小时图或日线图再次出现MACD底背离时，才会有力度地反弹回升。例如：图中最后端的MACD绿柱堆在收短，红柱堆在拉长，这代表有反弹回升的潜力。

案例69

黄金上行三角形

图 69　国际现货黄金在 2019 年 10 月 11—14 日的 1 分钟 K 线走势

【图形特征】

标记1、2：左侧下行3+1浪完成之后，构筑头肩底，止跌回升。

标记3、4、5：在回补主跌浪1.0位置之上构筑上行三角形，意为继续回补左侧的第三浪，回补之后必然会有修整停顿的过程，此时需要观察是上涨中继还是受阻构顶。而图69

中构出的是“3次顶4次确认”的顶部图形，所以看跌。

【综合分析】

我们从图69整体来看，发现右侧的上涨依据都源于左侧图形，因为左侧一轮下跌中完成了下跌周期浪，右侧则蓄势修整或修复左侧的浪形。综上所述，最完美的技术是左侧+右侧连贯分析方法的运用，再加上对中间的变盘区域（如图69中的头肩底）的考虑。

案例70

原油上行三角形

图 70　国际原油在 2019 年 4 月后的 60 分钟 K 线走势

【图形特征】

标记1、2、3：在高位盘升中构出变异的上行三角形，但MACD一直顶背离，直到绿柱堆开始递增扩大，同时MACD两条线也进入0轴之下的区域，转空头的信号也逐渐明朗。

【综合分析】

我们从图70整体来看，发现该形态属于磨顶阶段中出现的不规则的上行三角形。为什么说是磨顶阶段？因为前面已经是大轮上涨后的高位，或者我们还可以结合日、周线去判断行情是否处在较高的位置。

案例71

外汇上行三角形

图71 （外汇）欧元兑美元在2015—2017年的日K线走势

【图形特征】

标记1：虽然左侧三次大底中出现了无数次小顶，但三次探底形态极为明朗，所以在第三次探底后的走势极为关键，能成为右侧交易的依据。

标记2：在第三次大底后构出上行三角形，区域内又构成上行三次底，在右侧第三次探底后行情就向上加速。

标记3、4：上跳缺口一直未回补，在三角形的上轨处构上涨中继平台酝酿多头，当大阳线突破中继平台的高点时，是最安全的做多买入信号，止损位为缺口之下。

标记5：从三角形中的第三底点到上轨为第一浪上行，突破上轨后为第二浪上行，这也就意味着还有第三浪上行的潜力。所以，在第二浪的高位再构上涨中继后、平台高点被突破时可以加仓，当进入第三浪上涨阶段后逐渐分批减持止盈。

【综合分析】

我们从图71整体来看，因为左侧三次大底为宽幅震荡密集区域，所以右侧向上修复时行情也较艰难，不是特别通畅。当运用交易日线以内的中小周期图形时，行情很容易被震荡扫损，因此如果日线有规律就做日K线图。

案例72

股票平行三角形

图72 （股票）江河集团（601886）在2015—2018年的日K线走势

【图形特征】

标记1：由于左侧一轮涨幅过大，后面的修整行情也就较大，持续时间较长，直到修整中的振幅收窄后，再重新变盘选择方向。

标记2：在平行三角形收窄区域有新主力试图突破，构成上下突破试盘，这代表有异动，之后即将面临变盘。此时从月K线图看最为明显，在上下影线出现后向下收阴线，代表向下变盘。

标记3：向下突破平行三角形下轨后，继续盘跌，再到急跌进入熊途。

【综合分析】

我们从图72整体来看，发现当一只股票被主力爆炒透支（远离高估值的泡沫）时，一旦该股被主力抛弃，其修整的行情就没有任何交易价值，应在修整收窄到地量区域后，观察是否有新主力进入的轨迹。

案例73

期货平行三角形

图73　（期货）焦炭2001（J2001）在2019年7月的60分钟K线走势

【图形特征】

标记1：回补上跳缺口后再向下跳出新的缺口未补，代表空头趋势形成。

标记2：一轮下行后的修整中构出平行三角形，从阶段位置来讲为下跌中继特征。

标记3、4：向下突破时并没有回抽确认的过程，而是再构下跌中继平台，平台中的K线越收越短，且高、低点下移，代表向下趋势一触即发。

标记5、6：在跌破下跌中继平台时是最佳的加仓做空信号，直到“急跌+盘跌+急跌”完成一轮下跌周期浪时全止盈。

【综合分析】

我们从图73整体来看，下降趋势中的平行三角形或下行三角形，再向下突破均会进入加速下跌阶段，此为看空特征。因为顺势而行，所以不要错过这种空头趋势中的做空信号。

案例74

黄金平行三角形

图74　国际现货黄金在2015年7月—2016年2月的日K线走势

【图形特征】

标记1、2：左侧两轮上涨中，MACD红柱堆没有递增，也就没有第三轮上涨，随后向下跌破新低后转为盘跌。盘跌中MACD底背离产生，且红柱明显慢慢递增，直到平行三角形收窄后突破时，行情才会进入加速阶段。

标记3、4、5：通常平行三角形在突破后均会有回抽确认的过程，特别是在这种构底中出现的平行三角形，更需要再次确认，才能激发更多的多头进入市场。所以，在回抽后再出现阳包阴时，可作为第一个做多买入信号，当高点上移时再加仓，到达前高（0.809～1.0）区域止盈或减持。

标记6：在突破1.0位置之后也均会有回抽确认反支撑的过程，这也是决定反转趋势关键位置的信号。

标记7：一轮上涨中阳线逐根拉长，直到拉出最长的一根阳线时，就代表多头获得大量释放，上涨行情这才告一段落，随后进入修整阶段。

【综合分析】

我们从图74整体来看，该图形属于圆弧底的形态，右侧愈涨愈烈。拉长阳线前的上下影线组合是关键细节与技巧，望读者朋友们认真理解。

案例75

原油平行三角形

图 75　国际原油在 2018 年后的 60 分钟 K 线走势

【图形特征】

标记1、2、3：在由高而下的一轮下跌后的低位区域构筑平行三角形，构筑过程中MACD红柱堆收短，两条线虽在上移但仍处于0轴之下，所以向下突破的潜力较大。

标记4：平行三角形中分别三次探上轨和三次探下轨，在“先”探第三次上轨后，3连阴拉长击破下轨，并在下轨之下收阴线，这是即将向下变盘的做空信号。

标记5：随着一轮阴线由短到长，释放空头，可在阴线拉长时逢低止盈空单。

【综合分析】

我们从图75整体来看，在下降趋势中出现的平行三角形、下行三角形中，逢上轨高空是不错的选择，反之低多也如此。

案例76

外汇平行三角形

图 76　（外汇）欧元兑美元在 2017 年 5 月—2018 年 8 月的日 K 线走势

【图形特征】

标记1：该形态虽属于双左肩和双右肩的复合头肩顶图形，但跌幅有限。不过从头顶位置往下看，也有三小浪拉长，完成一轮下跌周期。

标记2、3：高位构出平行三角形，因为MACD两条线向下移形成顶背离，所以可判定为高位磨顶特征。

标记4、5：这种图形一旦转势下跌，目标应为起涨前的密集区域内，即黄金分割线的1.0位置附近。所以，在三角形收窄出现第二根阴线比第一根阴线拉长时，可在第三根阴线开始时做空，在下跌通道形成时可顺势加仓空单，因为横有多长竖有多长，下跌空间较大。直到MACD绿柱收短或者出现红柱时，再全部止盈空单。

标记6、7：到达1.0位置后低位横盘，并且高点下移，MACD红柱堆收短，这属于预期下跌中继平台。

【综合分析】

我们从图76整体来看，平行三角形为头顶，标记1为左肩，标记7为右肩，整张图就是一个大型的头肩顶形态。日线大周期构筑大图形，其后便代表着将要进入数月以上的熊途，一直单边下跌到2020年2月。所以，将这一大图形先拆分为三段来看，再组合起来看，就不难理解了，反而还能抓住超级大顶后的大行情。通过这样的分析，相信读者朋友们会明白一点，图形形态成功率的高低，关键在于图形出现在什么位置。

案例77

股票下行三角形

图77 （股票）天晟新材（300169）在2017年8月—2019年7月的日K线走势

【图形特征】

标记1、2：下跌中继盘跌时构出下行三角形图形，同时MACD绿柱堆扩大、红柱堆收短，代表有助跌的效应。跌破三角形的下轨后，行情加速下行，直到完全释放空头力量后，行情止跌反弹。

标记3、4：最低价3.66元的盘口暗语探底后迅速回升，说明此区域有主力进入。一轮上涨至1.0位置才回调洗盘，回调过程中以前面密集区的上轨为反支撑。

标记5、6、7：第二大浪上涨过程以三小浪完成，回调过程中以上行通道的下轨为支撑，再进入第三大浪上行，同时连并主升浪一气呵成。

【综合分析】

我们从图77整体来看，左边的下行三角形后为左侧行情的最后一跌，右边第三浪完成后的停顿为上涨中继直奔主升浪。当然，因为创业板/科创板都属于中小盘股（股性比较刚烈），涨跌都比较迅猛，所以当完成3+1浪上涨后，会直线下跌回补第三浪。应特别注意左侧下跌浪形周期完成后构底的过程与细节，例如3.66元出现后放量直线回升中带有缩量小阴线时，是最佳的介入机会，当右侧出现上行三次底时，在第三次底时可以大胆买入或加仓。

案例78

期货下行三角形

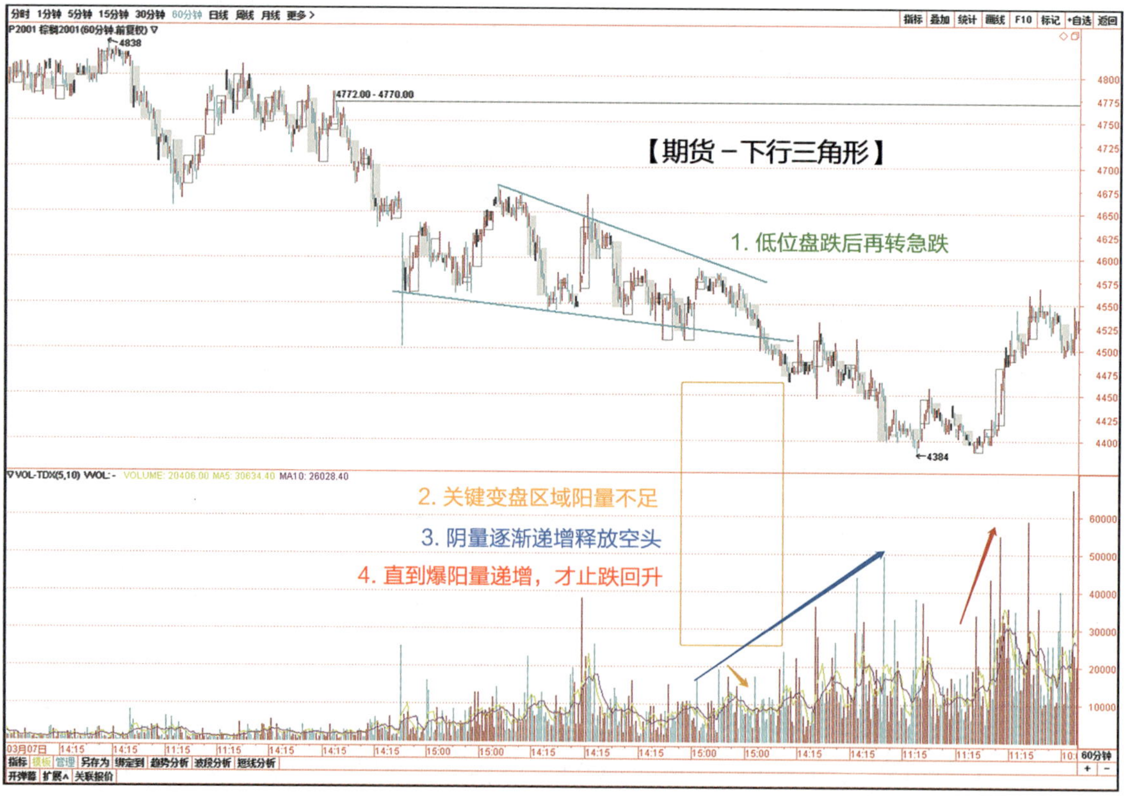

图78 （期货）棕榈2001（P2001）在2019年3月7日后的60分钟K线走势

【图形特征】

标记1、2、3、4：下行三角形处于低位盘跌后再转急跌，在三角形收窄区域内阴量大、阳量小，下跌中直至阴量递增释放空头力量后，阳量才开始递增转势为多头。

【综合分析】

我们从图78整体来看，黄金、外汇可以不用看成交量，但期货成交量有一定的参考作用，特别是原油，因为原油属于大宗商品期货的龙头。

在“志尚投教”平台上，“金油汇14节”课程中的第14节就专门讲解高、低位的爆量运用技巧，对抓波段行情和判断顶、底有极大的帮助。

案例79

黄金下行三角形

图79 国际现货黄金在2015年2—7月的日K线走势

【图形特征】

标记1、2、3：左侧由高而下之后的反弹不超过黄金分割线的0.5位置，属于弱势区域内的修整，在修整的末端高、低点下移，构成下行三角形，并且整个阶段中MACD红柱堆明显收短，这也代表预期偏向空头趋势。

标记4：当触及下轨时，3连阴线拉长，中间夹有两颗小阴星中继，其后阴线继续拉长暴跌。

【综合分析】

笔者在此再次强调：下降通道内、下跌中继处构成下行三角形，属于带有助跌作用的特征。当行情触及三角形的下轨时，切莫错过最佳的做空机会。

案例80

原油下行三角形

图80　美国原油在2019年10月17日连续的60分钟K线走势

【图形特征】

标记1：左侧单边下跌中MACD绿柱堆收短，代表预期空头力量减弱，有翻转多头的可能。

标记2、3：横向修整中虽然高、低点下移构出下行三角形，但在未破前低点的情况下向上变盘，并且是很有力度的阳线逐根拉长，这说明多头再次发力。同时在三角形的末端处MACD绿柱堆明显收短，这也意味着预期向上变盘。

标记4、5、6：在突破上轨时发现阳线递增拉长，可果断追多，止损位为新低点之下，止盈位为长阳线时逢高分批平仓。

【综合分析】

我们从图80整体来看，这并不是下行三角形的失败，而是所处位置属于第一浪上涨后的回调浪。有个细节值得一提：第二浪上涨后的修整振幅明显收窄，因为越往后，多头力量就越强，形态也越明显，所以回调的幅度越小，随之上涨的力度也将越强势。

案例81

外汇下行三角形

图81　（外汇）纽元兑美元在2014年5月—2016年2月的日K线走势

【图形特征】

标记1：MACD两组红绿柱堆收窄，两条线也走在0轴处，此时MACD失去判断价值，只能知道行情临近变盘，需观察行情突破方向。

标记2、3：下降通道中三处都是阴包阳的吞没线，这也是最佳做空信号，止损位为阴线高点之上。按照前面单边下跌规律，可以按四线技巧顺势捂空单。

【综合分析】

我们从图81整体来看，虽然下行三角形有些变异，但中间的V形反弹没有突破前高，而是在0.809位置再向下盘跌。当一直单边下跌至底部时，可以发现MACD绿柱堆明显在持续收短，这就代表空头在减少。

【本节总结】

三角形成功率最高的条件：

1. 三角形有多长，竖也有多长。

2. 上行三角形向上突破为多头趋势，下行三角形向下突破为空头趋势。

3. 平行三角形向上突破后回踩获反支撑为多头趋势，平行三角形向下突破后回抽受反阻力为空头趋势。

4. 低位上行三角形向上修复为转多趋势，高位下行三角形向下修复为转空趋势。

5. 上涨中继构上行三角形为爆发主升浪多头趋势，下跌中继构下行三角形为爆发主跌浪空头趋势。

第四节 3种变盘组合

案例82

上下影线变盘组合

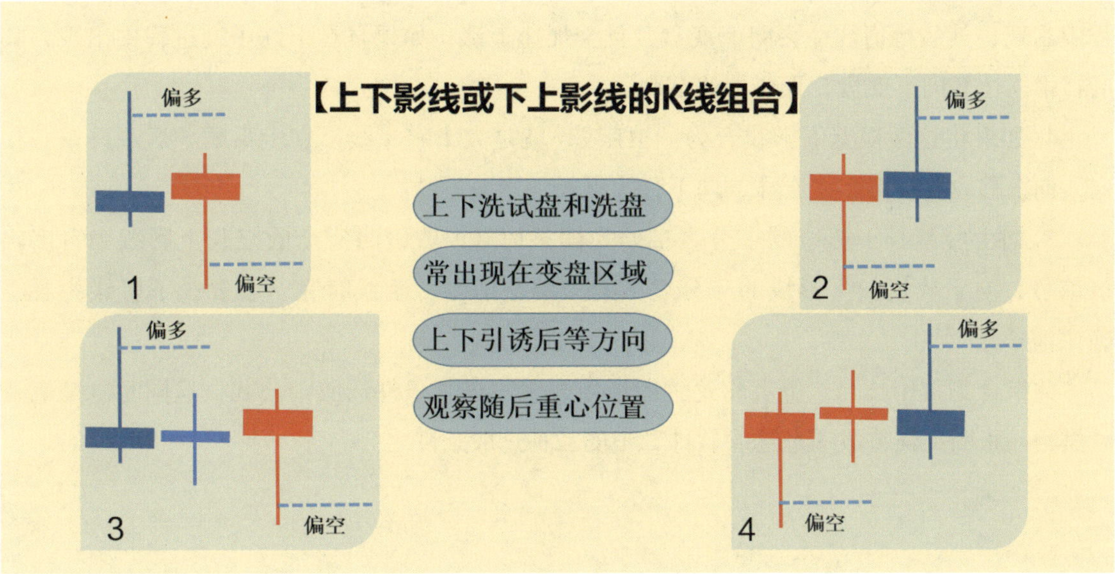

图 82 上下影线组合走势示意图

【图形特征】

标记1：属于上下影线组合K线，当随后的阳线收复至长上影线虚线处时为偏多信号；当随后的阴线收复至长下影线虚线处时为偏空信号。

标记2：属于下上影线组合K线，当随后的阳线收复至长上影线虚线处时为偏多信号；当随后的阴线收复至长下影线虚线处时为偏空信号。

标记3：属于间接性上下影线组合K线，当随后的阳线收复至长上影线虚线处时为偏多信号；当随后的阴线收复至长下影线虚线处时为偏空信号。

标记4：属于间接性下上影线组合K线，当随后的阳线收复至长上影线虚线处时为偏多信号；当随后的阴线收复至长下影线虚线处时为偏空信号。

【综合分析】

上、下影线也被称为“搓揉线”，牢记以下五句注释。

1. 先上后下或先下后上收出的长影线，一般属于主力在试盘，上影线代表主力在拉升中测试跟风盘和抛售盘，下影线代表主力在打压中测试跟风盘和抛售盘，说明主力在震仓，有异动、有意图，更说明随后会有大动作。

2. 上下影线组合通常出现在三个位置：一是在横盘末端的变盘区域，二是在阶段底位或顶位，三是在上涨中继或下跌中继处。

3. 出现类似的K线组合切记要重视，因为随后会有大行情产生。如果是在上涨中继过程中出现，其后行情往往会向上变盘，且会加速上涨；如果是在下跌中继过程中出现，其后行情往往会向下变盘，且会加速下跌。

4. 如果将这两根上下影线合为一根K线，就是大十字星线。在上下诱导后观察重心移向，向上移收复长上影线看涨，向下移收复长下影线看跌。

5. 向上收复长上影线的三分之二处为偏多信号，收线时完全收复长上影线为看多确认信号；向下收复长下影线的三分之二处为偏空信号，收线时完全收复长下影线为看空确认信号。

此组合为常用技巧，笔者将这种图形组合编写成“条件选股”公式，这同时也是笔者“做精一张图☆强势股形态选股软件”中的32种选股条件之一。

案例83

吞没线变盘组合

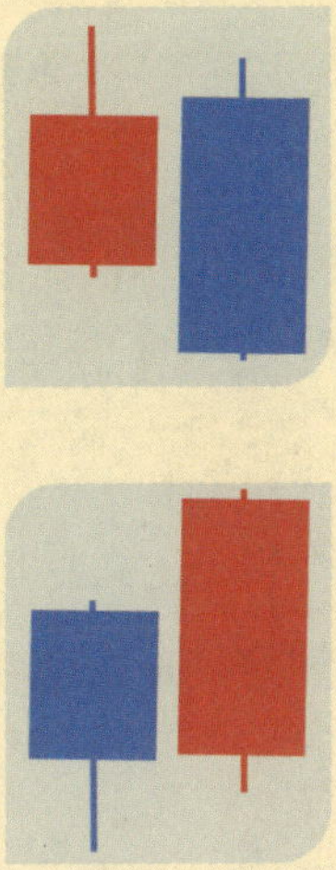

阴包阳：代表阴线吞没阳线，看跌。
阳包阴：代表阳线吞没阴线，看涨。

成功率达90%以上的条件：

1. 阴包阳的阳线带有长上影线；
2. 阳包阴的阴线带有长下影线；
3. 一根吞没前面多根K线；
4. 处在顶底图形右侧或变盘区域。

注意：

1. “差一点、刚好、超出吞没”三种概念的区别；
2. 三根以上K线才吞没前一根K线，作用不大。

图83 吞没线走势示意图

【图形特征】

阴包阳：代表实体阴线吞没前一根或数根阳线，后势看跌。

阳包阴：代表实体阳线吞没前一根或数根阴线，后势看涨。

【综合分析】

我们对图83进行整体分析可知，以下两点值得注意：

1. 阴包阳或阳包阴是差一点才包住，还是刚好包住，还是超出，这三种概念是有区别的。以收线为准，例如以分数测评，差一点为8分、刚好为10分、超出为12分，显然，“超出”后的成功率最高。

2. 假设前面有一根长阴线下跌，随后3～5根小阳线才收复前面的长阴线，甚至没有吞没完，还差一点，或者连阳逐根收短，这种吞没的作用很小，随后仍然看跌。因为多头力度太弱。

案例84

三角线变盘组合

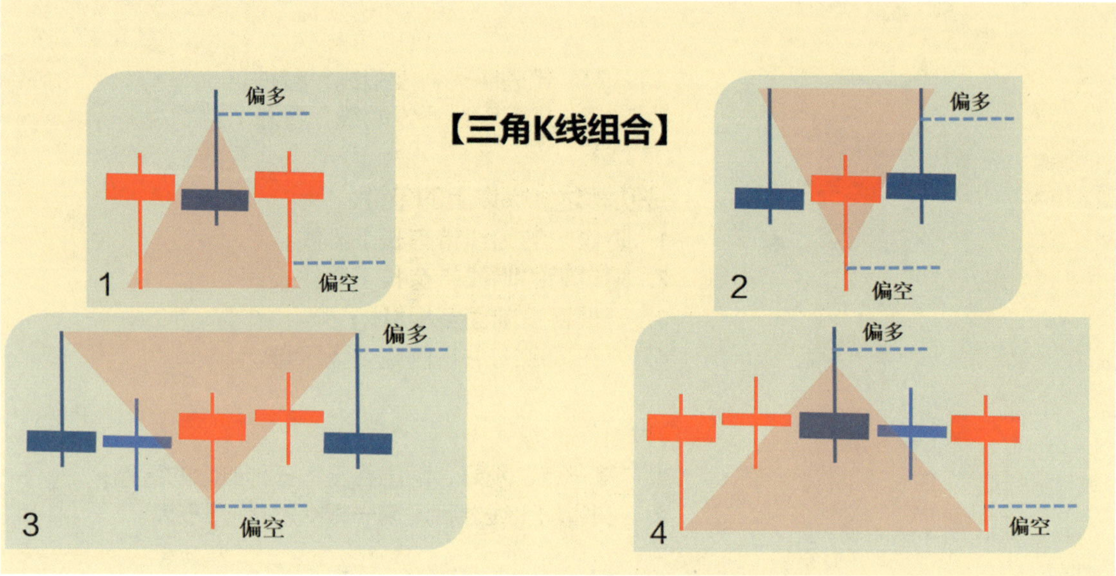

图 84　三角 K 线走势示意图

【图形特征】

标记1：双长下影线中间夹一根长上影线，构成三角形，随后的阳线收复至上影线虚线处为偏多信号，随后的阴线收复至下影线虚线处为偏空信号。

标记2：双长上影线中间夹一根长下影线，构成倒三角形，随后的阳线收复至上影线虚线处为偏多信号，随后的阴线收复至下影线虚线处为偏空信号。

标记3：间接性的双长上影线中间夹一根长下影线，构成大倒三角形，随后的阳线收复至上影线虚线处为偏多信号，随后的阴线收复至下影线虚线处为偏空信号。

标记4：间接性的双长下影线中间夹一根长上影线，构成大三角形，随后的阳线收复至上影线虚线处为偏多信号，随后的阴线收复至下影线虚线处为偏空信号。

【综合分析】

我们对图84进行整体分析可知，运用的技巧和原理与上下影线变盘组合类似。值得注意的是，横盘震荡中可能会频繁出现三角形变盘组合，导致技巧失效，双下影线、单上影线并不代表一定是看涨，最终要以重心移向收复哪一边为趋向参考。

案例85

股票上下影线组合

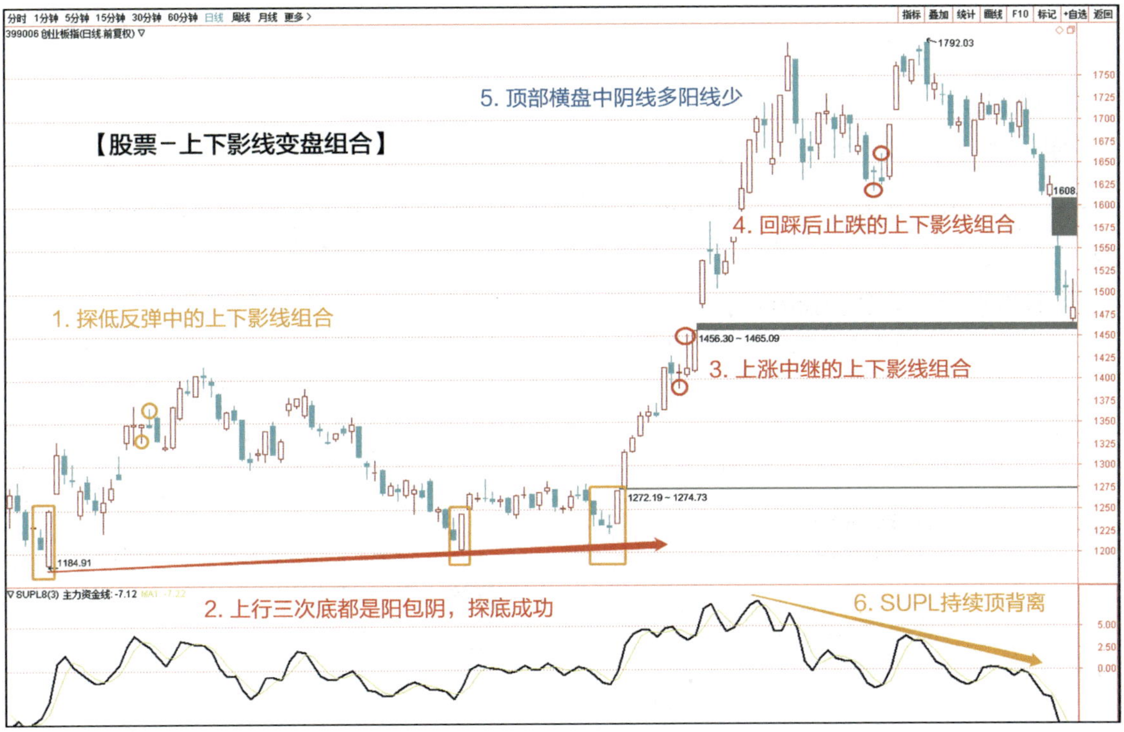

图 85 （股票）创业板指数（399006）在 2018 年 10 月—2019 年 5 月的日 K 线走势

【图形特征】

标记1：上涨中继位置的上下影线组合，虽然先向下收复诱空，但很快又出现中阳线向上吞没。

标记2：上行三次底中，每次都以“超出式”的阳包阴完成起涨。

标记3：在第三次探底后，明显涨势十足，当到达前高点处时，以上下影线完成中继修整。

标记4：洗盘打压后的低点出现上下影线后再次起涨。

标记5：在高位横向震荡中明显为阴线多阳线少，不排除有构顶嫌疑。

标记6：SUPL（主力资线）指标在K线横向中持续顶背离向下，这意味着后势看跌。该指标主要用于在K线横向中、盘升或盘跌中辅助分析是否有背离现象，比MACD要超前一些。若读者朋友们喜欢这个指标，可以联系笔者，免费赠送指标公式。

【综合分析】

我们从图85整体来看，上下影线或下上影线和吞没线都出现在关键位置，充分发挥了变盘信号的作用，并且实用性极强，希望读者朋友们能熟知、运用。

案例86

期货上下影线组合

图86 （期货）菜粕2001（RM2001）合约在2019年1—10月的日K线走势

【图形特征】

标记1：诱空跌破前横盘低点后，转涨中K线由短到长到达上轨处时，出现上下影线组合试盘与修整，随后以长阳线收复长上影线，紧接着开启加速上涨之势。

标记2：在前上轨的反支撑处出现间接性的上影线组合后再次起涨。

标记3：在低点上移的情形中，再次重演前上轨反支撑处，出现双下影线中间夹单上影线的三角形K线组合，其后再一次起涨。

标记4：震荡上涨中构成三次顶，同时MACD持续三次顶背离，随后需注意高位阴包阳的吞没线反转。

【综合分析】

我们从图86整体来看，标记1的上下影线处于上涨通道中，一旦向上收复长上影线，则为上涨中继的确认信号，随后就会出现加速上涨。

案例87

黄金上下影线组合

图 87　国际现货黄金在 2017 年 1—5 月的日 K 线走势

【图形特征】

标记1：见图中文字。

标记2：在一轮上涨行情中，频繁出现上下影线组合，特别是在末端行情的衰竭中出现更频繁，说明K线在由长到短的过程中体现出多头力量在减弱，市场明显人心动摇。且MACD指标的红柱堆递减收短，代表预期看跌。

标记3：再一轮上涨中，以“两头长中间短”的浪形结构完成上涨走势，同时MACD两堆红柱走平，也属于背离的一种，预期看跌。

【综合分析】

我们从图87整体来看，关键位置出现变盘信号发挥的作用最大，就好比“给我一个支点，我能撬起整个地球”。

案例88

原油上下影线组合

图 88　WTI（美国原油期货连续）在 2019 年 10 月 22 日的 60 分钟 K 线走势

【图形特征】

标记1：在密集区的横盘震荡中，无论出现多少根长影线，均以收复影线为准，判断突破方向。

标记2：单边波段上涨中，MACD红柱堆明显收短（顶背离），预期看跌。

标记3：强烈型头肩顶的右肩处，出现阴包阳的吞没线变盘信号。

标记4：从头顶第一浪下跌，到右肩后第二浪下跌，反抽中标记反阻力位，一旦受阻将进入第三浪下跌阶段。

标记5：在预期下行三次底之后有回升的潜力，因为MACD绿柱堆在递减收短。

【综合分析】

我们从图88整体来看，在任何K线形态的关键位置，均有可能出现吞没线、上下影线或下上影线组合的变盘组合信号。

案例89

外汇上下影线组合

图 89 （外汇）美汇瑞士在 2019 年 1—6 月的日 K 线走势

【图形特征】

标记1：上涨中继的上下影线变盘组合。

标记2：上行三浪收短，同时MACD红柱堆递减收短，预期看跌。

标记3：在回调中，阴线以“两头长中间短”完成下跌周期浪，随后又一轮上涨中以“K线由短到长”完成一轮上涨周期浪。

标记4：高位磨顶中出现上下影线组合K线后，行情向下移转跌。

标记5：下跌周期浪以“下行3+1浪”拉长式完成。

【综合分析】

我们从图89整体来看，左侧有“上行三浪”，右侧有“下行三浪+主跌浪”，当一个品种或一张图中出现“3+1浪”规律时，其后有可能再出现类似的浪形。换句话说，如果某个品种或某张图的浪形规律较为明显，那么其会常出现这种浪形规律，为此这个品种的交易值得常做。

案例90

股票吞没线组合

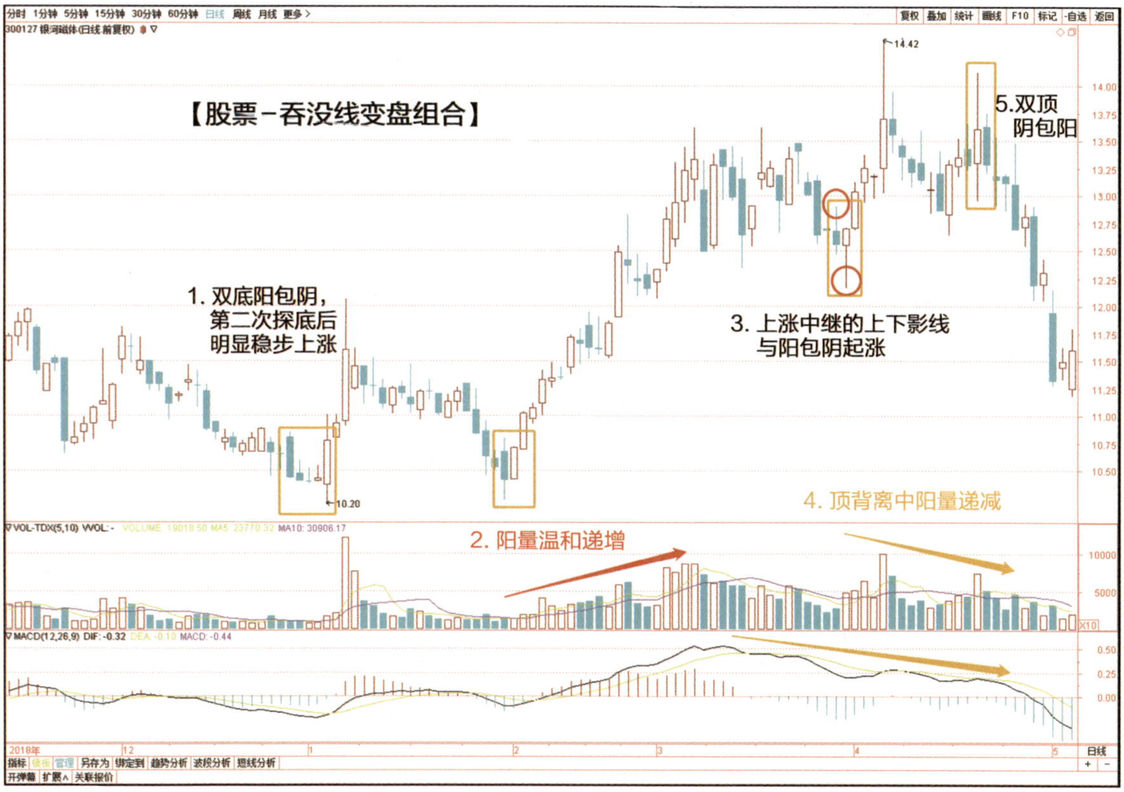

图90 （股票）银河磁体（300127）在2019年1—5月的日K线走势

【图形特征】

标记1：两次探底时都以阳包阴的吞没线完成起涨信号。

标记2：第二次探底后的上涨中阳量温和递增，代表上涨能持续，可在阳量递增初、中期逢缩量阴线低吸买入，直到放天量时逢高卖出止盈。

标记3：在上涨中继的末端地量止跌变盘区域，出现上下影线组合，后其向上移，转涨。

标记4：持续上涨中阳量递减，且MACD两条线顶背离，预期看跌。

标记5：第二次探高时，出现阴包阳的阳线带有长上影线的情况，关键位置出现高概率的反包吞没线，所以下跌时要极其果断与快速地操作。

【综合分析】

我们从图90整体来看，在全球所有K线图的市场中进行日常分析与实操运用时，主要以浪形结构+变盘区域的变盘信号组合K线+成交量技巧+MACD/SUPL指标背离技巧，去构建一整套交易体系。只有外汇和黄金可以不用看成交量，仅股票、期货、原油、比特币可综合运用成交量的相关技巧，其中分析成交量对股票市场的影响最为重要。

案例91

期货吞没线组合

图91 （期货）菜粕2001（RM2001）合约在2019年4—10月的日K线走势

【图形特征】

标记1：图91中的三次底部，都是以阳包阴的吞没线完成构底回升。

标记2：图91中的平行三次顶，前两次都是以阴包阳的吞没线完成探顶回落，且阳线带有长上影线。

【综合分析】

我们从图91整体来看，当同一个规律在短期内频繁出现时，就会有惯性作用，成功率也就较高。

案例92

黄金吞没线组合

图 92　国际现货黄金在 2018 年 1 月—2019 年 10 月的周 K 线走势

【图形特征】

标记1、2、3、4：阴包阳的阳线带有长上影线，做空的止损位为阳线上影线高点处，到前低点附近时减持或按后面章节中讲到的四线技巧捂单。

标记5、6、7、8：低位阳包阴的阴线带有长下影线，做多的止损位为平台下轨之下，在前密集区域位置止盈。

标记9、10、11：在回升到黄金分割线的1.0位置（前密集区）时，出现阴包阳的阳线带有长上影线，做空的止损位为阳线上影线高点处，在左肩低点附近位置止盈。

标记12：MACD红柱堆放宽并递增拉高，说明上涨趋势还能持续。

标记13、14、15：双上影线、单下影线的“三角线”收复上影线时做多，止损位为下影线低点处。

【综合分析】

我们从图92整体来看，观察三个蓝色框的位置，三个蓝色框内的K线为三角形布阵，区间内均出现吞没线规律。这也类似于头肩底大形态，跨度越大的头肩底，越容易走出大幅上涨行情。甚至MACD还会显示出第三大堆红柱递增的潜力。

在此要特别提出两个细节：一是MACD柱子放宽是指柱子根数增多拉宽，代表多空力量的持续性；二是反包的长上影线和长下影线的关系。

案例93

原油吞没线组合

图93　WTI（美国原油期货连续）在2008—2019年的月K线走势

【图形特征】

标记1：高位阴包阳还“超出”，代表强烈的反转空头信号。

标记2：高位横盘末端以一根阴线吞没前多根K线，也代表强烈的反转空头信号。

标记3：头肩底右肩（关键位置）变盘区域，以阳包阴的阴线带有长下影线完成起涨信号。

【综合分析】

通过对图93进行分析可知，这类方法无论是在大周期图中，还是在中小周期图中，都适用。

案例94

外汇吞没线组合

图 94 （外汇）美元兑加元在 2002—2016 年的月 K 线走势

【图形特征】

标记1：在左侧下行“3+1浪”的主跌浪中，以“两头长中间短”完成最后一跌，再以阳包阴的吞没线完成止跌回升信号。

标记2：上涨中出现间接性的3连阳拉长，完成一轮上涨周期浪。

标记3：在高位以一根阴线吞没前面多根阳线转跌。

标记4：在二次探底构“圆弧底”的回升过程中，K线由短到长，直到主升浪中以3连阳形式完成冲顶。

标记5、6：高位阴包阳的阳线带有长上影线，转空时以3连阴完成第一轮下跌。

【综合分析】

我们从图94整体来看，这类方法更适用于大级别的月K线分析，常看中大周期图，才更容易在大趋势中抓住赚钱的机会。

案例95

股票三角线组合

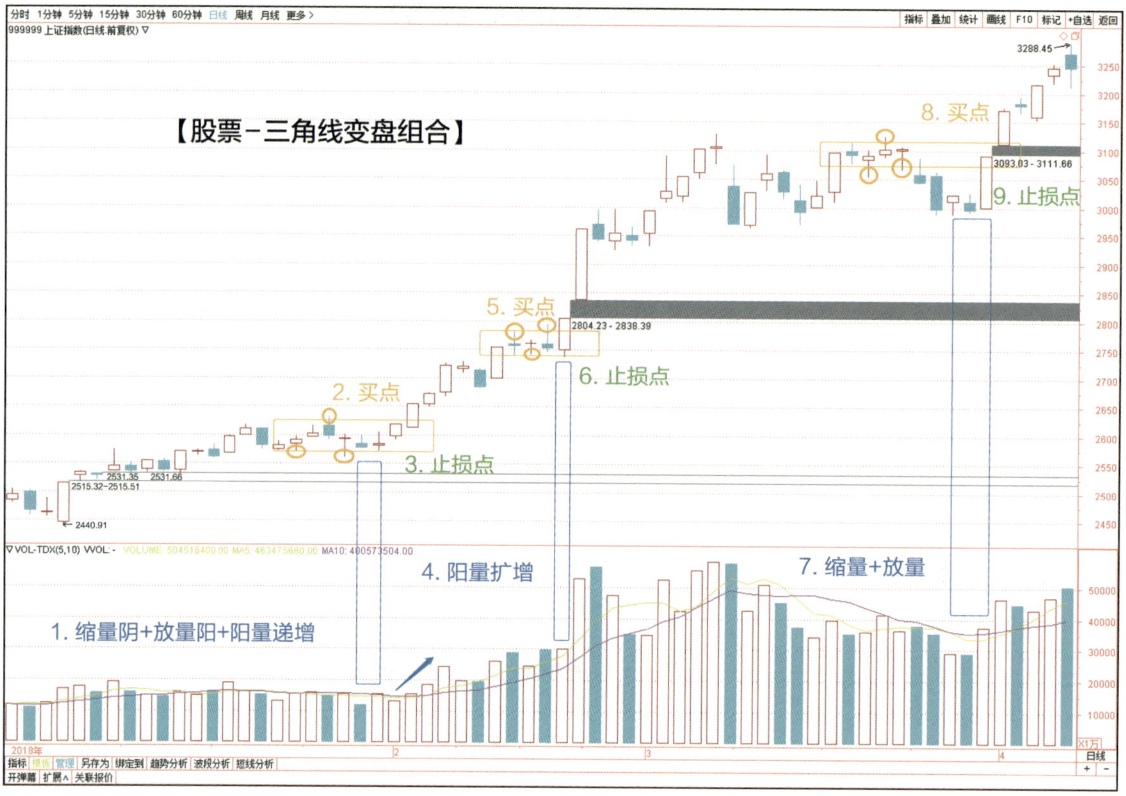

图 95　（股票）上证指数在 2018 年 1—3 月的日 K 线走势

【图形特征】

标记1：在光头中阳起涨后的盘升中，成交量呈现“阳肥阴瘦”，代表稳步上行的良性图形。

标记2、3、4：上涨中继位置出现双下影线、单上影线的三角线，在收复长上影线时买入，止损位为长下影线的三分之二处。此后上涨步伐加快，阳线量能也开始递增，属于量价齐增的良性特征。

标记5、6、7、8、9：同样的方法技巧重复运用。

【综合分析】

我们从图95整体来看，在上升通道出现修整后再次向上突破，都是买入或增仓的信号。特别是成交量逢阴缩量后再逢阳放量，属于良好的上涨形势。图95所示的是A股大盘指数，读者朋友们还可依此寻找同步于大盘或强于大盘的个股去交易。

案例96

期货三角线组合

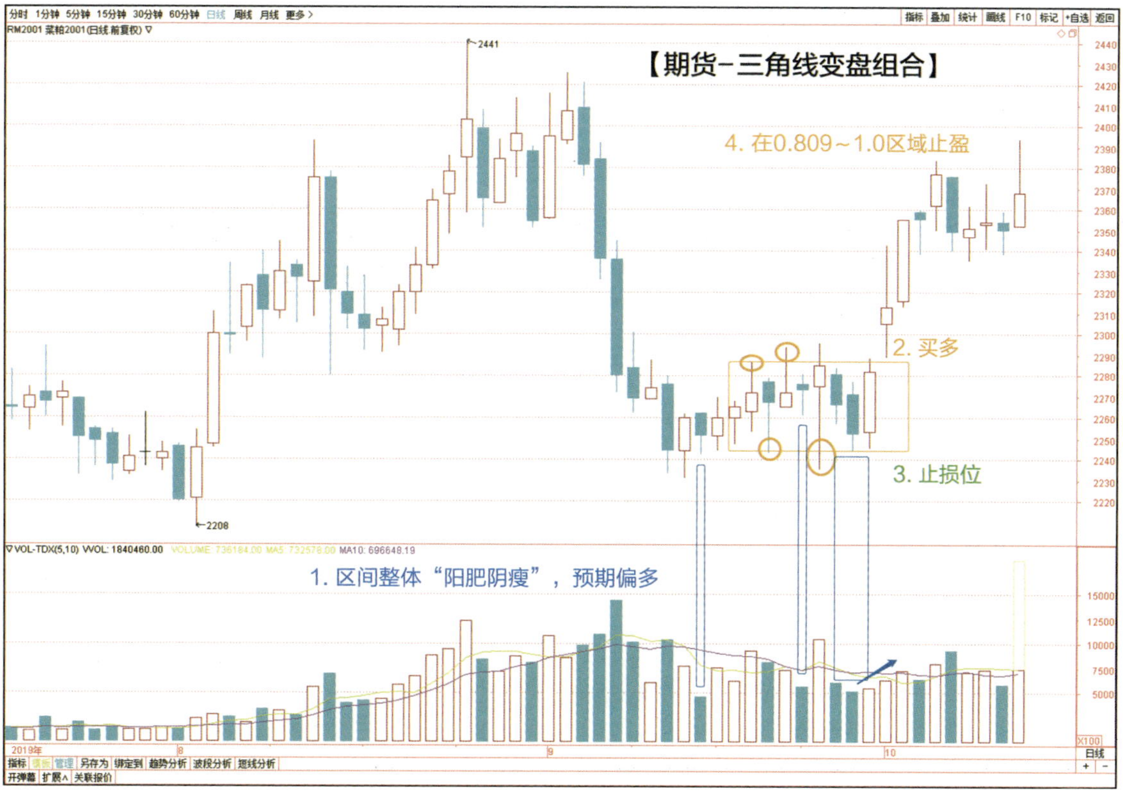

图96 （期货）菜粕2001（RM2001）合约在2019年8—10月的日K线走势

【图形特征】

标记1：低位横盘区域内阳线多、阴线少，阳线放量、阴线减量，简称“阳肥阴瘦”。这代表上涨的预期。

标记2、3、4：在横盘区间两组上下影线组合中，做单仍以收复影线方向为依据，如图96所示，向上收复+突破为买入多单信号，止损位为下影线低点或之下一点。上涨到前面高位密集区的下轨或密集区域内都属于止盈区间。

【综合分析】

我们从图96整体来看，在横盘区间，如果MACD一直位于0轴之上，或者虽在0轴之下但维持红柱递增拉高，则更能体现出接下来会上涨的预期。

案例97

黄金三角线组合

图97　国际现货黄金在2019年10月18日的60分钟K线走势

【图形特征】

标记1：在急涨或急跌之后的修整区域内，或者在变盘之前（方向不明）的震荡区域内，均会频繁出现上下影线交叉的现象，这种大格局为区间夹层行情，用此技巧可能会使技术分析失真。

标记2：当K线走势复杂时，不妨参考MACD指标，切换上一个大周期图，从侧面分析。

标记3：再复杂的走势也可观察高、低点的移向持续性，以及重要的阻力与支撑关系，从而进行判断。

标记4：当行情修整、震荡结束后，进入新的浪形通道时，面对这种单边行情，千万别错过任何可下单交易的信号。

【综合分析】

我们从图97整体来看，频繁出现上下影线，说明行情已经进入震荡格局，应该休息观望或换个品种交易，否则后果难以想象。如果执着于该品种，就应该换大周期图去分析，并找交易机会。

案例98

原油三角线组合

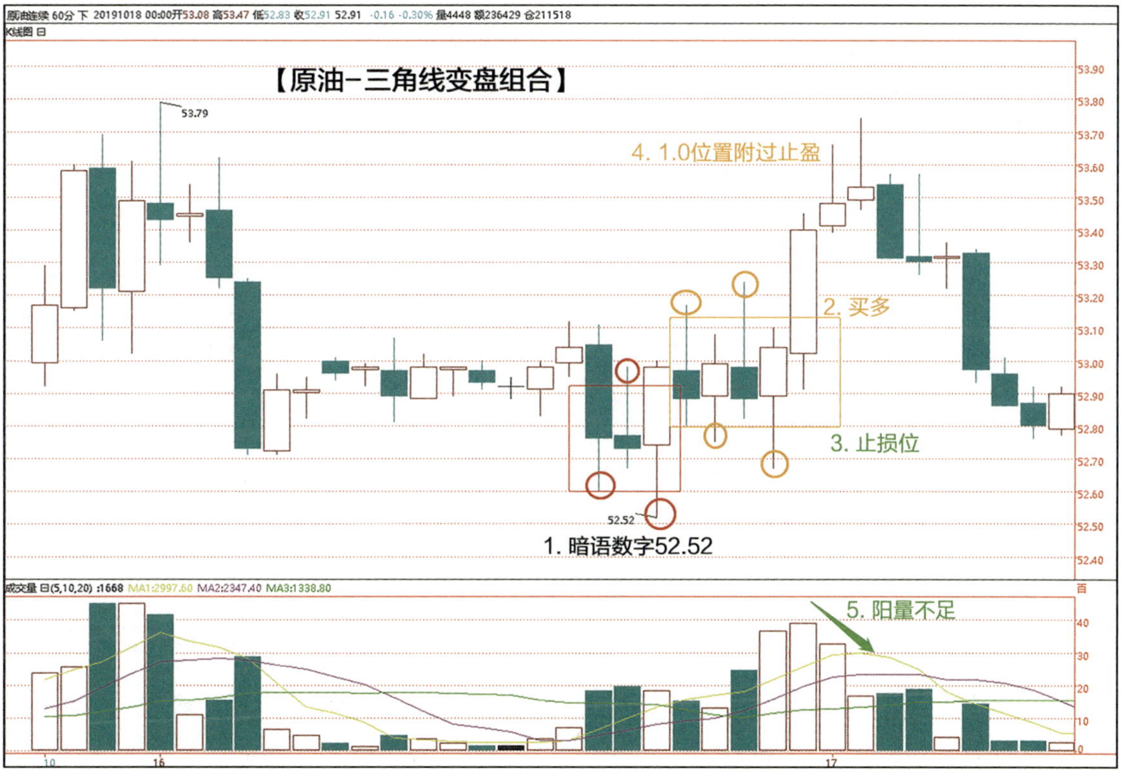

图 98　WTI（美国原油期货连续）在 2019 年 10 月 16 日的 60 分钟 K 线走势

【图形特征】

标记1：最低价52.52美元为盘口暗语数字，预示行情接下来很可能发生转变。

标记2、3：低位横盘末端，待变盘之前，多头博弈中频繁出现上下影线拉锯，直到一方向胜出（收复影线），为买入信号。

标记4、5：向上突破横盘后，持续上涨的阳线在收短、阳量削减，代表多头乏力；再加上阶段高位出现阴包阳的阳线带有长上影线，说明反弹行情结束，行情会再跌回原位，甚至有出现新低点的可能。

【综合分析】

我们从图98整体来看，上下影线组合在不同阶段位置出现，其产生的后势行情大小，主要取决于大形态的阶段位置判断。例如在极高位的顶部或极低位的底部、上升通道中途或下降通道中途、顶/底形态右侧的变盘区域内出现，其后均能产生大型的单边行情。

另外，读者需细心观察盘口暗语，例如，2019年4月23日，原油最高价为66.60美元，随后一轮单边下跌至50.60美元才开启反弹；2020年1月8日，原油最高价为65.65美元，随后一路走熊至−40.32美元，其中在2020年3月17日原油最高价为30.30美元，随后一个波段下跌至19.27美元才反弹数日。

案例99

外汇三角线组合

图 99　（外汇）美元指数在 2007—2018 年的月 K 线走势

【图形特征】

标记1：在单边下跌行情中出现三角线上下影线组合，为下跌中继的信号。

标记2：在形态大三角形收窄区域出现了两组三角线上下影线组合，意味着多空在博弈。

标记3：上涨中继变盘前出现三角线上下影线组合。

【综合分析】

我们从图99整体来看，在行情规律明朗、走势顺畅时，出现上下影线组合和吞没线是最容易把握的。

【本节总结】

三角线上下影线组合是由三根十字星线或三根长影线构成的三角图形，属于变盘区域。通常双下影线夹单上影线为偏多，双下影线夹单下影线为偏空，但不绝对，还需综合大形态的阶段位置进行分析。因为它常出现在右侧单边行情变盘之前，所以属于左侧分析的K线形态组合。

第五节　3连K线

3连K线是指具有连续性的3根阴线或3根阳线拉长与缩短，或具有间接性的3根阴线或3根阳线拉长与缩短，完成一个波段行情。但在不同周期图中出现，其影响的幅度也就不同。通常，对于T+0市场，3连K线在小时图和日线图中用得比较多，但对于股票市场，3连K线常用在日线、周线和月线图中。

案例100

阳线拉长3连K线

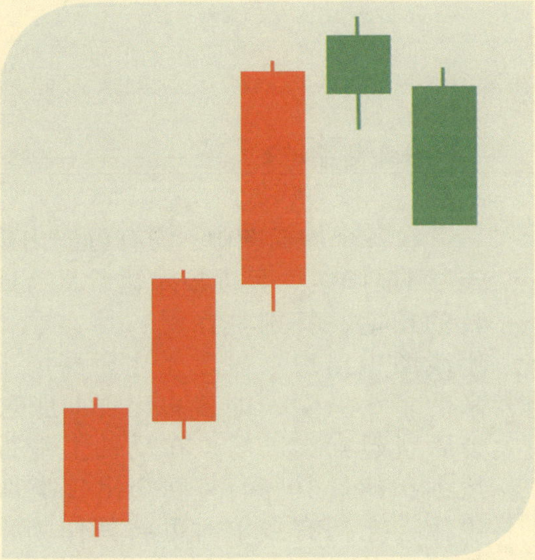

【3连阳线拉长】

在各个周期图中，均有可能出现连续3根阳线，且逐根拉长后具有回转的预期，特别是在周、月、季、年线图中出现，一定要注意高位带来的多头风险，即多头获得大量释放后引起空头进场；在单边上涨行情中，超过50%的时间会出现类似规律，在持有多单时可将其作为止盈的一种依据。

图 100　3 连阳线拉长示意图

【图形特征】

3连阳线由短到长的组合，代表多头加速。当第二根阳线比第一根阳线长时，就要联想到第三根阳线也会比第二根阳线长，持有多单可以明确止盈位，想做多单可在第二根阳线收线时或第三根阳线开线时做多。特别是在第三根阳线同比拉长后，再出现长上影线或十字星线以及阴线，便是反转的初期信号，随后当出现阴线或第二根阴线比第一根阴线长时，可联想到第三根阴线也会比第二根阴线长，此时可在第二根阴线收线或第三根阴线开线时做空。

【综合分析】

我们从图100整体来看，当行情处在高位主升浪之后的顶部位置、下降中途波段反弹的高位时，必须高度重视，这样不仅不会做反方向，还能抓住反转行情的趋势机会。但在少数情况下也会产生另外两种可能：第一种是在第三根阳线拉长后，再继续拉第四阳或第五阳更长，判断技巧在于对阶段位置的区分，例如中途小波段的持续性较弱，在有酝酿蓄势的盘升之后再急升时，行情持续性爆发肯定会更久一些；第二种是第四、第五根K线或以长上影线的形式呈现。所以，当持有多单时建议分批止盈。

案例101

阳线缩短3连K线

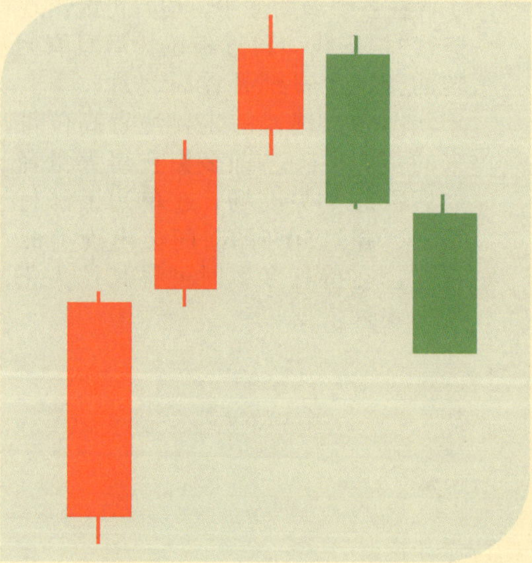

【3连阳线缩短】

在各个周期图中，均有可能出现连续3根阳线，且逐根缩短后具有回转的预期，特别是在周、月、季、年线图中出现，一定要注意高位带来的多头风险，即多头出现上涨乏力后引起空头进场；在反抽上涨行情中，超过50%的时间会出现类似规律，在持有多单时可将其作为止盈的一种依据。

图 101　3 连阳线缩短示意图

【图形特征】

3连阳线由长到短的组合，代表多头乏力。当第二根阳线相比第一根阳线收短时，就要联想到第三根阳线也会比第二根阳线短，持有多单可以明确止盈位，想做多单的话需要谨慎。特别是在第三根阳线同比收短后，再出现阴包阳便是确认反转的信号，当第二根阴线比第一根阴线长时，可联想到第三根阴线也会比第二根阴线长，此时可在第二根阴线收线时或第三根阴线开线时做空。

【综合分析】

我们从图101整体来看，当行情处在高位顶部位置或下降通道内的反抽阶段时，必须高度重视，这样不仅不会做反方向，还能抓住反转行情的大趋势机会。但在少数情况下也会产生另一种可能：在第三根阳线收短后，再出现小十字星线，随后向上加速上涨，形成“两头长中间短”的浪形结构，判断技巧在于是否出现阴包阳和第二根阴线拉长的反转确认信号。

案例102

阴线拉长3连K线

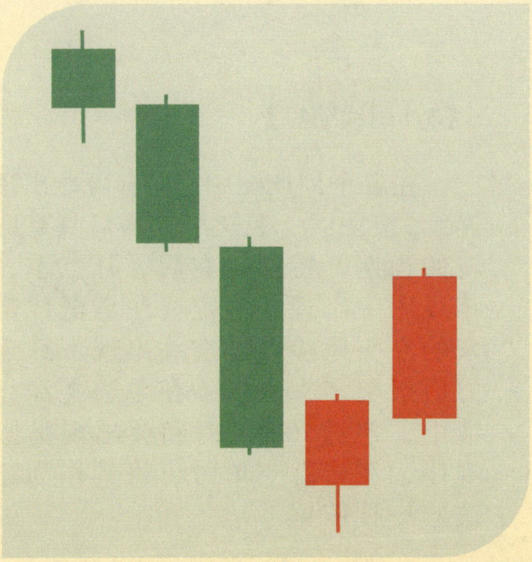

【3连阴线拉长】

在各个周期图中，均有可能出现连续3根阴线，且逐根拉长后具有回转的预期，特别是在周、月、季、年线图中出现，一定要注意低位带来的空头风险，即空头获得大量释放后引起多头进场；在单边上涨行情中，超过50%的时间会出现类似规律，在持有空单时可将其作为止盈的一种依据。

图 102　3 连阴线拉长示意图

【图形特征】

3连阴线由短到长的组合，代表空头加速。当第二根阴线比第一根阴线长时，就要联想到第三根阴线也会比第二根阴线长，持有空单可以明确止盈位，想做空单可在第二根阴线收线时或第三根阴线开线时做空。特别是在第三根阴线同比拉长后，若再出现长下影线或十字星线以及阳线，便是反转的初期信号，随后当出现阳线或第二根阳线比第一根阳线长时，可联想到第三根阳线也会比第二根阳线长，此时可在第二根阳线收线时或第三根阳线开线时做多。

【综合分析】

我们从图102整体来看，当行情处在低位主跌浪之后的底部位置、上涨中途波段回调的低位时，必须高度重视，这样不仅不会做反方向，还能抓住反转行情的趋势机会。但在少数情况下也会产生另外两种可能：第一种是在第三根阴线拉长后，再继续拉出第四阴或第五阴，判断技巧在于对阶段位置的区分，例如中途小波段的持续性较弱，在有酝酿蓄势的盘跌之后再急跌时，行情的持续性爆发肯定会更久一些；第二种是第四、第五根K线以长下影线的形式呈现。所以，当持有空单时，建议分批止盈。

案例103

阴线缩短3连K线

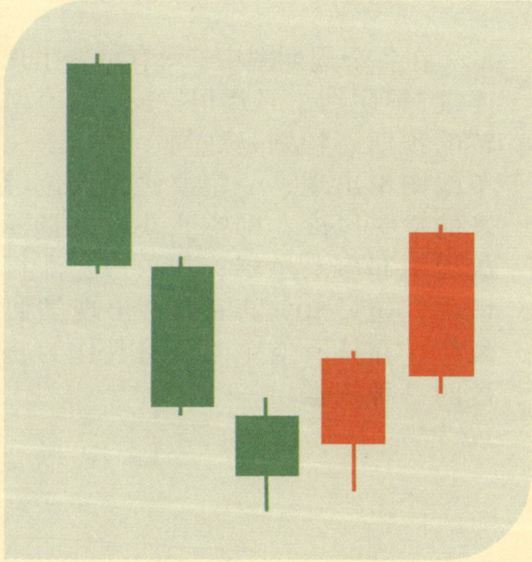

【3连阴线缩短】

在各个周期图中，均有可能出现连续3根阴线，且逐根缩短后具有回转的预期，特别是在周、月、季、年线图中出现，一定要注意低位带来的空头风险，即空头出现下跌乏力后引起多头进场；在单边上涨行情中，超过50%的时间会出现类似规律，在持有空单时可将其作为止盈的一种依据。

图 103　3 连阴线缩短示意图

【图形特征】

3连阴线由长到短的组合，代表空头乏力。当第二根阴线相比第一根阴线收短时，就要联想到第三根阴线也会比第二根阴线短，持有空单可以明确止盈位，想做空单的话需要谨慎。特别是在第三根阴线同比收短后，再出现阳包阴便是确认反转的信号，当第二根阳线比第一根阳线长时，可联想到第三根阳线也会比第二根阳线长，此时可在第二根阳线收线时或第三根阳线开线时做多。

【综合分析】

我们从图103整体来看，当行情处在低位底部位置或上升通道内的回调阶段时，必须高度重视，这样不仅不会做反方向，还能抓住反转行情的大趋势机会。但在少数情况下也会产生另一种可能：在第三根阴线收短后，再收小十字星线，随后向上加速上涨，形成“两头长中间短”的浪形结构，判断技巧在于是否出现阳包阴和第二根阳线拉长的反转确认信号。

案例104

间接拉长3连阳线

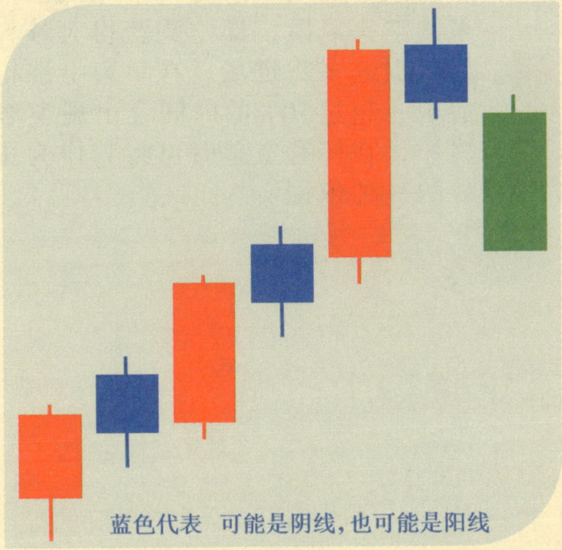

【3连阳线间接拉长】

在各个周期图中，均有可能出现间接3根阳线，且逐根拉长后具有回转的预期，特别是在周、月、季、年线图中出现，一定要注意高位带来的多头风险，即多头获得大量释放后引起空头进场；在单边上涨行情中，超过50%的时间会出现类似规律，在持有多单时可将其作为止盈的一种依据。

图104　3连阳线间接拉长示意图

【图形特征】

如图104所示，一眼看过去，三根阳线拉长得特别显眼，但中间可能会夹有小阴线或十字星的阴/阳线，运用的方法技巧与前述相同。

【综合分析】

我们从图104整体来看，间接拉长的3连K线可能会在横向箱体、中继平台中出现，形状类似于手机网络信号格。此图形最好是等到新的单边趋势出现时再交易，从避免在震荡区域内折腾。

案例105

间接拉长3连阴线

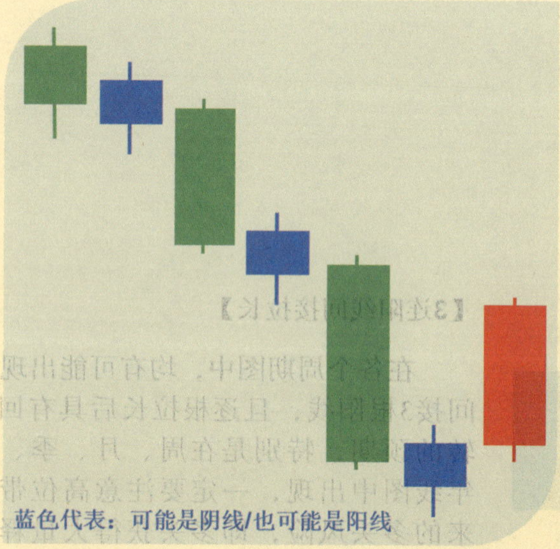

【3连阴线间接拉长】

在各个周期图中，均有可能出现间接3根阴线，且逐根拉长后具有回转的预期，特别是在周、月、季、年线图中出现，一定要注意低位带来的空头风险，即空头获得大量释放后引起多头进场；在单边上涨行情中，超过50%的时间会出现类似规律，在持有空单时可将其作为止盈的一种依据。

图105 3连阴线间接拉长示意图

【图形特征】

观察图105，一眼看过去，三根阴线拉长得特别显眼，但中间可能会夹有小阳线或十字星的阴/阳线，运用的方法技巧与前述相同。

【综合分析】

我们从图105整体来看，间接缩短的3连K线可能会在横向箱体、中继平台中出现，形状类似于手机网络信号格。此图形最好是等到新的单边趋势出现时再交易，以避免在震荡区域内折腾。

案例106

上涨三部曲3连K线

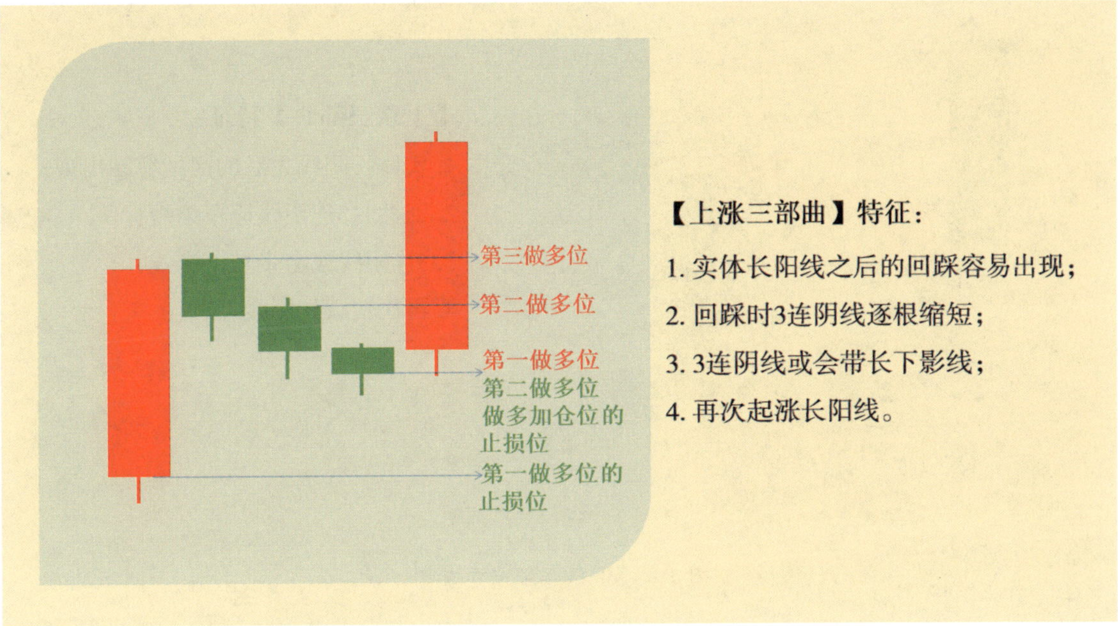

图 106　上涨三部曲示意图

【图形特征】

先是一根长阳线上涨，再回踩三根阴线收短，但没有跌破第一根长阳线的低点之下；随后再出现长阳线吞没前三根小阴线，代表后市看涨的预期。

第一做多位：指第三根小阴线收线时，可考虑做预期多单。止损位为前一根长阳线的实体低点处。

第二做多位：指收复前两根阴线时做多。止损位为第三根小阴线的实体低点处。

第三做多位：指收复前三根阴线时做多。止损位为第三根小阴线的实体低点处。

【综合分析】

我们从图106整体来看，可在右侧出现阳线吞没前两根阴线时做多，此时为初期看涨信号；当阳线完全吞没前三根阴线时或收线收在前高点之上时，为看涨的确认信号，可加仓做多。

案例107

下跌三部曲3连K线

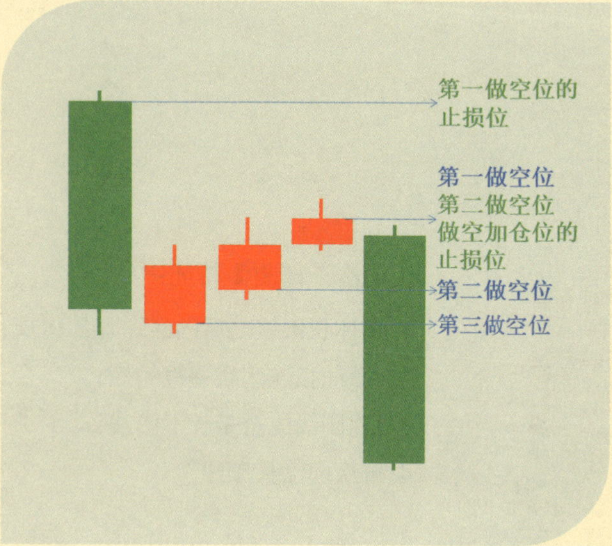

【下跌三部曲】特征：

1. 实体长阴线之后的回抽容易出现；
2. 回抽时3连阳线逐根缩短；
3. 3连阳线或会带长下影线；
4. 再次转跌长阴线。

图 107　下跌三部曲示意图

【图形特征】

先是一根长阴线上涨，再回抽三根阳线收短，但没有突破第一根长阴线的高点之上；随后再出现长阴线吞没前三根小阳线，代表后市看跌的预期。

第一做空位：指第三根小阳线收线时，可考虑做预期空单。止损位为前一根长阴线的实体高点处。

第二做空位：指收复前两根阳线时做空。止损位为第三根小阳线的实体高点处。

第三做空位：指收复前三根阳线时做空。止损位为第三根小阳线的实体高点处。

【综合分析】

我们从图107整体来看，可在右侧出现阴线吞没前两根阳线时做空，此时为初期看跌信号；当阴线完全吞没前三根阳线时或收线收在前低点之下时，为看跌的确认信号，可加仓做空。

案例108

股票3连阳线

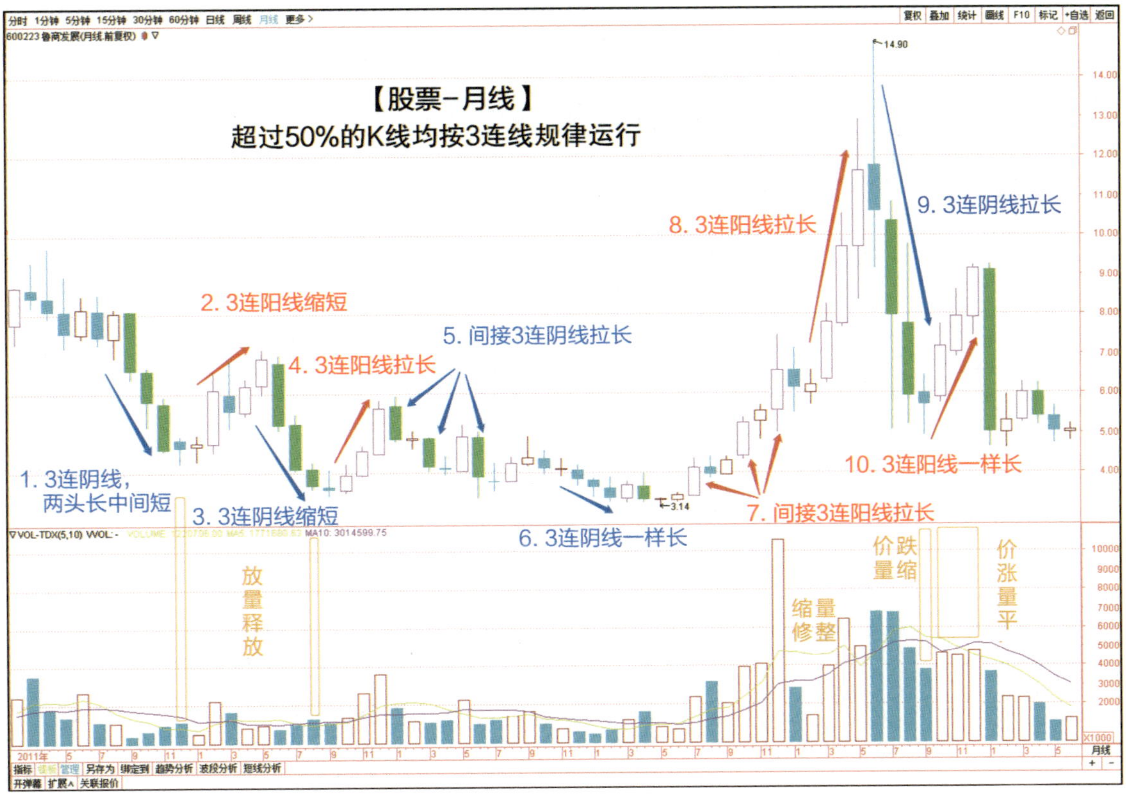

图 108　（股票）鲁商发展（600223）在 2011 年 5 月后的月 K 线走势

【图形特征】

图108中标记的是不同3连线之间的关系与规律，读者朋友们只要认真地从左到右观察，并结合成交量的变化分析，就能发现其规律。

【综合分析】

我们通过对图108进行整体分析可知，任何一只股票或指数的年线、季线、月线、周线和日线，超过50%的形态符合3连线规律。建议读者朋友们在分析时，按照从大周期到小周期的顺序，有大趋势就抓大机会，没有大趋势就抓小机会。

案例109

期货3连阳线

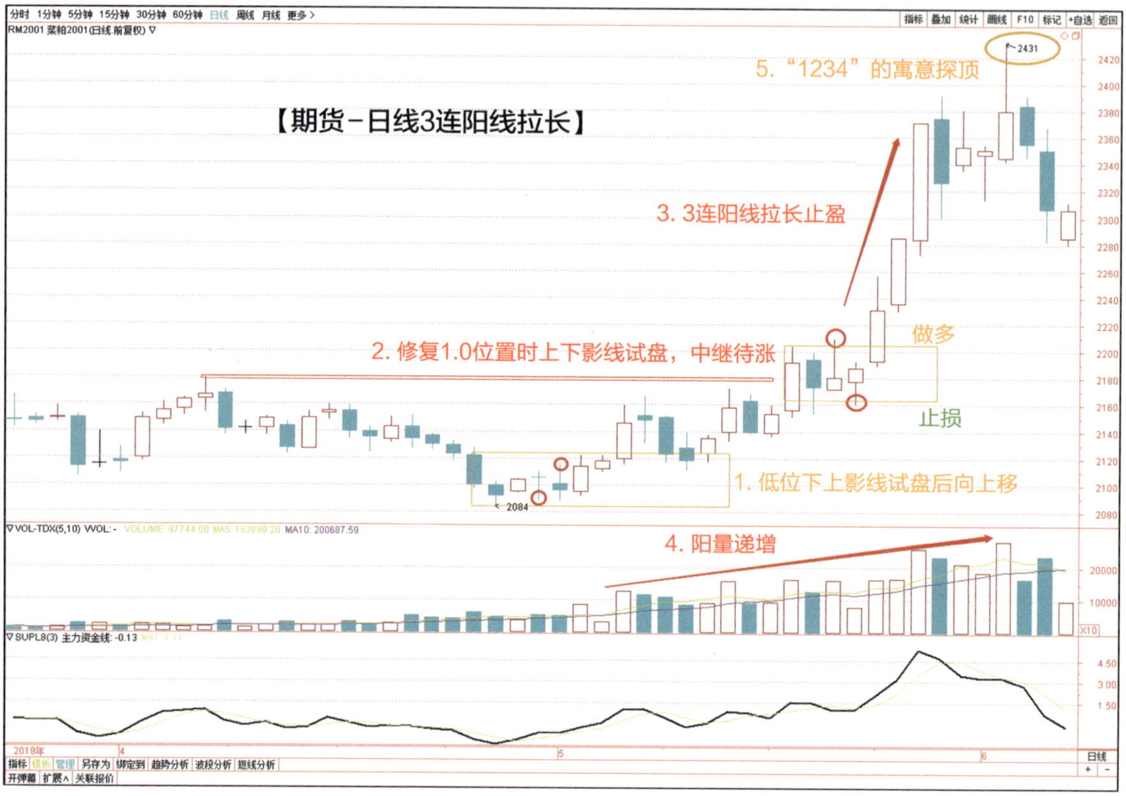

图109 （期货）菜粕2001（RM2001）合约在2019年4—5月的日K线走势

【图形特征】

标记1：低位平台中出现下上影线试盘后向上收阳线，并收复长上影线，随后在盘升中低点上移，酝酿多头趋势。

标记2：修复前高点时，中继平台再呈现上下影线完成试盘，随后向上收中阳线突破，代表进入强势上涨阶段的起涨点。

标记3、4：随着成交量温和递增至最大，K线图也进入多头爆发阶段，这也可理解为阶段性的主升浪，以3连阳线拉长完成。

标记5：到最高位时再次出现上下影线，但上涨并没有持续太久，原因是3连阳线拉长已经释放了大量多头力量，且最高价2431元（实为“1234”）是盘口暗语中的变盘信号。

【综合分析】

我们从图109整体来看，面对前阶段酝酿、蓄势待发的情况，可根据上下影线组合技巧进行交易，特别是当主升浪中的第二根阳线比第一根阳线长时，可以稳抓第三根阳线的多单机会。

案例110

黄金3连阳线

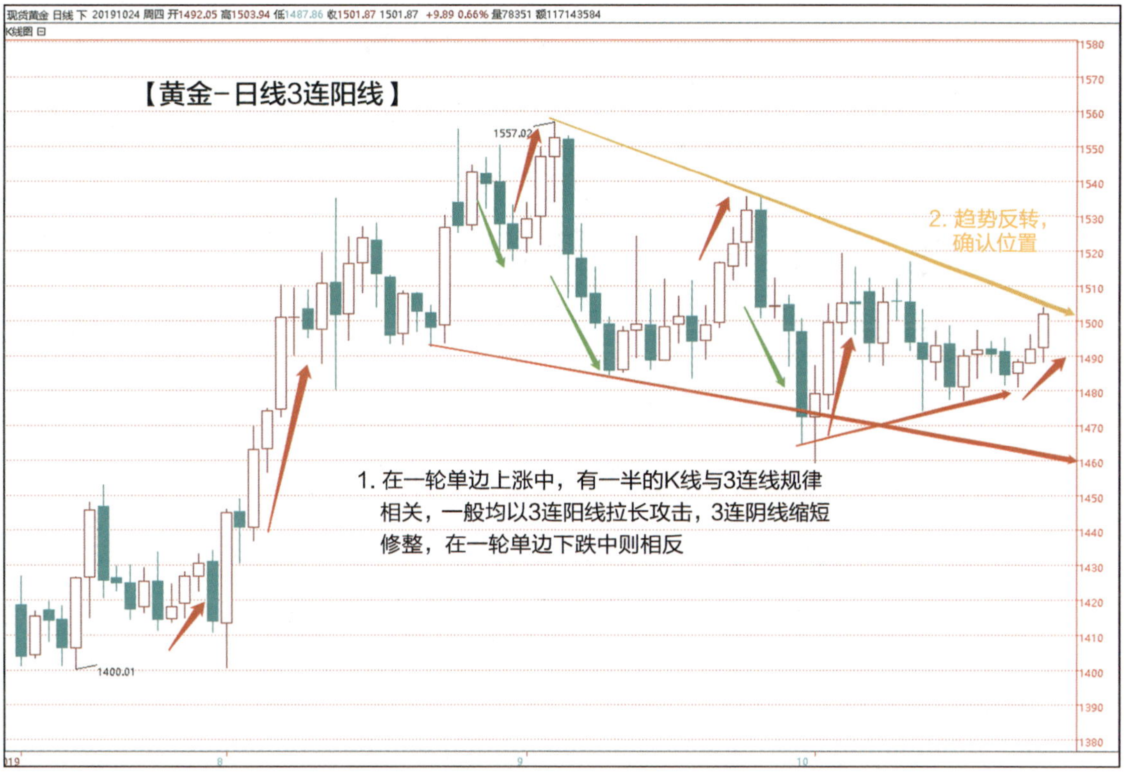

图 110　国际现货黄金在 2019 年 7—10 月的日 K 线走势

【图形特征】

从图110中的标记可以看出，在一轮上涨中行情均以3连阳线拉长或间接3连阳线拉长来完成，再以3连阴线缩短或间接3连阴线缩短完成回踩。在一轮下降趋势中则相反。

【综合分析】

我们从图110整体来看，在T+0交易市场中，能看出一半K线的运行规律，能从中找到成功率达30%的K线机会，就已经非常稳定与乐观了。

案例111

原油3连阳线

图 111　WTI（美国原油期货连续）在 2004—2015 年的月 K 线走势

【图形特征】

标记1：一轮单边上涨中K线由短到长，冲顶的主升浪以3连阳线（一样长）完成。

标记2、3：8连阳上涨过程可以拆分为两组，前一组为两头长中间短，后一组为3连中阳线完成冲顶。

【综合分析】

我们从图111整体来看，在持续连阳或连阴中，我们可以将上下影线、十字星线合并，或将间接性的K线拆分，这样会发现行情仍然符合3连线规律。

案例112

外汇3连阳线

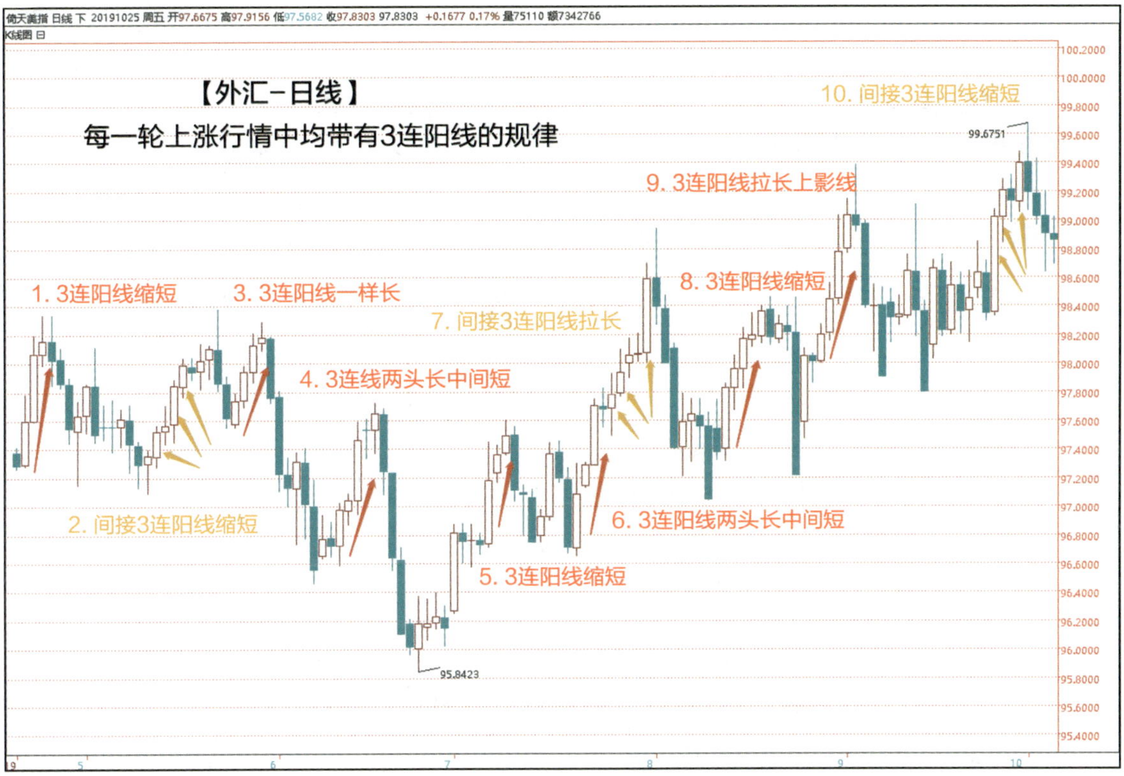

图 112 （外汇）美元指数在 2019 年 5—10 月的日 K 线走势

【图形特征】

从图112的标记中可以看出有多组3连线的关系，占整张K线图形态的一半以上。

【综合分析】

图112涉及的分析方法有利于发现K线图的大小波段规律。请读者朋友们放下书本，打开电脑行情软件，随便打开一张K线图，就可发现无论哪个周期图都遵循该规律。

案例113

股票3连阴线

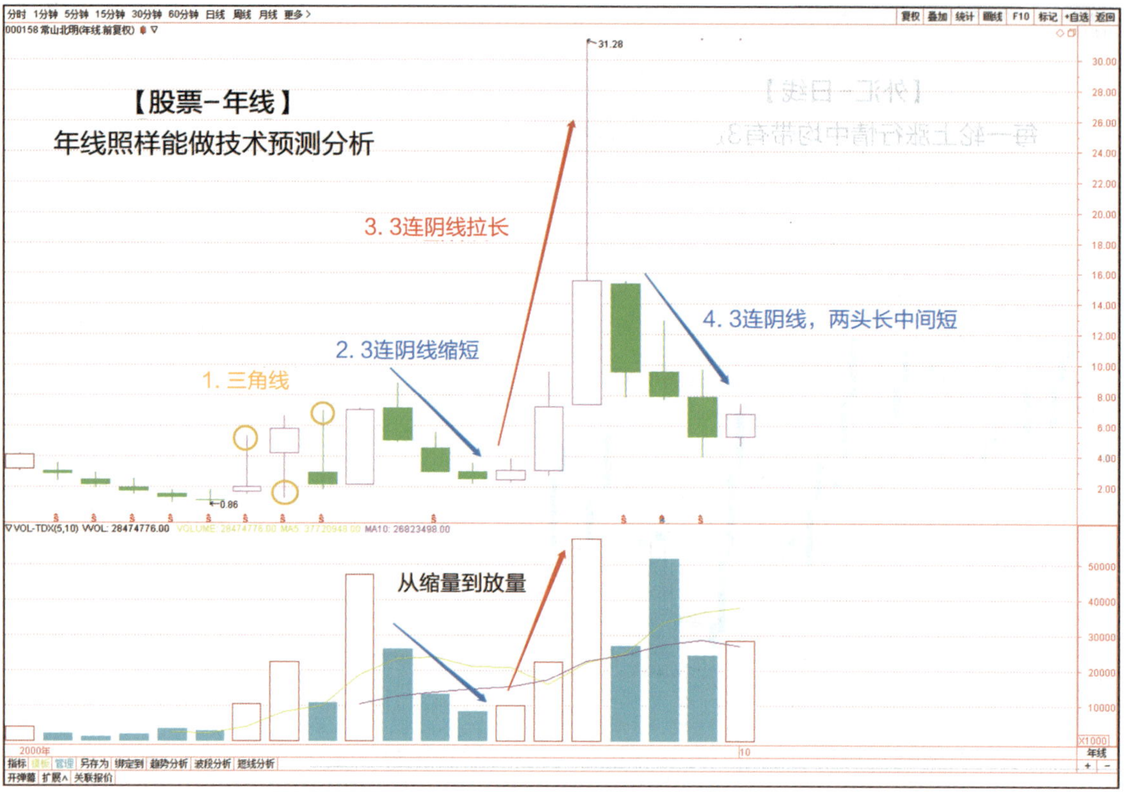

图 113　（股票）常山北明（000158）在 2000 年以后的年 K 线走势

【图形特征】

从图113的标记中可以看出，三角线后向上收复，回踩时以缩量的3连阴线收短止跌，再以3连阳线拉长，然后以“两头长中间短”的3连阴线完成下跌。

【综合分析】

我们从图113整体来看，标记2的3连阴线收短，并且缩至地量探底，再结合标记3的第一根阳线是“地量后的温和放量”，代表起涨点条件信号，由此完全可以抄在底部。再往后，伴随着第二根阳线比第一根阳线长，在第二根阳线收线或第三根阳线开线时，可以大量加仓，博取第三根长阳线的大机会，这是年K线，仅靠一根长阳线是可以完成股价翻倍的。至于第3连阳线到底会有多长，确实无法估量，也许比第二根阳线长一点点，也许长很多。如何才能拿到最高位的盈利？不妨通过月K线、日K线去发现顶部特征，或者通过分批逢高减持止盈的方式，将利润最大化。

看到这里，读者朋友们可能会有一些小激动，甚至热血沸腾，请你们随便打开几只个股的年K线图，观察其是否有同样惊人的规律。或许你们会想，要是早点了解到笔者教授的这些技术、技巧该多好，不要着急，只要K线还在持续运行，交易市场就永远不缺机会，但不能只守一个市场，因为笔者一直提倡的是全能交易，介绍的技巧在有K线图的市场都适用。例如在股票、期货、黄金、原油、外汇、比特币这些交易市场中，随时有可能发现类似的规律，毕竟我们运用的是K线技术、技巧，只认K线图中的大机会，而市场或品种都不重要。以不变应万变，才是最有效的出路和财路。

案例114

期货3连阴线

图 114 （期货）白糖 2001（SR2001）合约在 2019 年 4—9 月的日 K 线走势

【图形特征】

从图 114 的标记中可以发现间接 3 连线规律、每逢低点均以 3 连阳线起涨、每逢高位均以 3 连阴线转跌。这是一张期货日 K 线图，从标记占比来看，仍有超过一半的走势符合 3 连线规律。换句话说，只要学会 3 连线和间接 3 连线的技巧，超过一半的 K 线走势就都能看懂。

【综合分析】

我们从图114整体来看，股票交易中的技巧有一半是观察成交量增减细节，而期货市场中的“顶/底”判断技巧也同样需要观察成交量的高/低位爆量。

案例115

黄金3连阴线

图 115　国际现货黄金在 2016 年 3 月—2018 年 2 月的周 K 线走势

【图形特征】

标记1：或许很多人认为大阳线后的高位十字星是上涨中继星，但第二根阴线收复了十字星线的长下影线，这就代表有转跌的初期信号；特别是第二根阴线收线时比前一根阴线要长，也就代表还有第三根更长的阴线。

标记2：虽然出现6连阴，但分为两组就能发现其规律：第一组3连阴线缩短，第二组3连阴线拉长，随之以小十字星线企稳止跌。

标记3：3连阴线拉长完成阶段性的小波段回调。

【综合分析】

相信读者朋友们对“3连线”已经有充分的理解了，在实操中去把握第三根K线已经没有问题了。但是，还要明白一个常理，那就是当3连线走完后，行情很有可能会反向运行，此时还可以再抓一个反向交易单；特别是在图115中标记3的上升通道内，有3连阴线回调后的低多机会。所以，图中符合3连线规律的K线占一半左右，再加上反向交易机会，使得实际上在任何一张K线图中这样的交易机会都占60%以上。最重要的是，成功率还很高。

案例116

原油3连阴线

图 116 WTI（美国原油期货连续）在2004—2014年的月K线走势

【图形特征】

标记1：两处由高而下，都以两头长中间短的浪形结构完成3连阴形态。

标记2：两处下跌末期都以3连阴线缩短的形式完成本轮下跌周期。

【综合分析】

我们观察图116，即美国原油的月K线图，做过国际盘原油交易的读者都知道，做空时，当原油价格下跌1美元时，保证金可以翻一倍，也就是说买0.1手空单（100美元保证金），当价格下跌1美元时可盈利100美元。用此技巧便能抓住一根K线，即10美元以上，可盈利10倍。如果将此技巧用在A股市场又能盈利多少呢？这就是不同市场和不同交易机制的区别。杠杆原理能以小博大，看似风险较大，但只要有可靠的技术、技巧，就能轻松征服。前提是精通一两种技术、技巧，符合条件才出手，千万别混淆了，千万不要随心所欲地去做交易，更不能频繁地用各种技术去刷单。

对于国际或国内市场中的任何品种，规律都如出一辙。笔者2005年进入A股市场，2012年开始进入国际市场，根据经验总结出来的K线图规律，至今都已通过实操验证，也得到国际成熟市场的印证。因此，笔者才能写出这本自成一派的《一张K线图赢遍全球市场》。笔者希望读者朋友们能从本书中受益，并适当地将本书推荐给身边有需要的朋友，让他们也能有所收获。于笔者而言，这也是对社会的一份贡献。

案例117

外汇3连阴线

图 117 （外汇）美元指数在 2019 年的 60 分钟 K 线走势

【图形特征】

将图117中标记的3连线和间接3连线与2连线（上下影线或下上影线、吞没线）组合起来，我们可以发现变盘信号和延伸浪的规律。

【综合分析】

我们对图117进行整体分析后发现，如果结合前述的四种浪形结构、顶底形态、横盘与三角形的关系，那么对于任何一张K线图，我们能至少看懂80%。无论行情处在哪个阶段位置，都可以用这几种技巧看透。

笔者在工作中一向不啰唆，讲出来的都是干货，并且条理清晰、精简实用。所以，读者朋友们在阅读本书的过程中，一定要用心去理解每字、每句，若错过一句话都会是自己的损失。当然，一本好书完全值得你看三遍以上。笔者的书籍定价都不低，因为笔者只出精品，不是什么书都写，所以质量与内容都有保证。

案例118

股票间接3连线

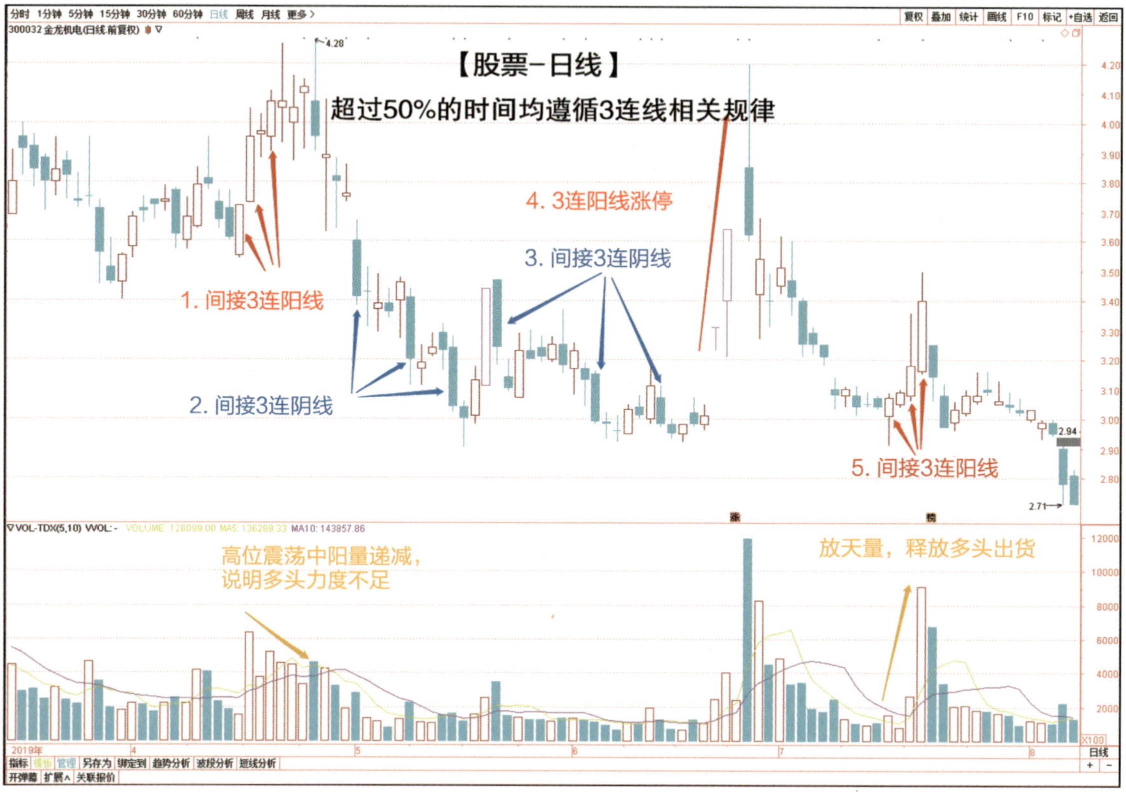

图 118　（股票）金龙机电（300032）在 2019 年 4—7 月的日 K 线走势

【图形特征】

标记1：虽然有7连阳线，但最为显眼的仍是间接3连阳线收短，同时阳量递减，代表有多头乏力转跌的预期。

标记2：一轮下跌中最显眼的是间接3连阴线一样长规律，但阴量递减，代表有止跌的预期。

标记3：一轮回调中最显眼的是间接3连阴线收短，且成交量进入地量区域，代表有止跌回升的预期。

标记4：如果用笔者的另一本书《做精实盘手法（彩图版）》（描述了主力在K线各阶段位置的操盘手法）来讲，此位体现了拉高出货的主力意图，因为前面标记1处未能顺利上冲，才以洗盘形式迅速缩量到地量，其后再次以涨停板形式边拉边撤完成出货，所以才会出现巨量阴线。

标记5：虽然有四根阳线，但第二根小阳线或中间的星线是可以忽略的，我们只看最为显眼的3连线是拉长还是收短。

【综合分析】

我们从图118整体来看，一张K线图在某一段时期内，很容易走出惯性规律，例如：该图频繁走出间接3连线规律，有的在上涨或下跌中频繁出现“3+1”浪规律（如三浪上涨后再三浪下跌或三浪下跌后再三浪上涨）；有的频繁出现3连线规律（如图114的高位3连阴线和低位3连阳线）。所以，K线技术的核心就是不断去复盘并寻找规律，再发现和运用规律。

案例119

期货间接3连线

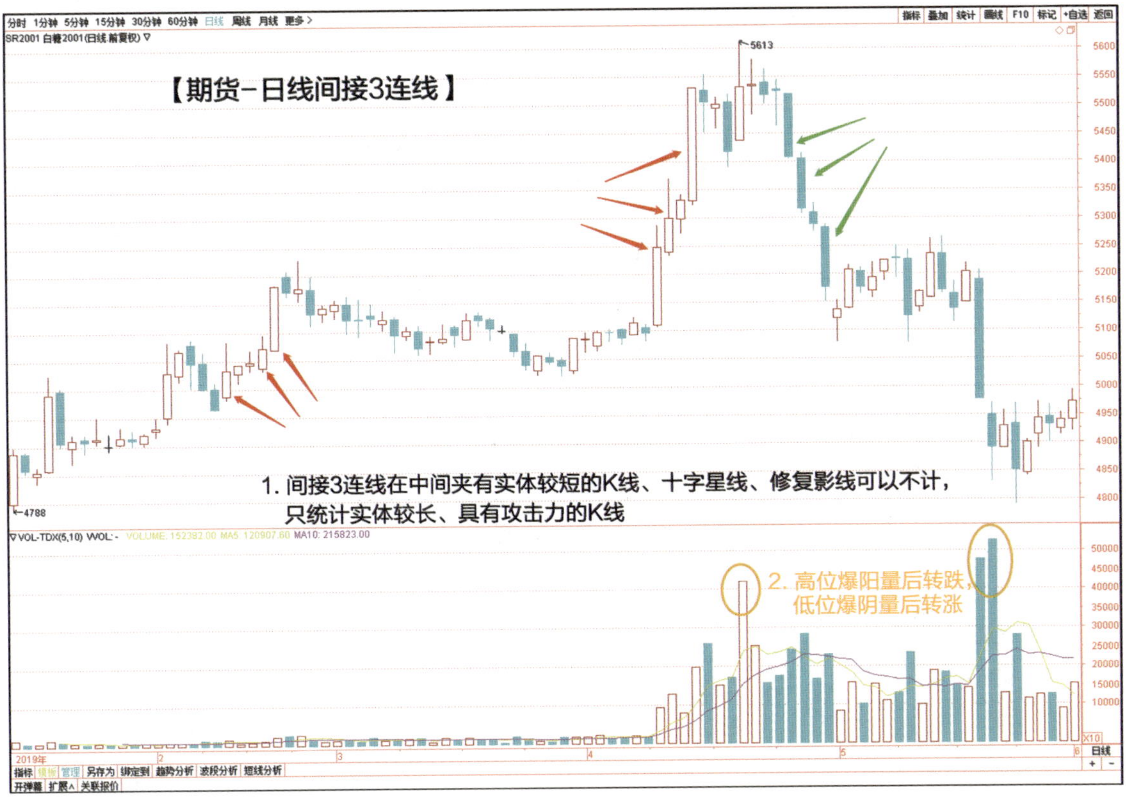

图119 （期货）白糖2001（SR2001）合约在2019年1—6月的日K线走势

【图形特征】

标记1：三处相似的间接3连线，都处在最关键的转折点位置，说明了3连线的关键性和重要性。

标记2：将后面两处与成交量相结合，我们可轻松把握逃顶、抄顶与抄底行情。

【综合分析】

我们从图119整体来看，第二处的间接3连阳线的成交量，是伴随着递增形式完成的，这对把握第三根长阳线起到了辅助确认信号的作用，即在第二根阳线成交量是递增量时，就会联想到还有第三根阳线的递增量，当完成这一组规律走势时，多单要止盈并停止再做多，而且要等下一组规律信号出现时再做交易。第三处的成交量也是如此。

案例120

黄金间接3连线

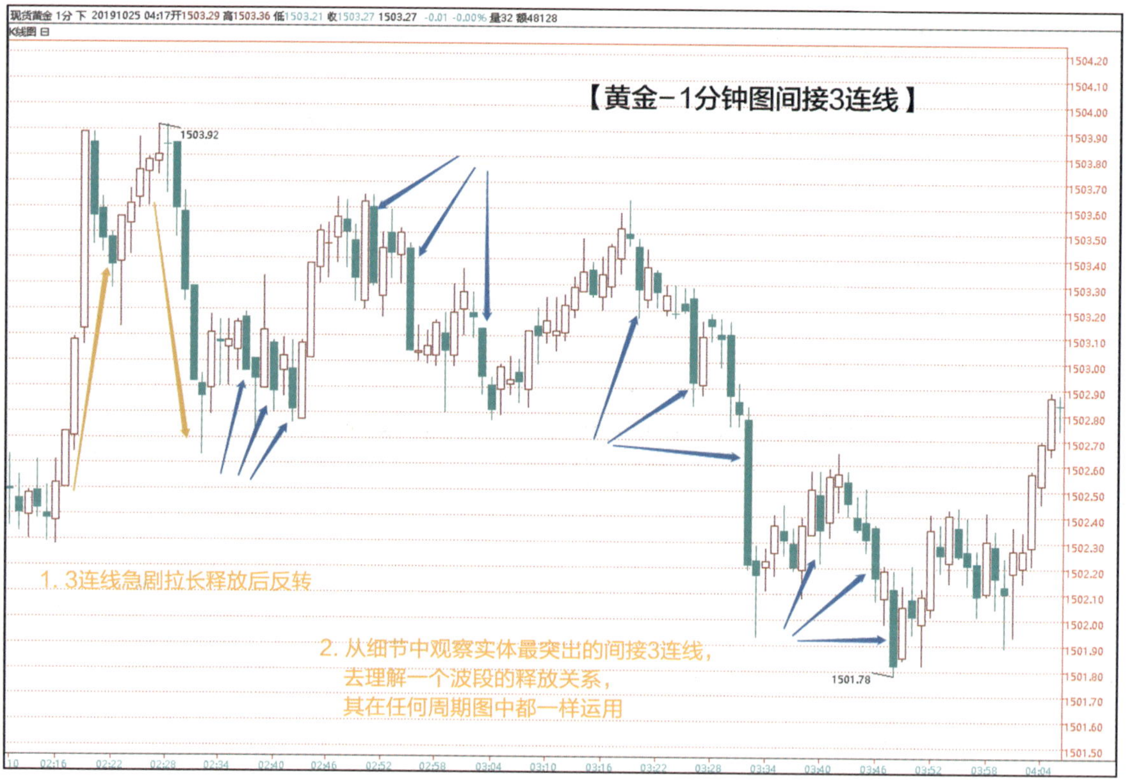

图 120　国际现货黄金在 2019 年 10 月的 1 分钟 K 线走势

【图形特征】

标记1：虽然有四根阳线，但第一根是带有上下影线的长实体星线，并且处在横盘平台，第二根实体阳线才是突破点，突破后的3连阳线拉长才是我们所关心的。

标记2：K线走势看似复杂，但仔细分拆后就能看出间接3连线的关系。

【综合分析】

我们对图120进行整体分析可知，前述中笔者讲到的年K线、月K线、周K线、日K线和小时图的3连线规律，也同样适用于1分钟图。

案例121

原油间接3连线

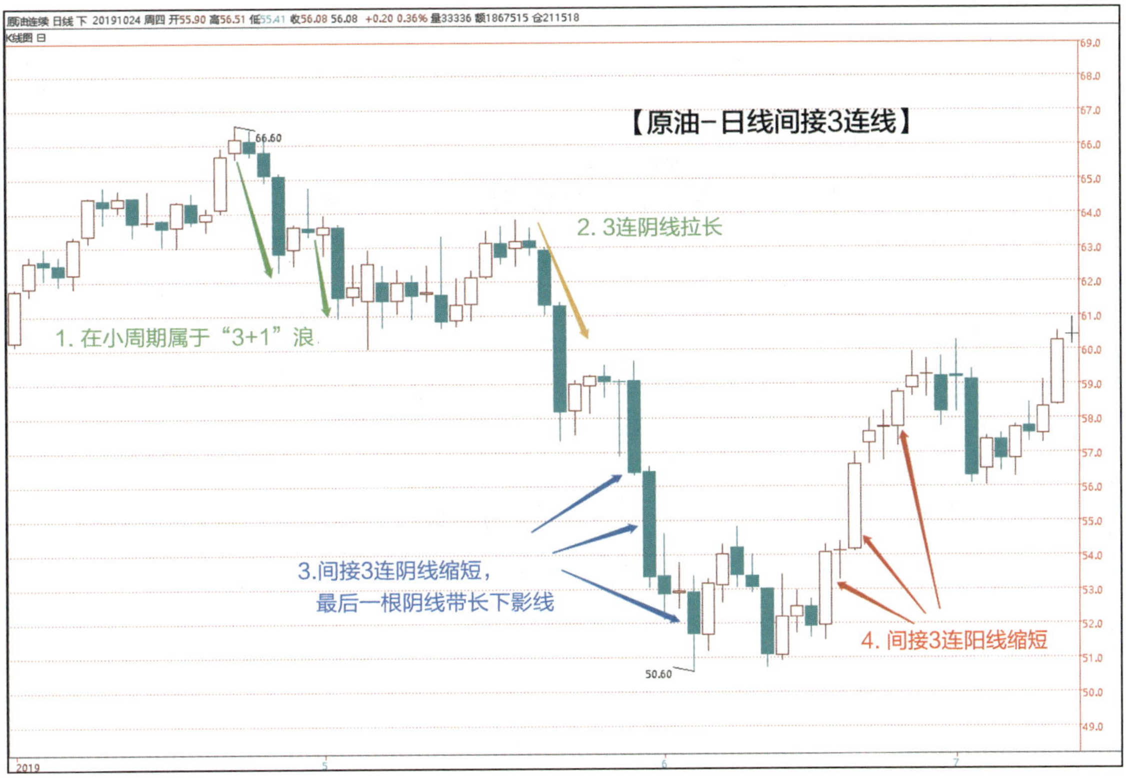

图 121 WTI（美国原油期货连续）在2019年4—7月的日K线走势

【图形特征】

标记1：3连阴线拉长，另加一根长阴线下跌。切换为小时图可以明确看到“3+1”浪形的一轮下跌，随后走回抽浪形。

标记2：在回抽末端，以3连阳线回补小时图的主跌浪后，行情并没有持续上涨，接着3连阴线再次拉长，正式进入下降通道趋势，加速下跌。

标记3：此处处在日线第三浪下跌阶段，在经历前面的急跌之后，难免会有技术性反弹行情。所以间接3连阴线同比收短止跌。

标记4：反弹中间接3连阳线收短，这样才有后面的回抽过程。

【综合分析】

我们对图121进行整体分析可知，只要学会日线大浪加小时图的细浪，再结合3连线的关系，整张图就尽在掌握中。

案例122

外汇间接3连线

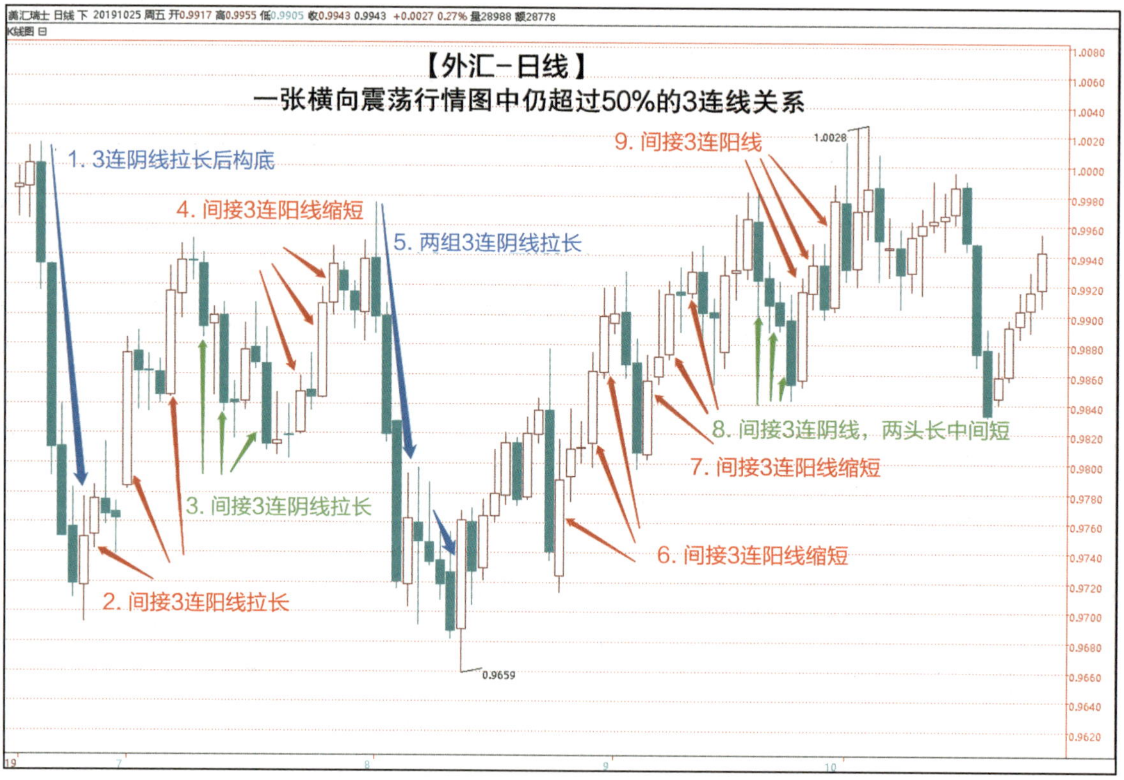

图122 （外汇）美汇瑞士在2019年7—10月的日K线走势

【图形特征】

图中的3连线，占整张K线图形态的50%以上。

【综合分析】

我们对图122进行整体分析可知，交易必定要在有依据的基础上进行，也就是说只做能看得懂的、有把握的、成功率较高的那一段行情。图122为日K线图，若为T+0市场则可以切换成小时图、5分钟图、1分钟图，并从中把握买卖点等细节。

案例123

股票上涨三部曲

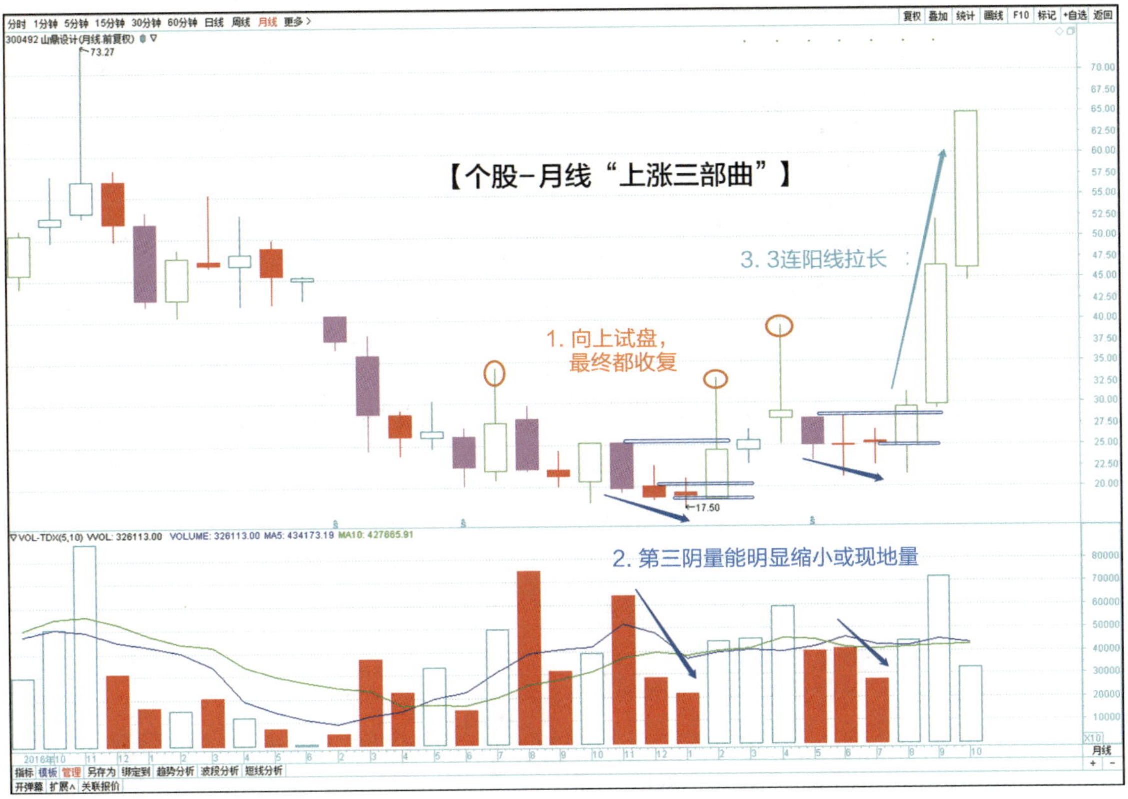

图123 （股票）山鼎设计（300492）在2016年10月—2019年10月的月K线走势

【图形特征】

标记1：有句话叫“反弹行情不是底，是底不反弹”，因为最终没有收复长上影线，所以行情继续探底与构底。

标记2：3连阴线明显急剧收短，量能也急剧缩小，属于止跌信号。再结合前后的中阳线，可将中间的3连阴视为“上涨三部曲”特征，代表预期看涨。

标记3：在反复试盘和低位盘整后，终于以3连阳线拉长，并收复所有长上影线部分，行情随之愈演愈烈。

【综合分析】

我们从图123整体来看，在股票市场中，抄底最好比别人晚一步，逃顶一定要早人一步。所以构底是最折磨人的，建议在构底成功后，再进入上涨伸延浪中顺势把握机会。

案例124

期货上涨三部曲

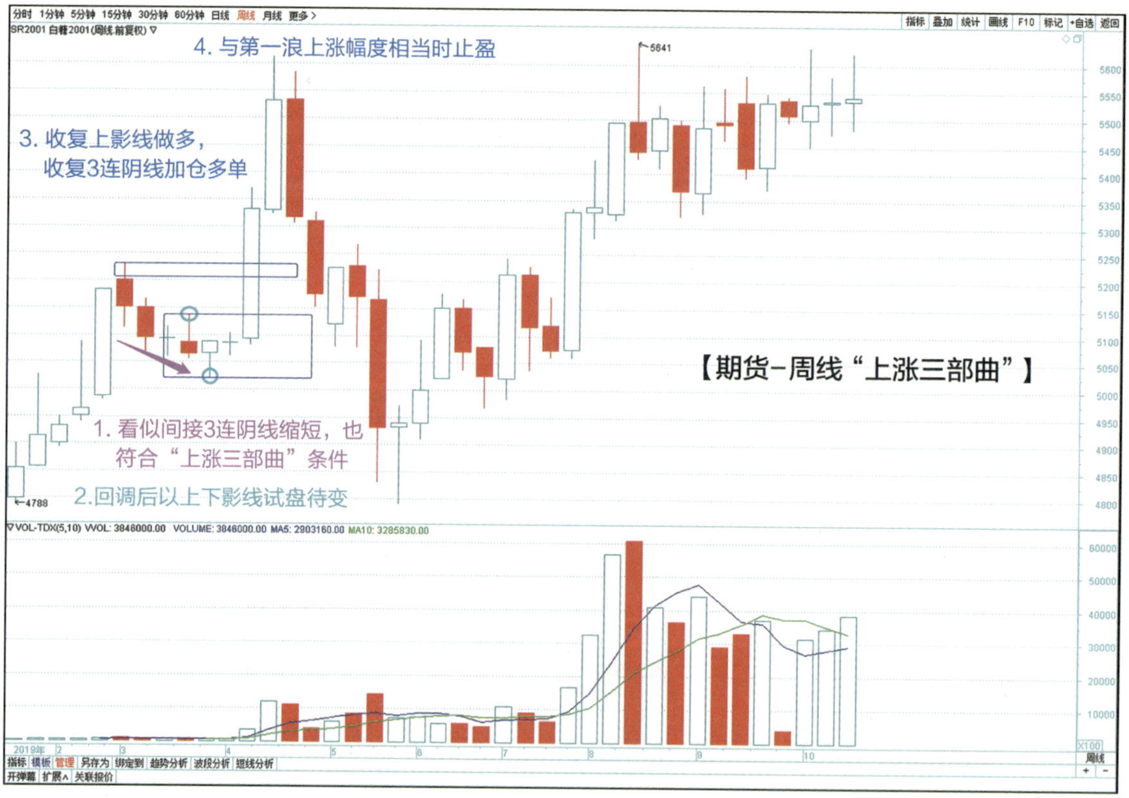

图 124 （期货）白糖 2001（SR2001）合约在 2019 年 2—10 月的周 K 线走势

【图形特征】

标记1：间接3连阴线缩短，再结合前后两根长阳线，组合起来为“上涨三部曲”，预期看涨。

标记2：这组上下影线也位于上涨中继阶段的变盘区域，向上收复长上影线部分时为做多买入信号，止损位为下影线低点。

标记3：完全收复前面3连阴线后可以适当加仓多单。

标记4：上涨中继的另一个含义，是在中继前上涨多少，在中继后则还能再涨多少，这能作为做多止盈预期目标的估测依据。

【综合分析】

我们从图124整体来看，若图中所有标记均为完整的一组上涨周期浪，那么完成之后理应反向走新的行情。因为期货行情以震荡行情居多，所以行情中来回波动的波段机会较多。

案例125

黄金上涨三部曲

图 125 国际现货黄金在 2011—2019 年的月 K 线走势

【图形特征】

标记1：低位构底中走出上行三角形形态，末端收窄时，3连小阴线可视作“上涨三部曲”，预期看涨向上突破。

标记2：在长阳线突破前面的上影线和上轨以及大箱体新高时，为安全的做多位置。

【综合分析】

我们从图125整体来看，对于月K线图来说，这种大机会实在不多，倘若不常看大周期图形，我们肯定会错过这种细节信号。

案例126

原油上涨三部曲

图 126　WTI（美国原油期货连续）在 2019 年 8 月的 4 小时 K 线走势

【图形特征】

标记1：四根阴线两头长中间短，是完成小波段的回踩浪。因为连阴线没有跌破前面长阳线的低点，而是在长阳线的一半（0.5位置）止跌，随后再收长阳线的概率较大，所以在后面长阳线上涨收复前两三根阴线时，为做多买入信号，止损位为前低点之下，止盈位的算法为上涨中继前的涨幅比。

标记2：由低而上完成与三浪一样长的涨幅后，再次出现类似连阴收短再拉长，回补第三浪的涨幅。

【综合分析】

我们从图126整体来看，浪形大于K线组合，小的K线组合服从大浪形形态。所以，在上涨三浪后再出现类似“上涨三部曲”应当小心，在没有出现向上收阳吞没时，千万不要提前做多。因为，通常当三浪完成一轮上涨周期后，行情会切换成新的反向浪形周期。

案例127

外汇上涨三部曲

图 127　（外汇）美元兑英镑在 2017—2018 年的周 K 线走势

【图形特征】

图127中标记的是上升通道中途的盘升阶段，一直沿通道上轨受阻和下轨受撑运行。

【综合分析】

我们从图127整体来看，外汇直线单边持续的行情较少，大多数以震荡、盘升与盘跌行情为主，所以要更加注重每个小波段的K线组合细节。更何况这是周线图，如果再结合日线图、小时图，顺应周线趋势，就可以轻松把握每一个波段行情的机会。

案例128

股票下跌三部曲

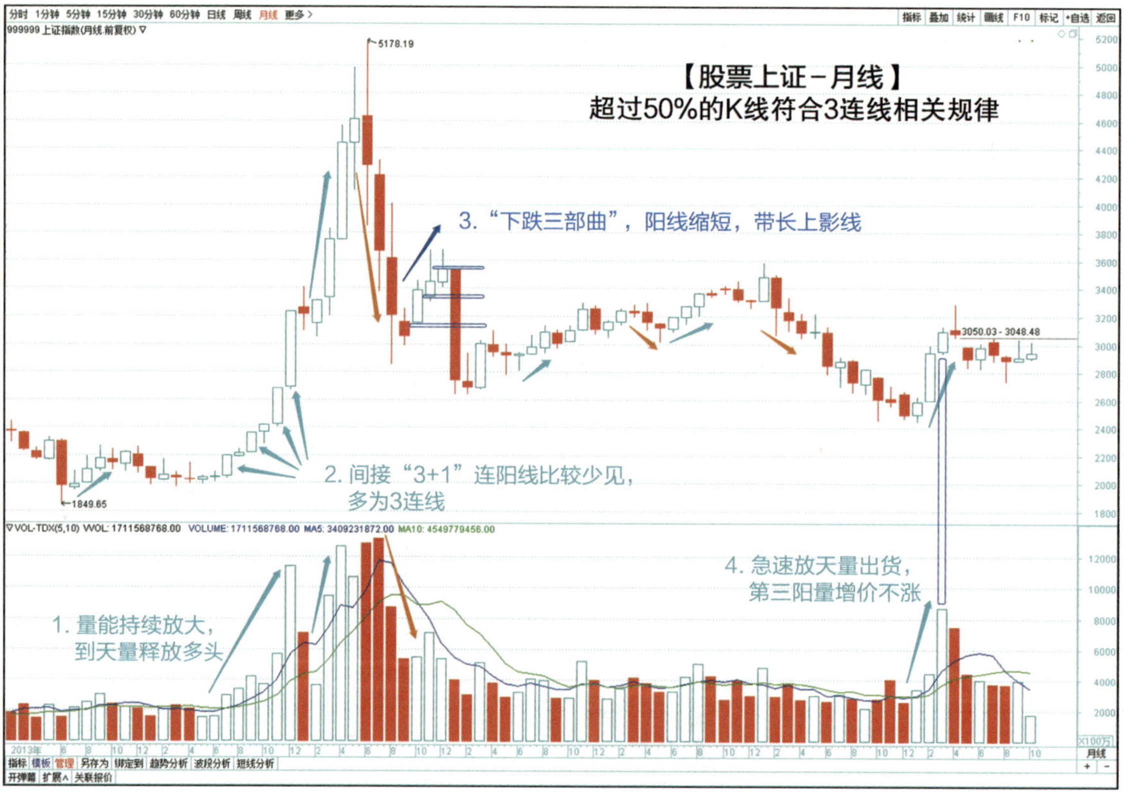

图128 （股票）上证指数在2013年6月—2019年10月的月K线走势

【图形特征】

标记1：阳量持续放大正式起涨之前，有一组3连阳线也是递增量，但因为没有收复前一根阴线，所以继续构底酝酿上涨。

标记2：看似8连阳，但细看其中有四根阳线最为显眼，前三根阳线可理解为间接3连阳线，另加一根长阳线伸延。这毕竟是大盘指数，走势自然会独特一些，所以有比较少见的规律。

标记3：高位中，前有3连阳线拉长后收大十字星探顶，再以一样长的3连阴线后收十字星小阴线止跌。重点是在随后的反抽中3连阳线收短（代表多头乏力），并且第二根和第三根阳线都带有长上影线，笔者在此提醒大家，要提防“下跌三部曲”的成立。

标记4：底部都是磨出来的，这种急剧放量上涨纯属反弹行情，而“反弹就不是真底”。特别是第三根阳线收短，并且还放出天量，形成“量增价不涨”，实为主力出货迹象。

【综合分析】

请问读者朋友们能看懂图128中多少个能交易和不能交易的信号？这可是大盘指数的月K线。做交易一定要学会界定相应的标准，如知道什么时候可以出手，什么时候不能出手，什么时候该出轻手，什么时候该出重手。学习完笔者的书和“志尚投教”线上视频课程后，这些标准自然会明了。

我们再来看图128中没有文字标记的那一段，那正是2016—2017年的盘升行情，最终并没有收复2016年1月的长阴线高点。这就回到本节开始所讲的多根K线收复或未完全收复前长阴线的情况，即仍然为看跌预期，因为修复过程的力度不强、意愿不坚决。

案例129

期货下跌三部曲

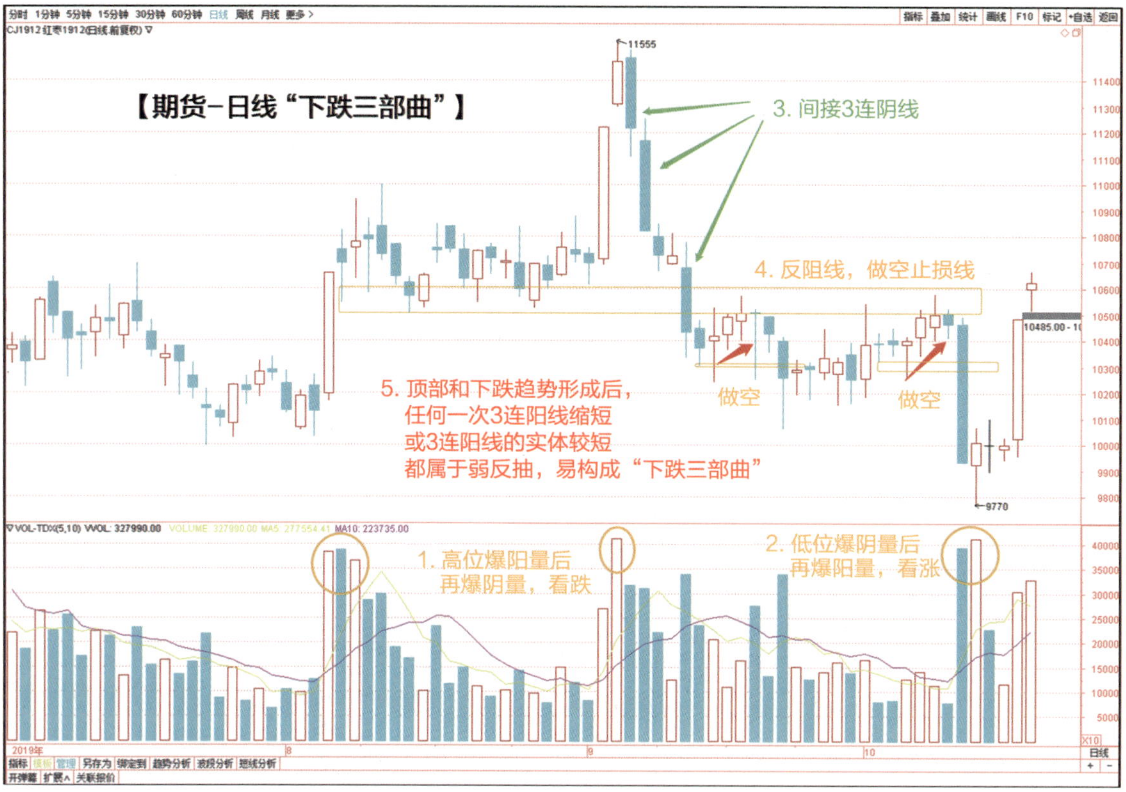

图 129　（期货）红枣 1912（CJ1912）合约在 2019 年 7—10 月的日 K 线走势

【图形特征】

标记1：高位爆阳量后再爆阴量，代表预期看跌。

标记2：低位爆阴量后再爆阳量，代表预期看涨。

标记3：出现最高价11555元（盘口暗语）后，间接3连阴线下跌缩短，代表止跌的预期；但跌破前密集区的下轨之下（即黄金分割线的1.0位置之下），代表反转空头趋势。

标记4：以缩量阳线反抽，代表多头力量不足。

标记5：顶部图形和下降趋势形成后，任何反抽3连阳线均以高空为主，特别是3连阳线缩短后的做空信号。

【综合分析】

我们从图129整体来看，在任何市场的K线图中，一旦下降趋势形成，中途的反抽力度会一次比一次弱，因为空头趋势会越来越明显，做空的人会越来越多。所以，切莫轻易逆向做多，更别期望反抽力度会很强。

案例130

黄金下跌三部曲

图 130 国际现货黄金在2019年的60分钟K线走势

【图形特征】

标记1：没有形成下跌的原因，是K线组合要服从大形态，“下跌三部曲”处在大形态下行第二浪的修整阶段。随后由于上下影线的关系出现反弹。

标记2：反弹以3连阳线完成，随后出现阴包阳的“吞没线”组合，构成反转拐点。可在阴包阳的阴线收线确定，或在第二根阴线开线时做空，止损位为第一根阴线的高点处。当第二根阴线收线相比第一根阴线拉长或与第一根阴线一样长时，可在第三根阴线开线时加仓空单，直至第三根阴线拉长时，逢低分批止盈。

标记3：切换到5分钟图中为下行三浪拉长形态，完成一轮下跌周期浪，随后进入反向的新浪形周期，这也代表该图中的下行三大浪拉长完成。

【综合分析】

我们对图130进行整体分析可知，当看懂了大形态后，还需结合小浪形的细节技巧进行分析，也就是本书前面所讲到的几种K线组合。例如1根K线的十字星、2根K线的上下影线与吞没线、3根K线的3连线与三部曲关系。此外，在股票市场中还常用到4根K线“串阳/串阴”组合（“志尚投教”平台上有相关视频课程）。这些都是精简、易学、实用的技术、技巧，请读者朋友们认真学习与吸收。

案例131

原油下跌三部曲

图131 WTI（美国原油期货连续）在2019年3—6月的日K线走势

【图形特征】

标记1：3连阳线略微拉长后滞涨，随即阴包阳吞没前五根K线，为反转空头信号，也是做空信号，直至3连阴线拉长时逢低止盈。

标记2：反抽中三根小K线缩短，虽没有3连阳线，但也和“下跌三部曲”的特征类似，随后再现做空信号。

标记3：重演标记2的节奏。

【综合分析】

我们从图131整体来看，图中出现最高价66.60元（盘口暗语），这就代表大空头趋势已经明确，每逢反抽都是高空的机会。

案例132

外汇下跌三部曲

图 132　（外汇）美元兑纽元在 2019 年的 60 分钟 K 线走势

【图形特征】

标记1：下跌中继平台的末端，第3连阳线收长上影线，随即阴包阳构成“下跌三部曲”，反转做空。

标记2：平行底3连阳线逐根拉长，代表预期看涨，可在行情突破平台时做多。

标记3：平行三角形收窄处，出现上下影线后向上收复做多。

标记4：下跌中继平台反抽中3连阳线收短，随后构成“下跌三部曲”时做空。

【综合分析】

我们从图132整体来看，特别是标记2的地方，初期可认定为下跌中继，但后面为什么上涨了呢？原因就在于出现了间接3连阳线平行拉长。同时整个平台中阳线多阴线少，与前一个平台不同，前一个平台中阴线多阳线少，且末端的3连阳线带长上影线。综合图中三个平台来看，末端的K线组合细节极为重要。

【本节总结】

如果在懂得大形态的基础上，再善于利用对K线组合细节的认知，则对任何行情所处的阶段位置、变盘区域、变盘信号、买卖点和加减仓点，都能够正确判断。接下来我们再讲如何通过左侧指标的辅助，去判断右侧的预期行情。请读者朋友先想一下：笔者对本书内容的先后排序，对你有何启发？

第六节　3种顶底背离

MACD是一种大众化的趋向性指标，在任何行情软件中都有该指标，默认参数为（26，12，9），无须修改，主要用于柱线顶底背离技巧。若运用到极致，其成功率可达80%以上，关键在于对“一招精”的坚持与执行。

案例133

MACD红柱顶背离

图 133　WTI（美国原油期货连续）在 2016 年 1—8 月的日 K 线走势

【图形特征】

标记1：价格K线盘升上涨中，K线越来越短，代表多头乏力。

标记2：从前面起涨到高位，MACD三堆红柱明显逐堆递减缩短（顶背离），代表多头动力在减弱，预期反转看空。

标记3：MACD的两条均线略微下移（顶背离），代表预期看跌。

标记4：相邻的第三堆红柱递减收短后再现绿柱，是做空的信号。

标记5：随后绿柱堆递增突破前一堆绿柱低点时，为加仓空单的信号。

标记6：空单止损位在下一堆红柱突破前一堆红柱高点之上，或两条线上移突破前一个高点时。

【综合分析】

我们从图133整体来看，通常K线形态处于盘升时容易出现MACD顶背离，K线形态处于盘跌时容易出现MACD底背离，两者只是背离的幅度和形式不同而已。具体有哪些不同，哪种成功率更高，请读者朋友们通过认真、仔细地阅读本节内容寻找答案吧。

案例134
MACD绿柱底背离

图 134　WTI（美国原油期货连续）在 2011—2013 年的周 K 线走势

【图形特征】

标记1：面对K线图走盘跌（阴跌不休）、走横盘箱体或平行三角形、走中继平台，当行情方向不明确或具有不确定性时，都可采用MACD指标辅助分析预期方向。

标记2：在MACD绿柱堆缩短的同时，红柱堆明显放大且强于绿柱，代表预期看涨。

标记3：在三角形收窄时，MACD一直处在0轴之上运行，代表行情处在多头区域。

【综合分析】

我们从图134整体来看，对于变盘区域那一小段行情，如果MACD在0轴之上，再结合前面的底背离，则预期看涨的概率较大，相反也是如此。在上涨中继平台中，阳线多阴线少，且MACD一直在0轴之上，随后上涨的概率较大，相反也是如此。在低位横盘中，MACD一直在0轴之上，且红柱逐根略微递增，预期看涨的概率较大，在高位横盘中则相反。总之，不能单一用MACD指标作为交易依据，一定要先结合各个大小周期图形的共振与大形态认准阶段位置，再看K线组合，最后将MACD指标作为辅助参考，这样就可能同时符合做单买入的四个以上的条件，若买入的依据低于四个，建议谨慎交易或最好不下单。

案例135

MACD红绿柱顶底双背离

图 135　（外汇）美元指数在 2019 年 10 月 2—12 日的 60 分钟 K 线走势

【图形特征】

标记1：红柱堆持续由大到小，再由小扩大。

标记2：绿柱堆持续由大到小，再由小扩大。

标记3：行情由大震荡到小震荡，再由小震荡到大震荡，类似平放的沙漏形状，行情完成之后会选择方向，最终将摆脱这种震荡格局，进入新的单边趋势。在变盘区域出现间接性的上下影线试盘后，高、低点向下移，这代表预期向下变盘。

标记4：在上下影线都出现后，真正选择方向时，MACD红柱堆显然较弱，绿柱堆突出，代表酝酿空头之势，在收复长下影线部分时可果断做空。

【综合分析】

我们从图135整体来看，当MACD红柱和绿柱同步收短（收窄三角形状），为背离持平（无效）时，MACD指标将失去参考作用，只有等收窄后再突破时顺柱堆扩大方向去做交易。例如图中MACD在0轴之上的红箭头处，当第二堆红柱比第一堆红柱大时，再去做第三堆红柱的多单；同时，下边的绿柱堆递增扩大时也一样可以去做空单。

另外，单就K线形态来讲，小周期图中也常出现类似的形状，K线振幅由大到小后扩大再变盘，当出现这种行情在中间收窄的现象时，很多人会去做预期交易，结果多空、上下都被扫损，甚至连续被扫损几单，所谓“做趋势的人‘死’在震荡里”正是如此。所以，当发现不对劲时就该停止交易，待摆脱震荡格局后走出新的单边行情时再顺势交易。

案例136

MACD均线顶背离

图136　WTI（美国原油期货连续）在2004—2007年的周K线走势

【图形特征】

标记1：K线图的价格震荡上行，显然冲出了三次大顶，而MACD两条均线也出现三次顶背离。

标记2：出现第三次顶背离后，再出现绿柱时即为做空信号；或在第二、第三根绿柱递增拉长时做空。

标记3：做空的止损位是MACD两条线再次突破前高点时。

【综合分析】

我们从图136整体来看，如果读者朋友们用MACD的两条线或柱堆背离作为交易依据，那么止损位也必须以此为准。例如图136中的标记3和图133中的标记6。

案例137

MACD均线底背离

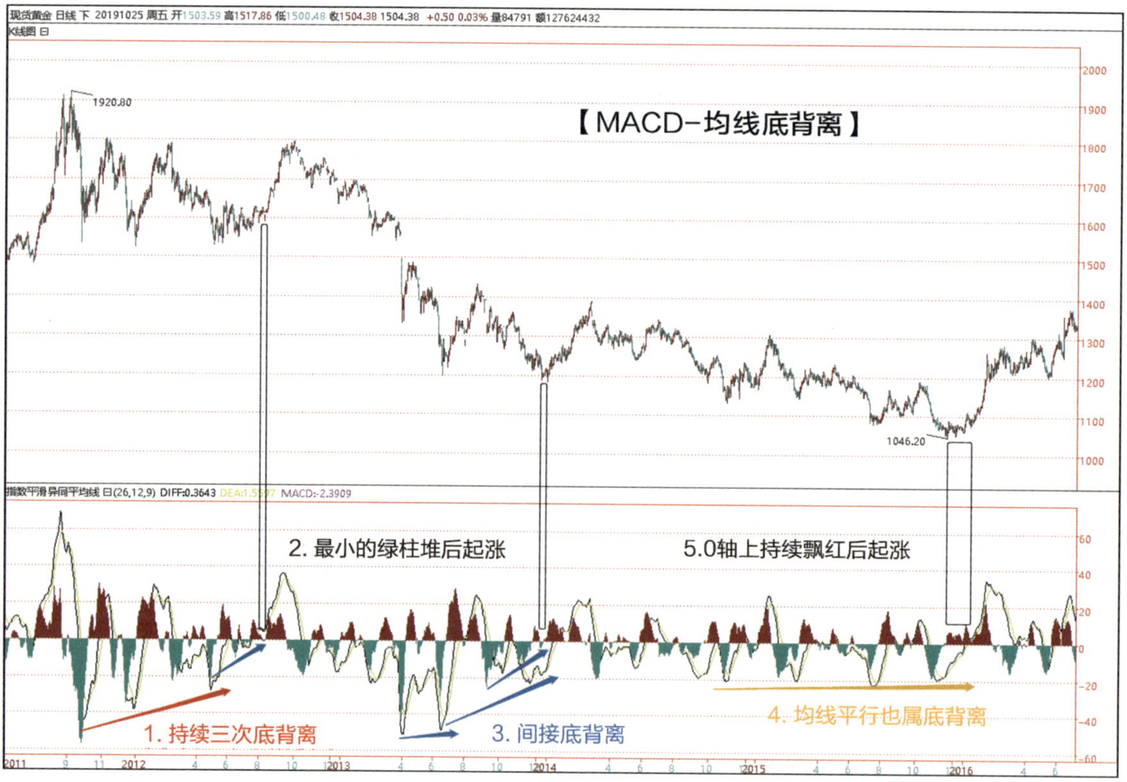

图137 国际现货黄金在2019年5—8月的日K线走势

【图形特征】

标记1：MACD两条均线持续三次底背离，而K线是呈平行三次探底。

标记2：仔细观察，两条线第三次上移或接近0轴时，绿柱堆通常会缩小，如果上面的红柱堆大于下面的绿柱堆，可在第二堆红柱出现时买入多单，即恰好买在起涨点。

标记3：先是两条线的底背离，后是三堆绿柱缩短底背离。

标记4：K线低点下移，但MACD两条线走平，这也属于底背离，只不过背离不强烈。考虑到时间跨度较长，一旦向上变盘，上涨幅度也将较大。

标记5：在0轴之上持续出红柱，并且逐堆递增，代表多头强劲，可以在第三堆红柱出现时果断做多。

【综合分析】

我们对图137进行整体分析，简单地梳理一下一定要弄明白的细节：

1. MACD两条线一般持续三次背离，或最多持续四五次背离后必会变盘，两条线直接背离、间接背离和背离幅度的关系。

2. MACD红绿柱堆的背离与变盘区和拐点区的0轴上/下有直接关系，如图137标记5所示，在构底平台中出现持续红柱。

3. MACD红绿柱的宽度（长短）、高度（高低）和递增递减的关系。

4. MACD两条线和柱堆同时出现背离的高概率事件。

案例138
MACD柱线顶背离

图 138 （外汇）美元兑加元在 2019 年 1—10 月的日 K 线走势

【图形特征】

标记1：震荡下行三浪的大形态节奏，识别后才能认准所处的阶段位置。

标记2：MACD两条线和红柱堆同时顶背离，简称“双背离”，预期看跌的概率高。

标记3：在受到阻力后，MACD红柱堆明显缩短，说明多头止步。

【综合分析】

我们从图138整体来看，在标记2处：

1. 邻近的三堆红柱明显缩短，缩减的幅度很大，就好比多头的急刹车，由120码突然降至20码，意味着要立即停车。

2. 两条线同步顶背离，预期转跌的成功率很高。

3. 其间如果下面的绿柱堆第二堆比第一堆大（递增），就说明多头力量在减弱，空头力量在加强。

4. 结合上述三个条件，预计反转的成功率即便达到100%也不夸张。

案例139
MACD柱线底背离

图 139　（外汇）美元兑澳元在 2014—2015 年的日 K 线走势

【图形特征】

标记1：连环底背离，先是两条线底背离，后是绿柱堆收短底背离，同时上面的红柱堆先走平后扩大。

标记2：若K线形态中的高、低点持续上移，则说明上升趋势通道将形成，可以顺势做多或加仓多单。相反，若高、低点下移便要立即停止持多或做多。

【综合分析】

我们从图139整体来看，标记1处还有一个细节，那就是上面的红柱堆明显在“走宽”，下面的绿柱堆宽度在缩短。红柱堆“走宽”说明多头持续时间长，绿柱堆宽度缩短说明空头持续时间短。当出现底背离时，同步出现此现象，会增强看多的信号，顶背离则相反。这里解释了MACD红绿柱堆宽度和行情走势的关系。另外，图139中连环背离的跨期较长，将底背离理解为“大底”，将顶背离理解为“大顶”，大底或大顶之后必会迎来大趋势行情，更何况图139是日K线图，非小周期图。

案例140

股票MACD柱线顶背离

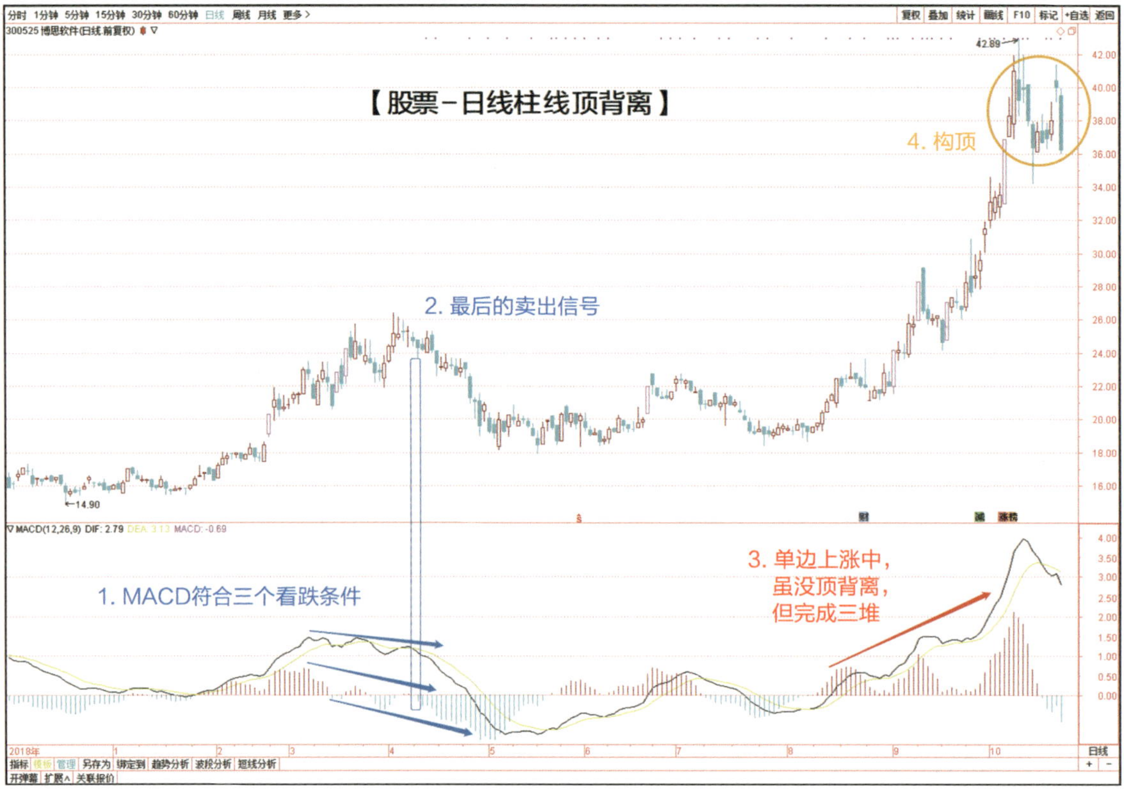

图140　（股票）博思软件（300525）在2018年1—10月的日K线走势

【图形特征】

标记1：红柱堆收短顶背离、两条线下移顶背离、绿柱堆扩大，短时间内同时符合三个看跌条件，看跌预期强烈。

标记2：最后的卖出信号在第三堆绿柱出现时，如果是在T+0市场，则此为最佳的做空信号。

标记3：单边上涨中持续三堆红柱递增拉长，并且第三堆红柱的根数最多，代表宽度延长、上涨持续较久，类似于“量价齐升”。

标记4：当走完持续三堆红柱后，一轮上涨周期浪将完成，接下来进入横向修整或反转走新的浪形周期。

【综合分析】

我们对图140进行整体分析，再重复讲一下MACD的宽度问题。例如第一堆红柱由10根组成，第二堆红柱由12根组成，那么可以联想到第三堆红柱数量理应在15根左右，同时，三堆红柱的高度在递增，形成良好的、强劲的多头趋势。此时可在第三堆红柱逐根拉长时果断做多，果断加仓多单。直到第三堆红柱高位同比前一根收短时，果断全部止盈。如果这种方法运用恰当，成功率极高，尽管此机会出现的次数不是太多，且它只留给细心和有准备的人。很多投资者由于未配备看盘电脑和工具，或时间、精力不充足，因此很难发现类似的成功率极高的图形信号。

案例141

期货MACD柱线顶背离

图 141 （期货）郑棉 2001（CF 2001）合约在 2019 年 4 月 3 日的 60 分钟 K 线走势

【图形特征】

标记1：先看整体大形态，这两轮三浪下跌趋势都是完成三浪收短后回升。

标记2：黄框处为每轮反弹后的反阻力位，通过在浪形和反阻力位画线，能立即看清每个阶段位置的关系。

标记3、4：MACD均线底、顶背离。

【综合分析】

我们从图141整体来看，先在大形态中认准阶段位置，再结合MACD背离技巧与K线组合的变盘关系，就可以轻松掌握整张K线图。

案例142

黄金MACD柱线顶背离

图142 国际现货黄金在2018年10月—2019年9月的日K线走势

【图形特征】

标记1、2、3：一轮单边上涨行情后的中继修整阶段，MACD先出现顶背离，后出现底背离。

【综合分析】

我们从图142整体来看，标记3处三堆红柱的递增信号出现时，可大胆把握第三堆红柱的多单机会。

案例143

原油MACD柱线顶背离

图 143　WTI（美国原油期货连续）在 2019 年的 60 分钟 K 线走势

【图形特征】

标记1：一大轮持续盘升中，MACD红柱堆持续多次递减，同时两条线出现连环顶背离。

标记2：在顶背离后的变盘初期，MACD绿柱堆明显扩大递增。

标记3：前面红柱堆变短后，再出现绿柱拉长时，是最佳的做空信号。

标记4：做空的止损位为前高点之上，高点不能上移，否则不利于空头趋势。

标记5：做空后绿柱堆开始收短时为止盈信号，而再出现红柱时为最后的卖出空单信号。

【综合分析】

我们从图143整体来看，这种跨度较长的背离图形，需要一定的耐心去等待最佳信号出现，大机会都是给有准备的人的。

案例144

外汇MACD柱线顶背离

图 144 （外汇）美元指数在2019年的60分钟K线走势

【图形特征】

标记1、2、3：MACD两条均线略微下移，但红柱堆明显收短，且绿柱堆明显递增，预期看空的三个条件同时出现。

标记4：绿柱堆持续三堆收短后，再出现红柱时为空单最后的止盈信号。

【综合分析】

我们从图144整体来看，如果只做精这种技术、技巧，那么在T+0市场中的小时图周期，每周会有两三次交易信号；在5分钟图周期，每天都会有交易信号。

案例145

股票MACD柱线底背离

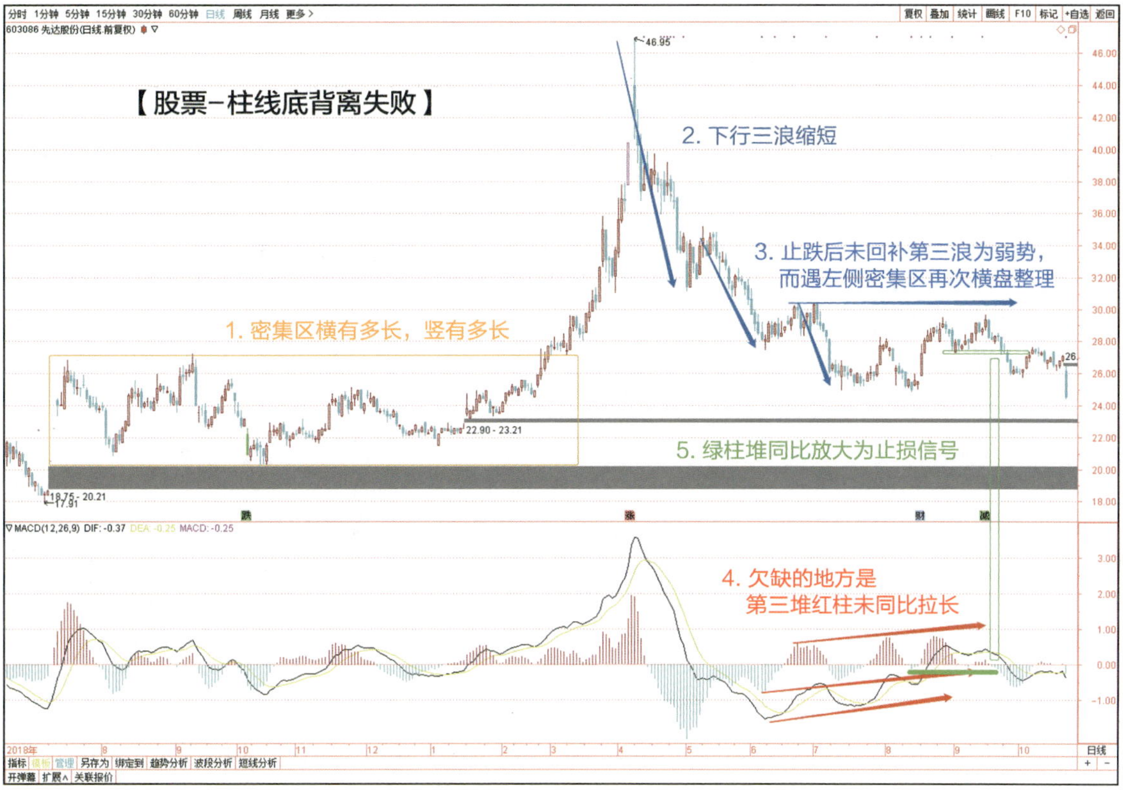

图145　（股票）先达股份（603086）在2018年7月—2019年10月的日K线走势

【图形特征】

标记1：左侧为“横有多长，竖有多长”的大箱体，在箱体的末端区域，MACD持续红柱，代表有向上移、向上变盘的预期。

标记2：一轮盘升后转急升冲顶，再以下行三浪收短完成下跌周期浪。

标记3：止跌反弹中没有回补第三浪，意味着还有下跌的预期。

标记4、5：反弹前后虽然出现MACD底背离，并且红柱堆递增，但第三堆红柱没有递增，同时第四堆红柱急速收短，绿柱堆同比前一堆柱堆扩大拉长，止损信号就此显现。

【综合分析】

我们从图145整体来看，第一个细节是下行三浪收短，也就是说第三浪最短，反弹中都不能回补第三浪，说明反弹力度不足，再构成反转的概率很小。第二个细节是MACD底背离失败的依据：当红柱缩短、绿柱同比前一堆柱堆扩大拉长时，图中MACD区域的绿色横线也是做多止损位。

案例146

期货MACD柱线底背离

图146 （期货）苹果2001（AP2001）合约在2019年8月29日的60分钟K线走势

【图形特征】

标记1：MACD绿柱堆出现三次底背离，两条线先走平后上移（底背离），红柱堆大于绿柱堆且递增，预期看涨潜力极大。

标记2：头肩底形态的右肩低点比左肩低点高，头底V形突破前高点（达到1.0位置）之上，属于强烈型头肩底特征。

标记3：右肩起涨时以3连阳线拉长，说明上涨有力度，后面延伸可期。

标记4：在持续上涨中MACD绿柱堆扩大，红柱堆同比前一堆柱堆略微缩短，会影响持续上涨的动力。

标记5：在高位震荡中一旦高、低点下移，则需提防反转。

【综合分析】

我们从图146整体来看，先有同时符合三个条件的底背离，属于高概率标准；再有底部形态的强烈型头肩底，当看明白这些左侧分析后，再去把握右侧的交易机会还难吗？

案例147

黄金MACD柱线底背离

图147 国际现货黄金在2018年3—12月的日K线走势

【图形特征】

标记1、2：经过长期单边下跌后到达低位，并出现横盘箱体，这是下跌中继，还是构底，可以运用MACD辅助分析，并观察是否有背离向上的现象。还有红柱堆的高度和宽度关系，也可作为侧面参考。

标记3：向上突破横盘后，高、低点不断上移，说明行情已经进入上升通道趋势，之后的交易策略以低多为主。

【综合分析】

我们从图147整体来看，并不是所有横盘中的MACD两条线或柱状线底背离后，行情都会上涨，也有失败的个例，我们只能将此作为一部分参考因素。读者朋友们一定要观察其他细节，例如，该横盘处于大形态中的哪个阶段位置？是高位还是低位？是上涨中继还是下跌中继位置？这时横盘中是阳线多阴线少，还是阴线多阳线少？横盘末端往往会出现诱空后真上涨或诱多后真下跌，这时横盘末端的重心移向倾向于向上还是向下？突破横盘时的力度与速度是否强、快？行情选择方向的意愿是否坚定？

案例148
原油MACD柱线底背离

图 148　WTI（美国原油期货连续）在 2019 年的 60 分钟 K 线走势

【图形特征】

标记1、2：横盘箱体中，MACD两条线持续三次底背离、绿柱堆缩短、红柱堆递增扩大，后期高概率看涨。

标记3、4：若在向上突破时参与多单的止损位为横盘箱体下轨低点之下，则全部止盈位应设在MACD红柱堆开始缩短后、再出现绿柱时。

【综合分析】

我们从图148整体来看，相比图147，图148中MACD底背离要强烈一些，所以该图后段的上涨幅度也大一些。另一个细节是标记1处的MACD三堆红柱，当前面出现两堆红柱时，结合MACD两条线的第三次底背离，可在第三堆红柱同比前两堆拉长时，精准买入多单，这样可实现一买就涨。

案例149

外汇MACD柱线底背离

图 149　（外汇）美元指数在 2019 年的 60 分钟 K 线走势

【图形特征】

标记1：一轮单边下跌中，MACD两条均线持平背离，但最显眼的是三堆绿柱缩短，上边的红柱虽然不宽，但高度在递增。所以后期看涨的概率为70%。

标记2：由于底背离不是特别强烈，因此探底回升过程没有直线上升的强劲，而是以缓慢盘升形式进行。在盘升中红柱堆虽然比较宽，但高度递减，需提防反弹结束。只有后面再出现的红柱堆高于前面时才能继续看涨。

【综合分析】

我们从图149整体来看，如果以符合图147、图148所述三个条件（即MACD两条线背离、绿柱堆缩短、红柱堆递增扩大）为100分标准，那么该图相比之下只能得70分。因为两条线背离不强烈、绿柱堆虽递减但并不短、红柱虽高但并不宽，所以打了一些折扣。

【本章综述】

并不是所有出现MACD底背离的行情都能看涨，也有失效的情况，那就是在探底后第一轮上涨结束时出现顶背离，在高位小幅回调中再横盘修整，在这种形态所处的阶段位置出现MACD底背离，失败率较高。同样，在探顶后第一轮转跌结束时出现底背离也一样容易失效，因为刚刚转变趋势后的背离不一定有效，毕竟指标只是辅助，不能作为主观判断的依据，还需结合形态的趋势进行判断。

如果要求左侧形态分析与左侧预期埋伏交易的成功率最高的话，就必须多观察细节，去发现“多条件共振信号”与“最终确认信号”的关系。同时，做左侧交易需要有一定的耐心，要有一定的心理抗压能力，毕竟是做预期，需要时间等待，行情有可能不按预期走，或者遇到干扰、变故等。特别是在期货方面，在隔盘和隔夜之后，受原油价格波动、关联品种波动、期货大盘指数波动的影响跳空，不但容易被扫损，而且左侧的预期图形容易遭到破坏。所以，在期货方面建议在观察中大周期图时多运用左侧分析，在短期交易方面应多使用右侧技巧。

第四章　K线图右侧顺势交易

在所有K线图市场中，若想做到顺势而为，必须学会右侧交易的体系。

导　读

右侧顺势交易是指在左侧形态分析完成之后，到右边延伸行情交易。左侧的一切分析都是为了给右侧做准备、制定交易策略。那么，通过左侧分析筛选出来做单信号后，在右侧延伸浪形中如何捂住单便成为关键。往往很多人用“洪荒之力”做出大量的左侧分析后，当右侧单边行情真正来临时，却没有赚到钱，浪费了一大段好行情。笔者在本章用“志尚四线理论”来讲解关于“捂单从头捂到尾”的简单又实用的技巧。

第一节 “志尚四线理论”概述

“志尚四线理论”采用的是MA均线系统中的60线、5线、10线和20线，适用于各个周期图。每款行情软件上面都有MA均线，每位交易者都不陌生。“志尚投教”一向追求通俗易懂、精简实用、能现学现用、能立竿见影的教学宗旨，所以其将大家最容易学会的工具和技术编入精髓课程进行讲解，以便大家能更快地上手运用。

李小龙讲过：“我不怕会一万种招式的人，却怕一种招式练一万遍的人。”因为千招通不如一招精，把一招练精了可以应对所有情况，就算你练了一百种功夫，没有深入、精通也始终是个门外汉。

（说明：“志尚四线理论”如果运用在日K线中就为60日线、5日线、10日线和20日线；运用在月K线中就为60月线、5月线、10月线和20月线；运用在小时图中就为60分钟线、5分钟线、10分钟线和20分钟线，为了使其简单易懂，就将其简称为60线、5线、10线和20线。）

“志尚右侧顺势交易战法”

能明确以下因素：

1. 识别趋势；2. 买入依据；3. 减卖依据；4. 止损依据；5. 捂单依据；6. 空仓依据。

一、理念先行

大道至简：只要是实用的，越简单越好，将简单的重复做。

去头去尾：大波段，小波段，只做好自己能看懂的那一段。

胜负概率：任何交易的胜负均取决于概率，只在高概率中做单。

顺势而为：做交易本身是做趋势，在趋势中顺势做，无势不做。

摆脱困局：排出猜疑消息，排出形态所困，排出左侧预期，排出横盘区间。

二、将理念化为现实之“四线理论”

60线：一线定趋势。它是趋势线，在其之上为多头（寻求低多），在其之下为空头

（寻求高空）。同时它与MACD有着密切联系，例如如果价格一直在60线之上运行，那么MACD必定在0轴之上运行。

5线：价格轨道线。当价格一直沿着5线走时，为单边直线行情，它也是回头信号线，例如收线刺破5线后应注意行情回头。

10线：价格盘升或盘跌中的回抽确认线。当行情回抽10线再突破5线时可顺势做单，止损位在超出10线一点的位置。

20线：价格通道下轨线。当行情回抽20线再突破5线时可顺势做单，止损位在超出20线一点的位置。

简而言之，“四线理论”就好比车在高速路上行驶，当没有看到出口路标时，就一直顺着行车道和快车道行驶。5线类似快车道、超车道或靠马路中间护栏的那条车道，10线类似正常行车道、马路正中间那条车道，20线类似慢车道、大货车道或靠应急道的那条车道，60线类似指南针、导航方向。

逻辑1：例如最强势的股票，一定是价格一直沿着5线上行；慢牛一般是价格沿着10线上行；震荡盘升股的价格一般是沿着20线上行。所以，我们锁定这三条最贴近价格运行的均线，才能跟紧行情的运行轨迹，去发现相关的交易依据。同时应该让风险降到最低，如果用到30线的交易依据，那么振幅会扩大，导致风险扩大。很多人股票被套后，会想20线会有支撑，再等等看；当跌破20线时，心里又想30线该会有支撑了吧，结果再一次跌破，于是决定继续等待60线的强烈支撑。如此一来，风险不断扩大，最终因被深套而不知所措。如果运用好5线、10线、20线这三条线的指令，例如5线死叉10线和20线时，为最后的清仓信号，也许还能保本或小亏，长期严格执行下去，不会吃大亏。再例如如果个股价格沿着30线或60线运行，说明上涨不通畅，振荡频率较高，振幅也较大，这样的个股不值得入选。

逻辑2：凡事都要讲规则，做人也要讲原则。做交易也是如此，一定要有自己的交易准则与纪律，其实很多人都明白这一点，但就是执行不好，难在没有明确的执行“依据”。笔者为了解决这个问题，才采用这套既简单又容易执行的“明确依据”。

逻辑3：如果高速公路上面没有车道线，结果会怎样？必定会乱套，交警对违章也会失去界定依据。当画了车道线后，是不是一切都顺畅了，驾驶路线也明确了，事故也更少了？笔者将5线、10线和20线视作车道线，将K线视作车辆，当车辆还没有由快车道驶入慢车道和匝道时，说明车辆还在正常前行；当发现车辆进入匝道时，说明车辆要停止前行，准备下高速，下高速后很可能向另一个方向行驶。读者朋友们，请认真理解这其中的寓意。

四线优点：先一线定势（指60线），再以最贴近价格运行的三条线（指5线、10线和20线）为顺势，顺线做单，一目了然，线能伸延多长就能做多久、捂单多久。

四线缺点：由于均线伴随价格波动而移动，所以事后看到的K线回靠贴近均线，在当时也许并没有靠拢贴近K线，这需要实盘把握尺寸。

三、“四线理论”趋势分析选择法

（一）一线定势

例如如果只做5分钟图，那么当5分钟和60分钟都在60线之下时才考虑做空，做多也是如此。同样地，做60分钟图就关联日线，做日线图就关联周线，做周线图就关联月线的共振条件。这其中，当关联的大周期图有趋势时就做大周期，同时关联上一个大周期图。例如，当做60分钟图时，如果发现日线也有信号，且周线也能共振，那就转做日线趋势。

（二）三线交叉

例如当60分钟图中高位出现5线、10线、20线（三线），同时它们都在60线之下死叉时，说明有“一叶知秋”的长阴拐点信号；或是在横盘之后出现三线交叉。这两种情况下，随之产生的行情幅度最大、持续时间最长。

（三）二线交叉

例如在三线死叉的情况下，一轮下跌后再完成下跌中继平台时，一定是5线与10线先金叉再死叉，随后下跌的行情幅度最大、最急速。

（四）量价关系

此战法通用于所有K线图市场，A股方面需要重点结合量价关系，例如在60线之上的多头排列中，量能一定要“阳肥阴瘦”。

四、“四线理论”交易手法

在符合上述趋势的条件下，运用“四线理论”交易手法时应注意以下几点。

（一）开仓点

例如5线、10线、20线在60线之下死叉后要再数5根线，如果是三线同时死叉或是二次死叉中继，可在第二根线开始时开仓追空。为什么出现三线死叉后还要数5根K线才做单？目的是要等空头排列的形成，同时还可观察这5根线的运行规律，观察它们是沿着5线走还是沿着10线或20线走。由此，在第5根K线之后等待前面沿某线的规律去做单。例如这5根K线一直沿10线运行，那么往后只要回抽10线再突破5线时就可下单（不必等收线而是刺破5线时）。例如在下跌中继后就更容易把握行情，因为有前一轮下跌的规律，那么可在二线先金叉后死叉+跌破下跌中继平台的低点时开空单，多单则相反。

（二）止损点

开仓后立即设止损点，例如价格回抽10线再跌破5线时开空，止损点就设在10线上方一点点，也正是阳包阴时。如果开仓成功有盈利，则再将止损点顺着10线往下移，或移至前一根K线最高价上方一点点。

（三）止盈点

例如开空单后，当单根K线明显比前面逐根拉长，导致价格远离5线时，减持或全止盈，若上一个大周期距下方的支撑还有较大空间就减持。或者，当价格出现阳包阴或重返5线之上时为最后的平仓依据。

五、切换方法

在做完一单交易之后，可通过以下方法进行周期、品种切换。

（一）周期切换

1. 在5分钟图内做完一笔空单后，此时5分钟图中的5线可能会与10线形成金叉，代表有进入反弹或反抽甚至横向修整阶段的可能，此时应停止交易，观察或休息。也可以切换到上一个大周期，例如60分钟图，如果60分钟图中的价格正好回抽5线或10线，那么接下来就紧盯60分钟图，在价格再跌破5线时开仓做空。注意，切换到60分钟图还需观察日线是否也符合在60线之下的共振条件。

2. 非常活跃的行情就做1分钟图（例如突发行情或时间窗口以及消息行情），一般活跃的行情就做5分钟图或10分钟图，当日线有多头排列的上升通道或空头排列的下降通道时就做60分钟图。多头排列条件是指在60线之上三线形成金叉后伸延。

总之，最好是哪个周期沿10线运行就做哪个周期，止损位设在超出20线一点点处，盈利后再移动损位；如果没有符合前述条件的周期，那就找沿着20线运行的周期做，止损位设为60线，盈利后再移损。

（二）品种切换

当上述条件不成立时，说明该品种的中小周期均无机会，那就选择其他品种进行操作。我们可以在行情软件界面设左右两个周期图，左图为5分钟图，右图为60分钟图，用来查看哪个品种的价格都在60线之下运行，同时三线是否形成死叉，由此寻找做空信号。

（三）在变异中找标准

虽然三线是价格“沿线”，但走势变化多样，总是排出繁杂、凌乱的图形，应只做一目了然的单边顺畅图形，若没有就等待。

（说明："沿线"可理解为K线价格的运行轨道线。例如，K线价格一直沿着5线运行，那么这一段行情的沿线就指5线；如果K线价格一直沿着10线运行，那么这一段行情的沿线就指10线。）

六、辅助方法

在分析和交易的过程中，还可运用以下辅助方法。

（一）顶底形态

例如5分钟图出现顶部形态之后，正好60分钟K线也在60线之下，那么5分钟图中顶部形态后的下跌空间较大。

（二）MACD背离

当价格运行到较高位置，或者接近/到达阻力位时，第二堆MACD红柱堆明显比第一堆要短，或者两条线的高点下移，再或者这两种情况同时出现双背离。此情况下，三线（5线、10线、20线）形成死叉后去做空单的成功率较高，下行的空间也较大。

（三）反向标准

底部形态或底背离后进入60线之上的三线金叉，做多的成功率较高，空间也较大。

（四）"一叶知秋"

当出现一根长阴线同时下穿5线、10线、20线或者一根阴线吞没前三根以上的K线时，一般属于"一叶落便知秋"的拐点空头信号。

（五）3连线

无论是3连阳还是3连阴K线，在逐根拉长时，都极可能会完成小波段的走势。

（六）波浪理论

如果前面有了二浪，接下来极有可能出现第三浪，观察第二浪相比第一浪是否拉长或缩短，甚至一样长，以此来判断第三浪的延伸长度。

案例150

沿60线确定趋势特征

图 150　国际现货黄金在2016—2019年的日K线走势

【图形特征】

将一张图缩小，就能发现60线的作用。当K线在60线之上运行时，行情必定以上涨的多头为主；当K线在60线之下运行时，行情必定以下跌的空头为主。

【综合分析】

我们从图150整体来看，大家若想一眼识别当前行情是处在多头趋势还是空头趋势，可用一线定势来划分。例如，K线一直在60线之下运行，做多需谨慎；一直在60线之上运行，做空需谨慎。只有K线处在阶段高位或阶段低位、处在极高位或极低位，或者出现顶底形态特征时，才可考虑轻仓捕获高、低点买入。找真正的多空加仓位置一定是在多头排列或空头排列形成时找信号。

“多头排列”是指K线+5线、10线、20线三线近日一直在60线之上运行。

“空头排列”是指K线+5线、10线、20线三线近日一直在60线之下运行。

案例151

沿5线轨道规律特征

图 151　WTI（美国原油期货连续）在 2019 年的 60 分钟 K 线走势

【图形特征】

标记1：一轮波段上涨中，K线一直沿着5线上行，当出现收线在5线之下时，说明该波段上涨结束。

标记2：与标记1相反。

【综合分析】

通过对图151进行整体分析，读者朋友们可以轻松掌握波段行情的延伸依据与停止延伸信号。例如K线一直在5线之上运行，说明涨势还在持续，多单可以一直捂住。直到出现阴线（收线为准）收在5线之下时止盈。如果在此之前K线急拉快涨远离5线，可减持止盈。

收阴在5线（沿线）之下会出现两种走势：第一种是行情立即掉头下跌，第二种是行情横盘修整后再继续上涨。横盘中振幅小一些时会出现5线和10线先死叉后金叉，此为上涨中继的特征，可在突破前高点时接回多单；或者横盘中振幅大一些时会出现5线、10线和20线先金叉后死叉，这说明洗盘回调结束，可待突破前高时做多。这两者的前提都是在60线之上发生。

还有一种是5线、10线、20线、60线先死叉后金叉，或者是在60线下出现5线、10线、20线先死叉后金叉，这两种情况做多需谨慎，因为这属于宽幅震荡行情，并没有明确的大趋向。

案例152

沿10线轨道规律特征

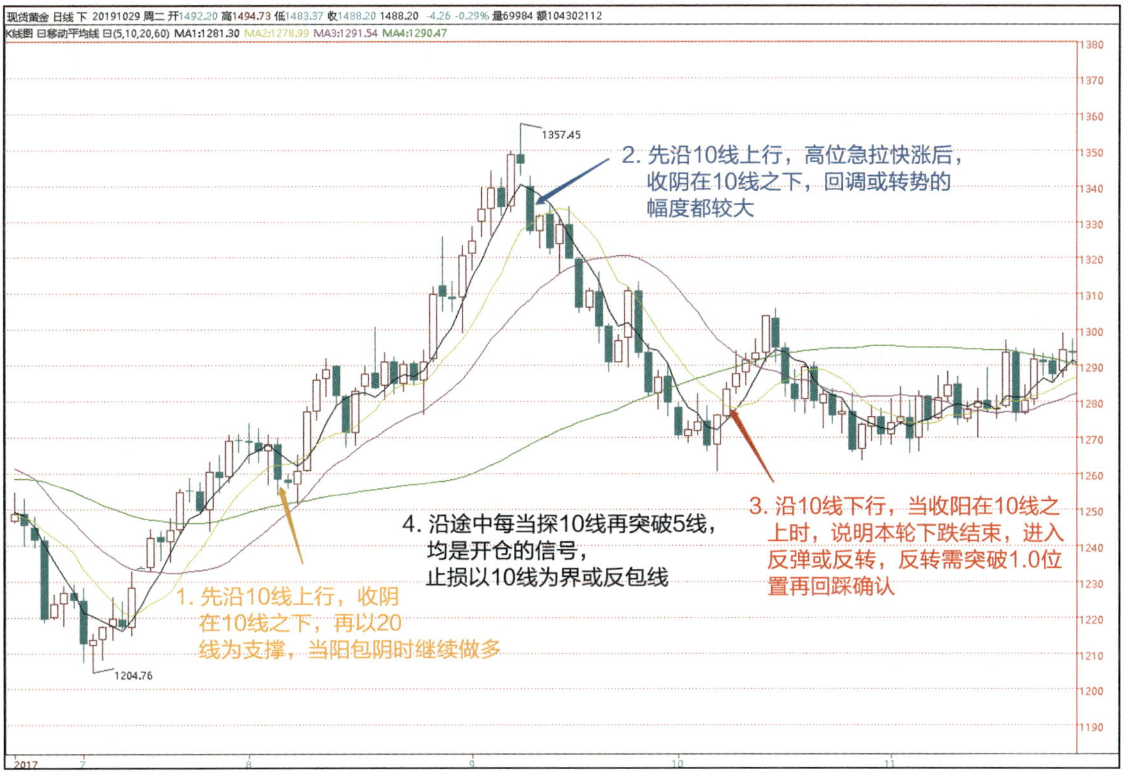

图 152　国际现货黄金在 2017 年 7—11 月的日 K 线走势

【图形特征】

随便找一张K线图，均可看出每个波段运行的K线价格沿线关系，例如某一波段是沿5线运行，某一波段是沿10线运行，某一波段是沿20线运行。

【综合分析】

我们从图152整体来看，有三分之一或一半的K线沿着10线上行，特别是当你在低位多头排列的初期阶段发现这种规律时，就可以准备“开车找入口上高速”了。每次回踩10线就是低多的机会，或者在价格回踩10线后再突破5线时买多。每当价格远离5线时就减持或止盈，或者一直捂单到收阴在10线之下时再全部卖出（下高速）。

案例153

沿20线轨道规律特征

图153 （股票）上证指数在2016年后的周K线走势

【图形特征】

标记1：一轮上涨中价格一直沿着20线上行，一旦出现收阴在20线之下，就说明上涨行情停止。

标记2：一轮下跌中价格一直沿着20线下行，直到收阳在20线之上时，行情才迎来了反弹。

【综合分析】

我们从图153整体来看，通常，价格沿20线运行的情况，最好是偶尔以长影线形态触及20线，这说明其只是短暂地偏离轨道，很快又回到原轨（5线），也说明势头强劲。该图为股票大盘指数，用此方法可以轻松掌握大势趋向，以便做出相应的交易对策。

案例154

综合运用明确买/增/减/卖/停的信号

图154 国际现货黄金在2019年10月25—26日的5分钟K线走势

【图形特征】

标记1：有波浪形上涨，就会有波浪形下跌，这就是常见的惯性规律。

标记2：上行中每一浪以3连阳线和间接3连阳线完成，下行中每一浪以3连阴线和间接3连阴线完成，这就是常见的浪形节奏规律。

标记3：上行中以10线为轨道沿线，当完成第三浪后收阴收在10线之下，代表止涨做空信号。

标记4：当下降通道形成（5线、10线、20线回到60线之下的空头排列）时，K线一直在10线之下运行。

标记5、6：在主跌浪之后的盘跌中以间接3连阴线完成最后一跌，随后收阳收在10线之上，代表止跌做多信号。

【综合分析】

我们从图154整体来看，这是一张5分钟周期图，对于日内短线操作而言是最佳选择，收益也比较可观，可在突破后或消息发布后的单边行情顺势交易和捂单。例如：5线、10线、20线都在60线之上运行，这三线或两线向上金叉+突破前高点追多后，可一直以沿线捂单到收阴在沿线之下全平，在此之前也可在价格远离5线时减持。有浪形就按浪形规律交易，没浪形就按沿线交易。

【本节总结】

本节主要是引导读者朋友们认识60线、5线、10线、20线的关系和基本运用法，以及理解沿线的重要性，还有两线交叉中继和三线交叉调整结束的识别特征。建议读者朋友们将本节多看几遍，以便完全理解。

第二节　“志尚四线理论”的运用

如果你认可所有K线图市场的K线运行规律都是相通的（因为都与人性相关），那就自然认可这套MA均线系统的理论。笔者认为，对于技术派而言，交易仅分为两种类型，一种是做左侧预期交易，另一种是做右侧顺势交易，如果能将左右侧两种类型结合在一起交易就可被称为技术派高手。只有先完成左侧形态的分析、预测、评估等，当右侧单边行情来临时，才更有底气加仓和捂单以及减仓，如此方能将利润最大化。当然，你也可以只做右侧交易，可以排除左侧形态构成中的不确定性和等待。

案例155

二线判断上涨中继信号

图 155　国际现货黄金在 2019 年的 5 分钟 K 线走势

【图形特征】

标记1：三线上穿60线后，一直沿10线上涨，当多头排列形成后，行情也随之加速。

标记2：一轮K线由短到长释放多头力量后，行情进入止涨回调阶段，回调过程中5线和10线先死叉后金叉，为上涨中继的简单识别信号。

标记3、4：5线和10线由死叉到金叉+突破前高点时，是最佳的做多信号，止损位为10线之下或阴包阳以及前一个低点下。

标记5：单边上涨中注意波浪形、3连线的关系，以及远离5线后有回归的需求。

标记6：在继续上涨的高位，或阶段顶部，先沿10线上行，后收阴在10线之下。虽然三线（5线、10线、20线）由死叉到金叉，但没有突破新高，仍不是做多信号。

【综合分析】

我们从图155整体来看，很多人虽然对中继平台有基本的认识与了解，但仍需要一个衡量的标准依据，所以笔者为了简易教学，借标记2处5线和10线的交叉进行说明。

案例156

二线判断下跌中继信号

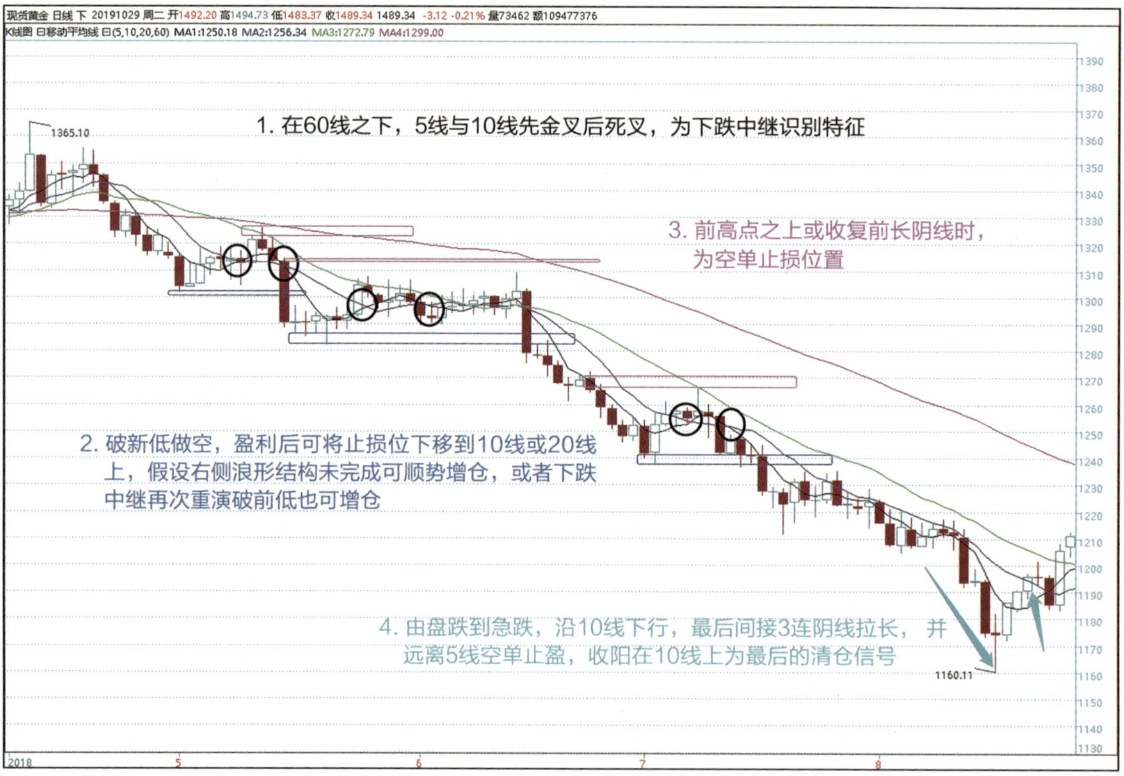

图 156　国际现货黄金在 2018 年 4—8 月的日 K 线走势

【图形特征】

标记1：一轮大单边下跌行情一般会以阶梯式下行，其间会持续出现下跌中继图形。

标记2：5线、10线先金叉后死叉和跌破新低时，都是顺势做空或加仓做空的信号。

标记3：空单的止损位为突破前高点或收复前一根长阴线时，注意在良好的下降趋势中，高、低点不能上移，否则会有反弹或反转的可能。

标记4：一轮单边下跌末端沿5线急跌以间接3连阴线完成，在第三根阴线拉长时理应全部止盈，当收阳（收线）在10线之上时，为空单最后的止盈信号，也是做多信号。

【综合分析】

我们从图156整体来看，一般情况下，一轮单边行情的末端会出现两种现象，一种是行情加速，另一种是行情放缓，请注意这两种节奏。

案例157

三线判断回调到位信号

图 157　国际现货黄金在 2018 年 10 月—2019 年 2 月的日 K 线走势

【图形特征】

标记1：在60线上，回调行情中，5线、10线和20线三线先死叉后金叉，为回调到位、修整结束、重拾升势的预期特征，如果没有突破新高点便会继续横盘。

标记2、3：当突破新高点时为做多信号，随后观察行情运行规律，例如是沿5线上行还是沿10线上行，K线是由长到短还是由短到长，或是两头长中间短，是否与“3+1”浪有关，是否与3连线和间接3连线有关。能观察出这些细节，此轮单边行情便可轻松把控。

标记4：当上涨到末端，行情急拉快涨时，可在远离5线时减持，或以完成3连线为止盈信号。如果高位完成四种浪形结构（见本书第一章）或MACD顶背离，则可逢高全止盈。假设前面一直沿5线或10线上行，一旦出现阴线（收线）在5线或10线之下，则为最后的清仓多单信号。

标记5：当中大周期图看涨时，日线图和小时图均会走出震荡盘升的趋向，上述特征会连续重演。

【综合分析】

我们从图157整体来看，该图走势为日线级别的一轮大行情上涨，如何才能将这一轮大行情的多单捂住呢？“志尚四线理论”可帮助你沿线“开车”，直到出口路标出现时再出来。你也可以切换到周K线，或许行情一直沿5周线上行，这样在视觉上更醒目。

案例158

三线判断反弹结束信号

图 158　国际现货黄金在 2016 年 7—12 月的日 K 线走势

【图形特征】

标记1：在60线下，5线、10线、20线三线先金叉后死叉，为反弹结束的预期。

标记2、4：当行情跌破新低时为最佳的做空信号，止损位为前一根阴线高点之上或前高点之上。

标记3：完成“两头长中间短”的浪形结构后，行情会反转进入新的浪形周期。

标记5：前面的下跌中行情一直沿10线下行，当收阳线在10线之上时，为最后的止盈空单信号，同时也是反向做多的信号。

标记6：当B浪出现反弹时，容易出现诱多行情。

【综合分析】

我们从图158整体来看，特别是在高位或低位，若左侧有四种浪形结构（浪形结构内容详见本书第一章）之一旦行情走完，则可运用“反向收破沿线时反向抓顶或底是最佳”的技巧。例如图158中标记5处，反向抓多，正好买在低位区域，因为左侧浪形周期走完后，都会走新一轮上涨周期。

【本节总结】

本节主要描述上涨中继和下跌中继、回调到位和反弹结束的判断依据。这类情形在任何一轮伸延浪中均会重演，学会运用方法才能把握住超级大行情并赚钱。

第三节　“志尚四线理论”共振

任何一种技术技巧，不管是在同周期图中共振，还是在不同周期图中共振，均为强烈的信号依据，也是预期判断中成功率最高的依据。简而言之，共振信号越多，成功率就越高。

案例159

多头趋势大小周期共振向上

图 159　国际现货黄金日线图和 60 分钟图走势

【图形特征】

标记1、2：日线行情在60线之上运行，60分钟图也在60线之上运行，形成多头共振。日线（三线）交叉上涨后出现长下影十字星线，在60分钟图中，当（三线）交叉并突破新高时做多。

标记3：日线（三线）交叉后3连阳线同比缩短，此时在60分钟图中行情正好跌破沿线，为多单共振的止盈信号。

【综合分析】

我们从图159整体来看，通常做波段交易是以日线图为趋势，从60分钟图中寻找买卖点；做日内短线交易就以60分钟图为趋势，在5分钟图中寻找买卖点；做超短线交易就以5分钟图或15分钟图为趋势，在1分钟图或分时图中寻找买卖点。总之，做交易一定要看两个大小周期，这样既便于把握趋势和买卖点，又便于发现共振信号。

案例160

空头趋势大小周期共振向下

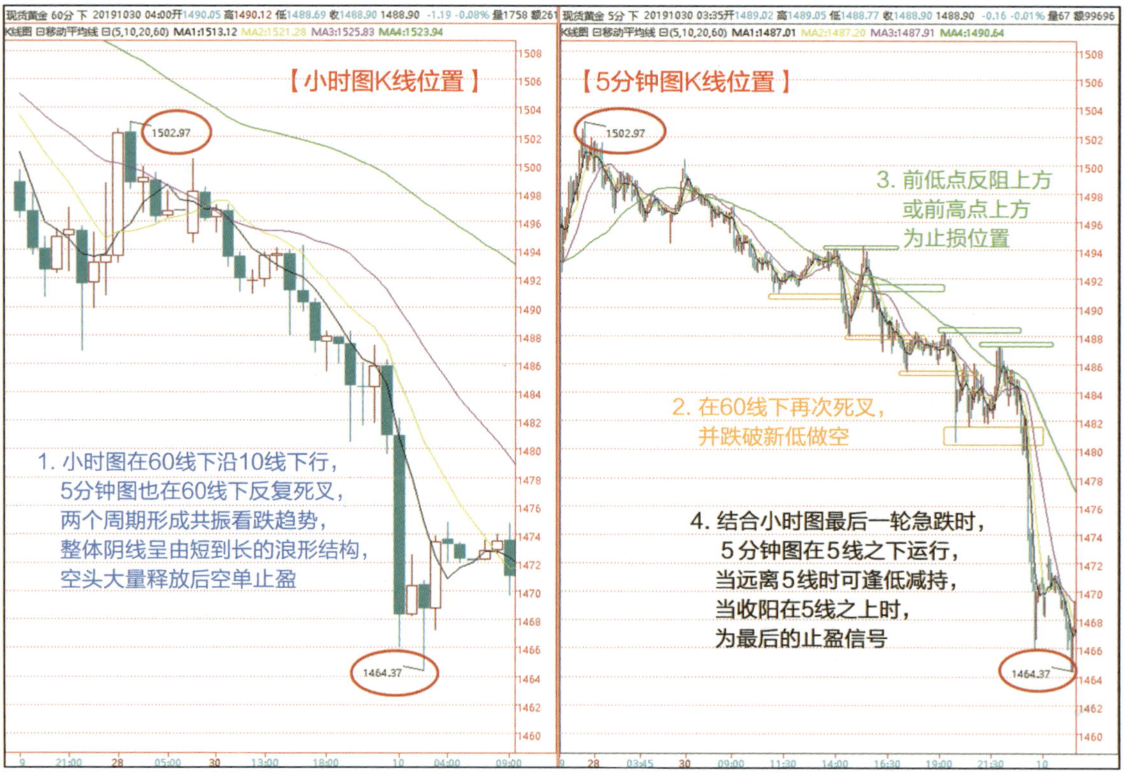

图160　国际现货黄金60分钟图和5分钟图走势

【图形特征】

标记1：60分钟图（小时图）的行情在60线之下运行，随着5分钟图行情也进入60线之下，下跌行情会更通畅。

标记2、3：5分钟图在60线下两线或三线交叉、跌破新低，为做空信号，行情突破前一个高点时为止损信号。

标记4：结合小时图的K线由短到长转急跌，盯着5分钟图在5线之下捂单，直到价格向下远离5线时分批减持，当收阳在5线之上时全止盈。

【综合分析】

我们对图160进行整体分析可知，如果我们只看小时图，出现如图160所示的长阴线时就难以捂空单到最低点，但若切换到小周期图如5分钟图或1分钟图，就会发现或许有三小浪或沿线捂单的依据。

【本节总结】

切记，单边行情越活跃、越顺畅，这种沿线方法越好用，就好比公路越直，开车越容易。所以，当日线或周线以及月线收十字星线时，在小周期图的震荡行情中要慎用此方法。

第四节 “志尚四线理论”在其他交易市场中的运用

前面主要以黄金行情为案例，本节则对不同交易市场中的品种，综合运用“四线理论”进行讲解，便于读者朋友们融会贯通。

案例161

股票四线理论综合运用

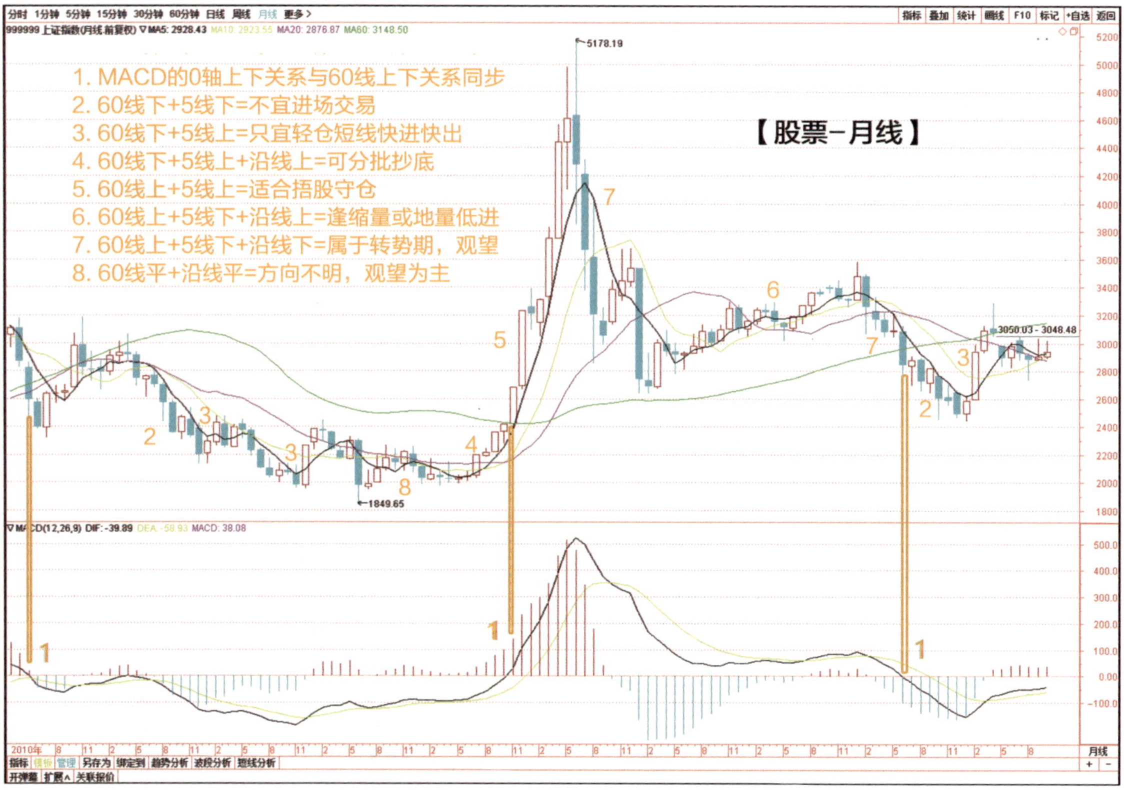

图 161 （股票）上证指数在 2010 年后的月 K 线走势

【图形特征】

请认真阅读图中编号对应位置的说明。

【综合分析】

我们从图161整体来看，股票交易中最需要重视的是大小趋势分析的依据，指数的大小周期图分析是必不可少的。所以，“志尚四线理论”在任何周期图中都适用。

案例162

期货四线理论综合运用

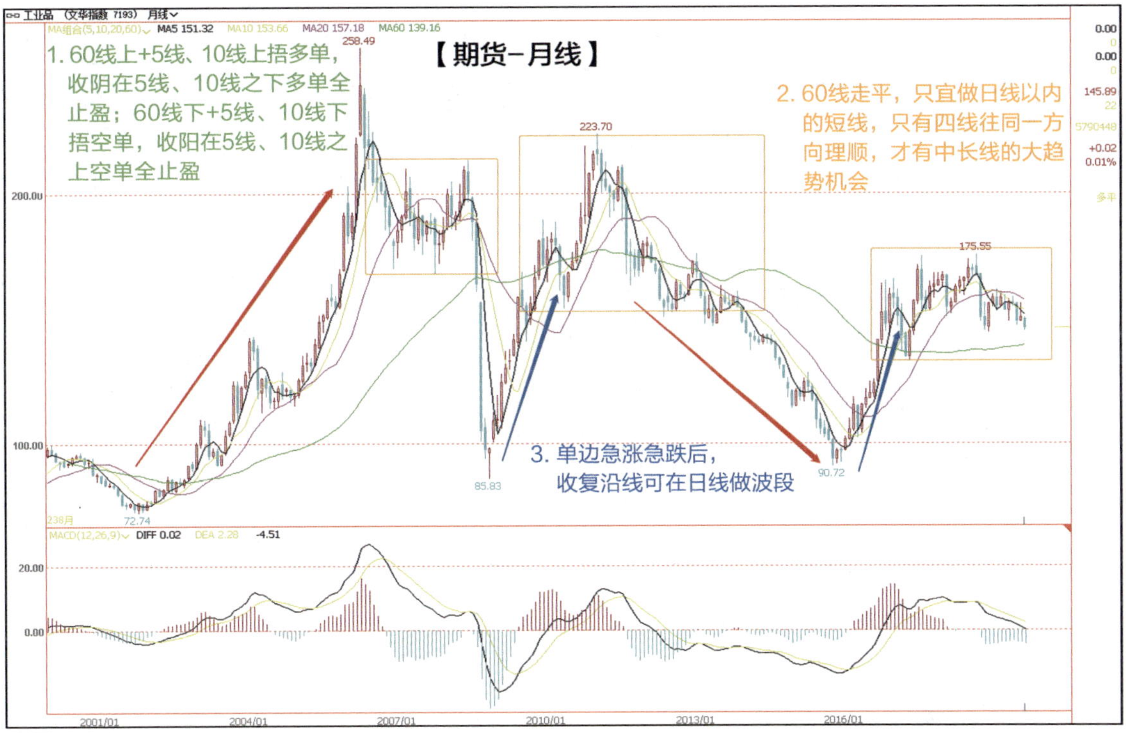

图 162　（期货）工业品指数在 2001 年后的月 K 线走势

【图形特征】

请认真阅读图中编号对应位置的说明。

【综合分析】

我们从图162整体来看，善用四线技巧可在大周期图中把握趋势拐点。另外值得一提的是，在任何周期图中，当60线走平时，说明行情已进入横盘震荡阶段，此时应慎用该技巧，以观望为主。若大周期图横盘，则可抓住小周期图中的小波段机会；若小周期图横盘，则可结合大周期图所处阶段位置，例如大周期图向上，那么可在小周期图横盘中以低多为主。

案例163

黄金四线理论综合运用

图 163 国际现货黄金在 2019 年的 60 分钟 K 线走势

【图形特征】

请认真阅读图中编号对应位置的关系。

【综合分析】

我们从图163整体来看，在60线上出现上涨中继、底部形态、向上变盘突破等多头信号，其后上涨的概率较大；相反，在60线下出现下跌中继、顶部形态、向下突破等空头信号，其后下跌的概率较大。这就是“一线定势”。

案例164

原油四线理论综合运用

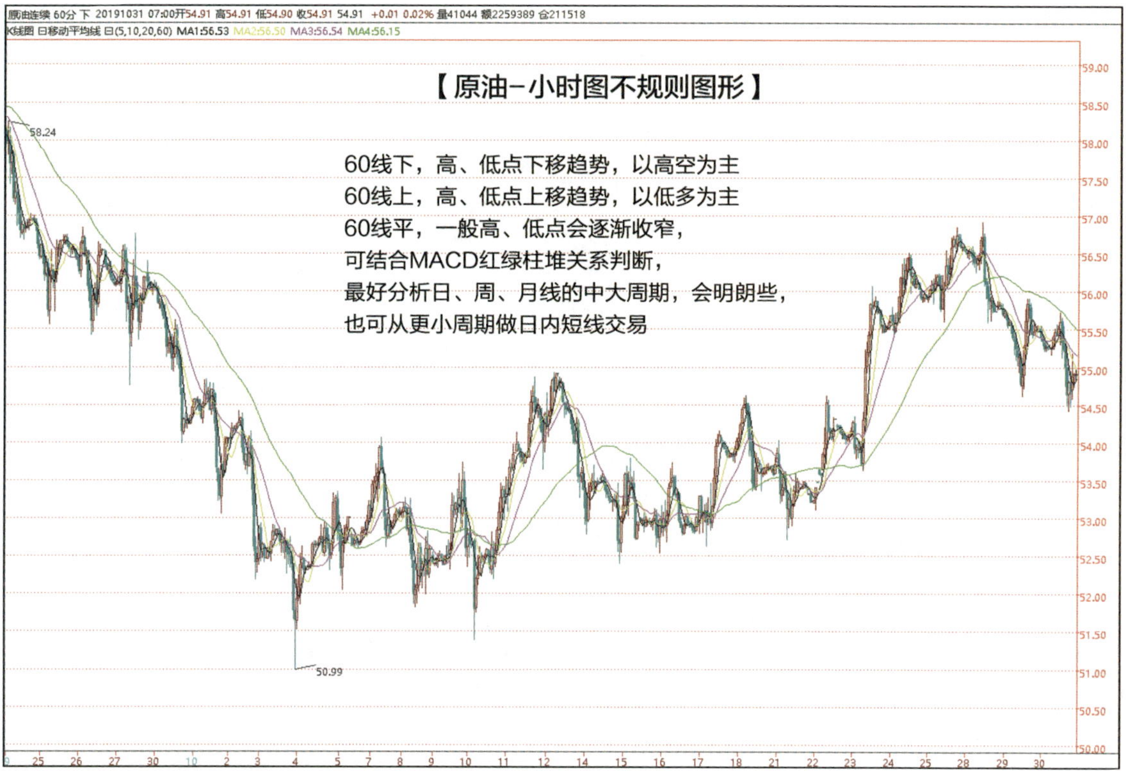

图 164 WTI（美国原油期货连续）在 2019 年的 60 分钟 K 线走势

【图形特征】

请认真阅读图中的文字。

【综合分析】

我们从图164整体来看，任何品种的市场都会出现某一段时间的行情很顺畅或很不顺畅的现象，所以要去适应市场；从中去发现现有的运行规律并利用该规律交易，或者切换到上一个大周期做趋势、下一个小周期做波段短线。最好的办法是放弃该品种的该段行情，选别的市场或别的品种去操作更顺畅的图形，因为我们学的是K线技术，只认K线图不认市场和品种，所以千万不要只守一棵树，一定要灵活变通。当发现该图不利于交易时，一定要换品种。

案例165

外汇四线理论综合运用

图165　（外汇）美元兑澳元在2019年的5分钟K线走势

【图形特征】

请认真阅读图中编号对应位置的关系。

【综合分析】

我们从图165整体来看，在“3+1”浪的第三浪和主升浪阶段，如何捂单到尾？请认真看图中的黄色箭头处，如果前面是沿5线上涨，当收阴线在5线之下时全止盈；如果前面是沿10线上涨，当收阴线在10线之下时全止盈。通常“3+1”浪中最后两个浪形最顺畅，行情幅度往往最大，用“志尚四线理论”可轻松从头赚到尾。

如果还不能熟练运用上述技巧，可在“志尚投教”平台上学习相关视频课程，标题为“志尚量化定式交易模型+右侧顺势交易战法”（此课非常重要），其中第5节讲解的正是四线运用技巧。

【本章综述】

“识别趋势”明确了：60线之上低多，60线之下高空，大小两个周期共振同势可摆脱震荡。

“买入依据”明确了：5线、10线、20线三线金叉后沿线做多，三线死叉后沿线做空。

“减卖依据”明确了：远离5线减持，回抽收到5线或10线全卖，5线与10线反向交叉全卖。

“止损依据”明确了：行情沿5线运行时在10线止损，行情沿10线运行时在20线止损，行情沿20线运行时在超出20线一点处止损。

“捂单依据”明确了：不断盈利后就不断移动止损，除了远离5线减持后的余仓坐等扫移动盈损，再大的行情也能拿到尾。

“空仓依据”明确了：无论什么形态、消息面、震荡，不出现多头排列和空头排列，都不会开仓，要懂得在什么时候应休息。

值得注意的是，当价格一直在60线和20线之上运行时，建议低多为主；当价格一直在60线和20线之下运行时，建议高空为主；当60线和20线持续走平时，建议高空低多为主。在任何周期图中，操作都一样，例如在黄金小时图出现60线和20线平行时，可在1分钟图、5分钟图内做高空低多。

同时，建议在软件中把这四根线调粗一点，特别是要把60线调至最粗，以便一目了然；并且建议采用双周期看盘，例如，对于黄金交易，可以在同一个显示屏中，左边看小时图，右边看5分钟图，如果两图行情都在60线之上运行，就在5分钟图中以低多为主，如果在5分钟图内的60线之上出现“三线或二线交叉+突破前高”的做多信号，也可做多，但此方法在小时图内的行情走横盘时禁用，在小时图走横盘时应在5分钟图中采取高空低多。笔者在此只能抛砖引玉，读者朋友们还需多结合复盘心得和实盘去衡量尺寸。

另外，单就A股交易而言，笔者认为：指数或个股以5月线、5周线、5日线判断趋势强弱（在之上运行为强势，在之下运行为弱势）；以A股涨停家数判断当天的趋势强弱（当前A股共有3800多只上市股票，涨停家数达到1%即40只左右时，为强势，可交易市，低于40只为弱势，应防守或规避市）；用竞价图（买卖已匹配量与未匹配量+竞价曲线方向）判断个股当天强弱；用10点30分（容易变盘的时间窗口）之后的走势判断随后或下午的走势；用成交量（下跌至底位或上升中的回抽低位以地量+温和放量起涨点买入，以高位放巨量卖出）判断个股买卖点位；用“三低一高”（低估值、低市值、低价格、高成长）优选行业板块与潜力个股。若想获取与这些相关的视频课程，可联系笔者。

除了本章“志尚四线理论”的右侧顺势交易之外，笔者还有一个“绝招”，那就是结合MACD指标的右侧顺势交易战法，其最奇妙之处是能“买在拐点和卖在拐点”。例如做多，能买在起涨点，止盈在反转点。由于该章节篇幅关系，笔者将在《一种交易模型赢遍全球市场》和《做精期货一本通》这两本书中予以详细说明。因为，这一招非常有利于搭建交易模型体系和期货程序化自动交易。

第五章　K线图量价关系买卖

在部分K线图市场当中，可通过量价关系逃顶和抄底、识别增减仓的信号。

导　读

成交量是由市场交易中的真金白银（资金出入量）形成的，成交量体现了买卖成交后的量能变化。大事往往由小事开始发展，观察量价中的各种细微变化可判定大的变化。所以，在股票、期货以及原油交易市场中，对成交量的分析极其重要。特别是“量价时空”技巧，它是股市中的赚钱密码，因为“量价”密不可分。

第一节　上证成交量判断大盘顶底

很多人仅对个股的成交量有所研究，却忽略了大盘指数成交量的重要性，特别是大盘顶底部的成交量变化情况，其实这更值得读者朋友们用心学习与研究。笔者凭借多年的经验与几轮牛熊市的经历，总结出以下几种判断技巧，精准度极高。虽然笔者在《做精一只股（彩图版）》中也描述过这些技巧，但在本书中还是不得不提。

案例166

顶底相差10倍量判断熊末牛初

图 166　（股票）上证指数在 2015 年 6 月后的日 K 线走势

【图形特征】

黄色标记：在大幅上涨后的高位阶段中，连续3个交易日的成交量剧增3000亿，由10523亿增至13099亿，一周后探顶转跌进入熊市。

黑色标记：在大幅下跌后的低位阶段中，成交量由13000多亿降至1200多亿，缩减约10倍，随即行情开始转涨走牛。

红色标记：在低位3个月的盘跌过程中，共间接性出现13次低于1000亿的地量，从前面顶部区域的3000亿到1000亿，缩减2/3，随后行情出现大V形反转。

【综合分析】

虽然俗话说“熊市不言底”，但熊市并不是没有逻辑可循，例如图166中的历史数据证明，从顶部到底部的成交量的10倍之差，简单易识别。

案例167

持续5次地量后判断熊市底部

图167 （股票）上证指数在2018年7—12月的日K线走势

【图形特征】

熊市越漫长，构底时间越长；构底时间越长，出现的地量次数就越多。图167中第5次地量后开始探底或构底，可以开始选股及分批买入。

除此之外，还需注意阶段性地量和天量的阶段顶底关系：2019年8月13日出现1540亿的地量后，上证指数上涨200多点，在3402亿后的第6个交易日探顶下跌三个月。

【综合分析】

我们从图167整体来看，第10次左右地量均为底部区域。所谓“地量之后有地板价”，但要注意：998点前后是低于50亿为地量，1664点后是200多亿为地量，1949点前是300亿为地量，1849点前后是600多亿为地量，2638点后是1200多亿为地量，2440点前是低于1000亿为地量。随着新股不断发行，投资者不断增多，市场容量不断增加，地量也不断递增。例如再往后几年，地量应为2000亿之下，再过10年的地量应是3000亿左右。

案例168

短期急增500亿注意探顶回调

图168 （股票）上证指数在2019年1—5月的日K线走势

【图形特征】

随着量价短日内剧增，再加上MACD顶背离共振，行线不得不反转。

【综合分析】

我们从图168整体来看，判断底部的方法技巧有很多，但在高位判断顶部的技巧很多人知之甚少。面对图168中这种高位成交量在数日内剧增数百亿的情况，须提防探阶段顶或大顶。值得一提的是，因为上证指数包含的权重成分股较多，市值较大，所以只关注上证指数成交量变化即可，不必关注整个A股的总量变化。

案例169

短期急减500亿注意探底回升

图 169 （股票）上证指数在 2019 年 4—10 月的日 K 线走势

【图形特征】

与图168相反，数日内急减数百亿，很可能是短期回调到位，留意止跌回升的预期。

【综合分析】

我们从图169整体来看，图中三组走势不同的是，急减越多，构成上涨潜力越大。再例如，2020年4月13日成交量为1841亿，而前一个交易日成交量为2464亿，急减623亿，14日高开高走收中阳线。

【本节总结】

这只是一种针对大盘指数的直观辅助分析，运用中还需灵活把握，同时这对账户仓位控制也能起到一定的参考作用。例如2019年前后标准：上证成交量在2000亿以下，仓位不能超过3成，或者直接休息观望，因为此时属于弱市行情，可交易机会不多，赚钱效应低；上证成交量在3000亿～6000亿之间，仓位可以随意调配，因为此时属于活跃市行情，交易机会多，赚钱效应高，但还需结合实时变化与把握上述急剧增减关系。

第二节 个股15种量价关系分解

笔者凭借多年对股票成交量变化的研究，总结出15种量价类型，其中包括买入、卖出和观望的信号之分，这对于股民来讲极为重要。本节内容在“志尚投教”平台的“股票高级篇系列视频课程”中也有讲解。读者朋友们一定要慢慢品读，学习、弄懂一种后再学下一种，不然会觉得不知所云，或者结合相关视频课程同步书本学习，因为视频课程中每种类型都配有多张图解，而书本由于页面有限，一种类型只配有一张图解。

案例170

量价平衡分析法

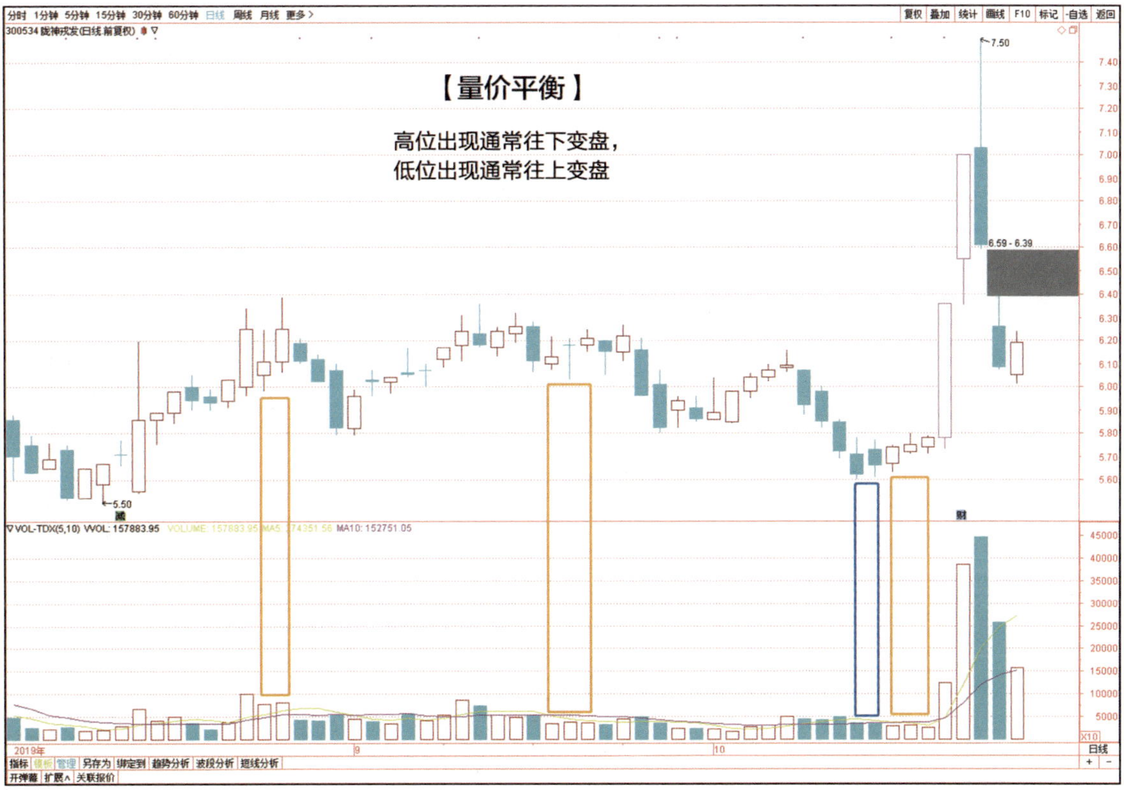

图 170 （股票）陇神戎发（300534）在2019年8—10月的日K线走势

【图形特征】

阳量：量平价升看涨，量平价平看跌。

阴量：量平价跌看跌，量平价平看涨。

【综合分析】

我们从图170整体来看，当高位出现阳量，随后走平，而价格并没有上涨时，通常预计后期下跌，因为价格没涨但量能维持一样，说明其中有卖出的量；当低位出现阴量，随后走平，而价格在下跌时，通常预计后期上涨，因为价格下跌时量能没有增加，而是维持一样，说明无量可跌。

（阳量）量平价升：说明当天净买入较多，日内卖盘较少。同时也体现出无须太多的资金和太大的力度就能拉动价格上升，往往出现在极低位或上涨中继阶段。

（阳量）量平价平：主要看K线阶段位置是高位还是低位、量能同比前面是极小还是微小，往往出现在横向修整阶段。

（阴量）量平价跌：与（阳量）量平价升相反。

（阴量）量平价平：与（阳量）量平价平相反。

案例171

量价并增分析法

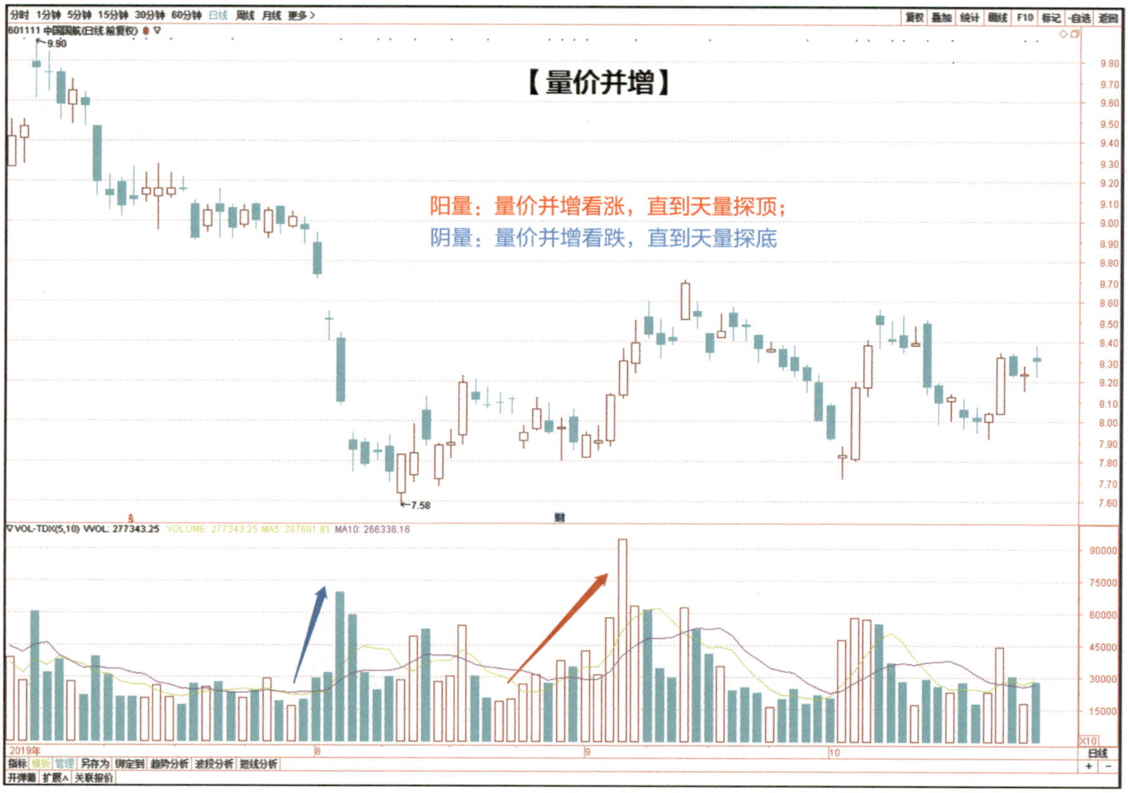

图 171 （股票）中国国航（601111）在 2019 年 7—10 月的日 K 线走势

【图形特征】

阳量：量价并增看涨，随后阴量会缩减。

阴量：量价并增看跌，随后阳量会缩减。

【综合分析】

我们从图171整体来看，随着行情逐步下跌，阴量增长，当天量出现时为底部特征；随着行情逐步上涨，阳量增长，当天量出现时为顶部特征。因为这属于一种多空释放的过程，释放完之后行情往往会反转。

（阳量）量价并增：往往出现在起涨阶段或调整到位后的重拾升势阶段，一般也就持续三五天，随后能再缩量或地量回踩，这才是健康的上行通道趋势，相反若随后的阴量仍然放大或持续长上影放巨量，则是探顶部或阶段顶的信号。

（阴量）量价并增：与（阳量）量价并增相反。

案例172

量价并缩分析法

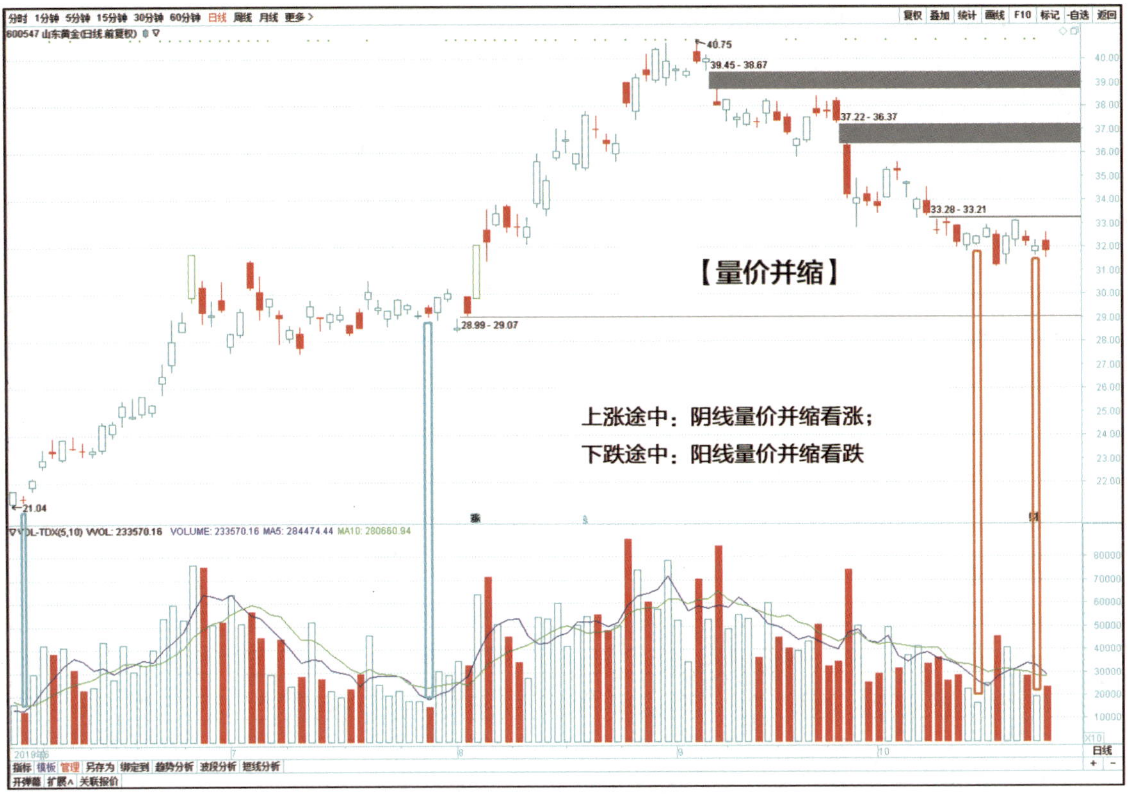

图 172　（股票）山东黄金（600547）在 2019 年 6—10 月的日 K 线走势

【图形特征】

上涨途中：阴线量价并缩看涨。

下跌途中：阳线量价并缩看跌。

【综合分析】

我们从图172整体来看，上涨途中出现阴线“量价并缩”更有利于上涨；下跌途中出现阳线“量价并缩”更有利于下跌。

（上涨途中）量价并缩：无论是阳线还是阴线，短暂回踩或修整时，只要价格和量并缩，都属于健康的单边上升趋势。

（下跌途中）量价并缩：与（上涨途中）量价并缩相反。

案例173

量增价缩分析法

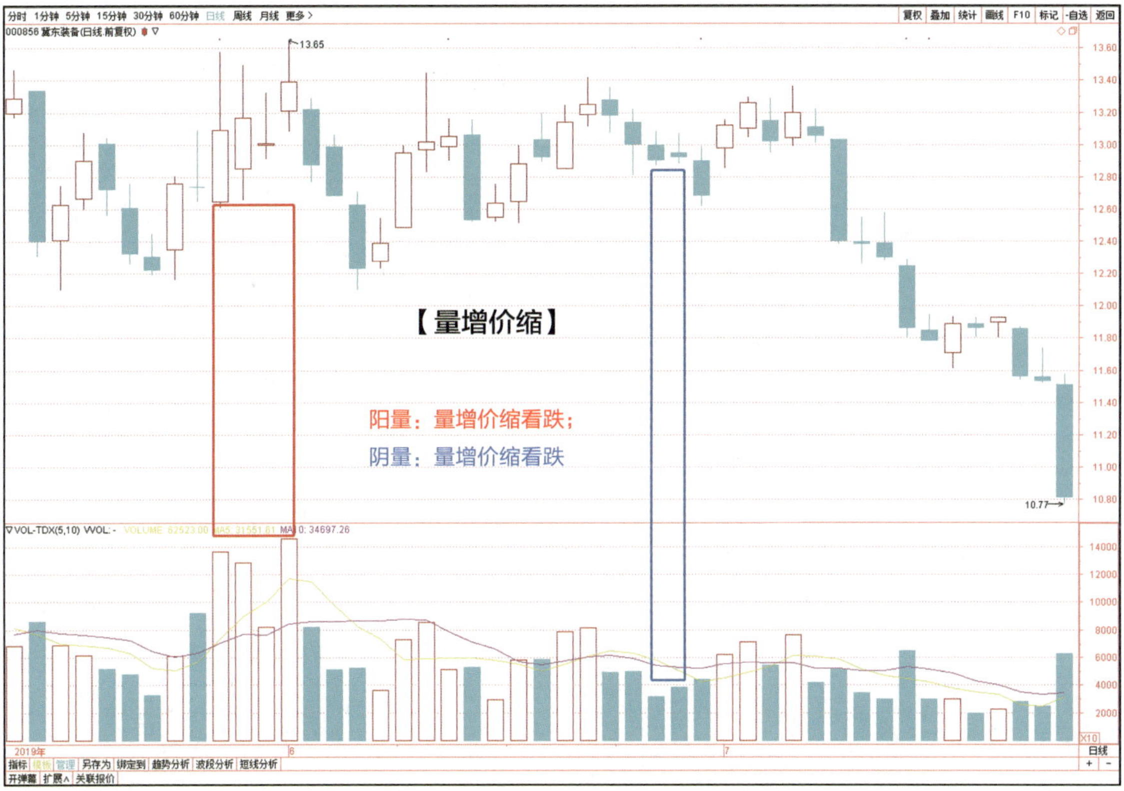

图 173 （股票）冀东装备（000856）在 2019 年 5—7 月的日 K 线走势

【图形特征】

阳量：量增价缩看跌。

阴量：量增价缩看跌。

【综合分析】

我们对图173进行整体分析，得出以下结论。

阳量增价格没怎么上涨：说明卖盘较大，导致量增加但价格没上涨多少。如果随后出现放大量的大阳线改变格局，接着再缩量回踩，则继续起涨（看涨）；若出现在高位磨顶或下跌中继中，则继续看跌。

阴量增价格没怎么下跌：说明买盘较大，导致量增加但价格没下跌多少。如果随后迅速缩至地量，再温和放阳量，则是构底信号；若出现在高位或下跌初期阶段，则后期继续看跌。

案例174

量缩价增分析法

图 174 （股票）汉钟精机（002158）在 2019 年 6—10 月的日 K 线走势

【图形特征】

阳量：量缩价增看涨。

阴量：上涨中途量缩价增看涨，下跌中途量缩价增看跌。

【综合分析】

我们对图174进行整体分析，得出以下结论。

（阳量）量缩价增：量持续平衡或中间某根缩小，但价格呈上涨之势，说明净买较多，往往处在低位起涨或上涨中继时。

（阴量）量缩价增：与（阳量）量缩价增相反。

案例175

地量变盘分析法

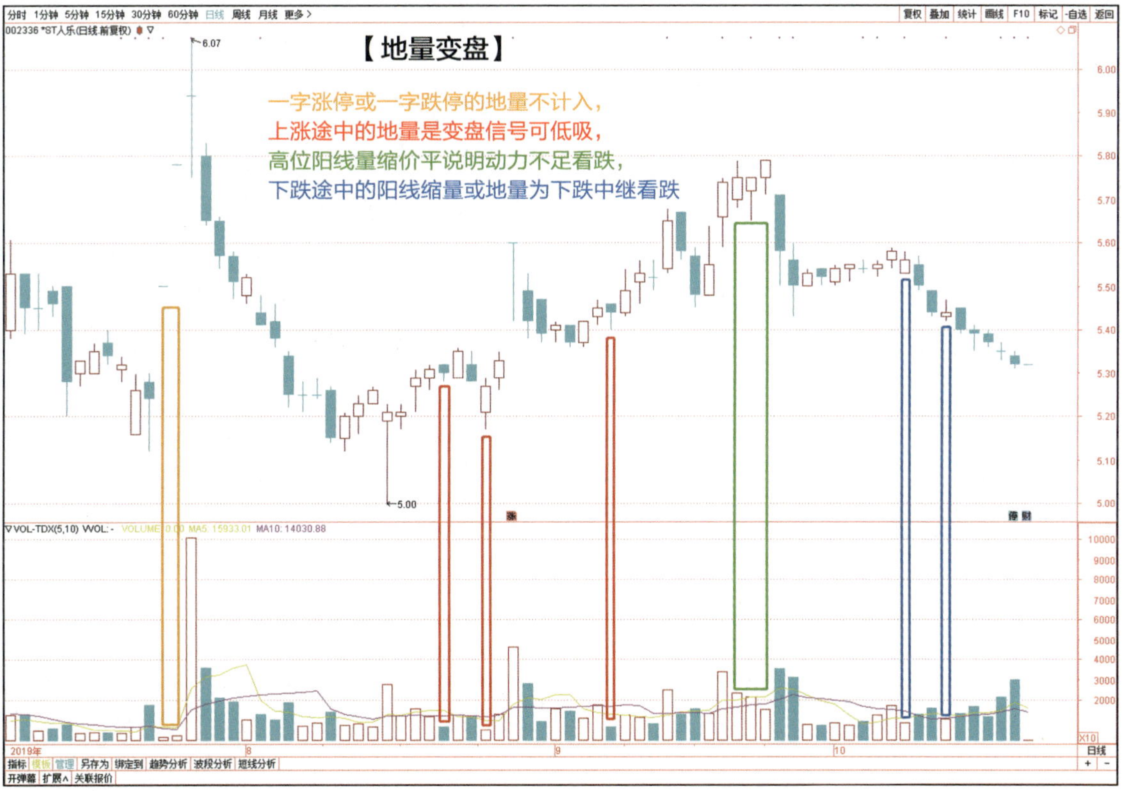

图175 （股票）*ST人乐（002336）在2019年7—10月的日K线走势

【图形特征】

起涨阶段看涨，高位阶段看主升；转跌阶段看跌，低位阶段看反转；快速封板不计入。

【综合分析】

我们对图175进行整体分析，得出以下结论。

上升趋势中，任何位置只要出现地量阴线或地量十字星线，都是低吸的机会。

下降趋势中，任何位置只要出现地量阳线，就说明还没跌到位，直到出现地量区域内“阳肥阴瘦”（指阳线放量、阴线缩量）构底，再结合指标底背离条件，才有构底回升的潜力。

案例176

温和放量分析法

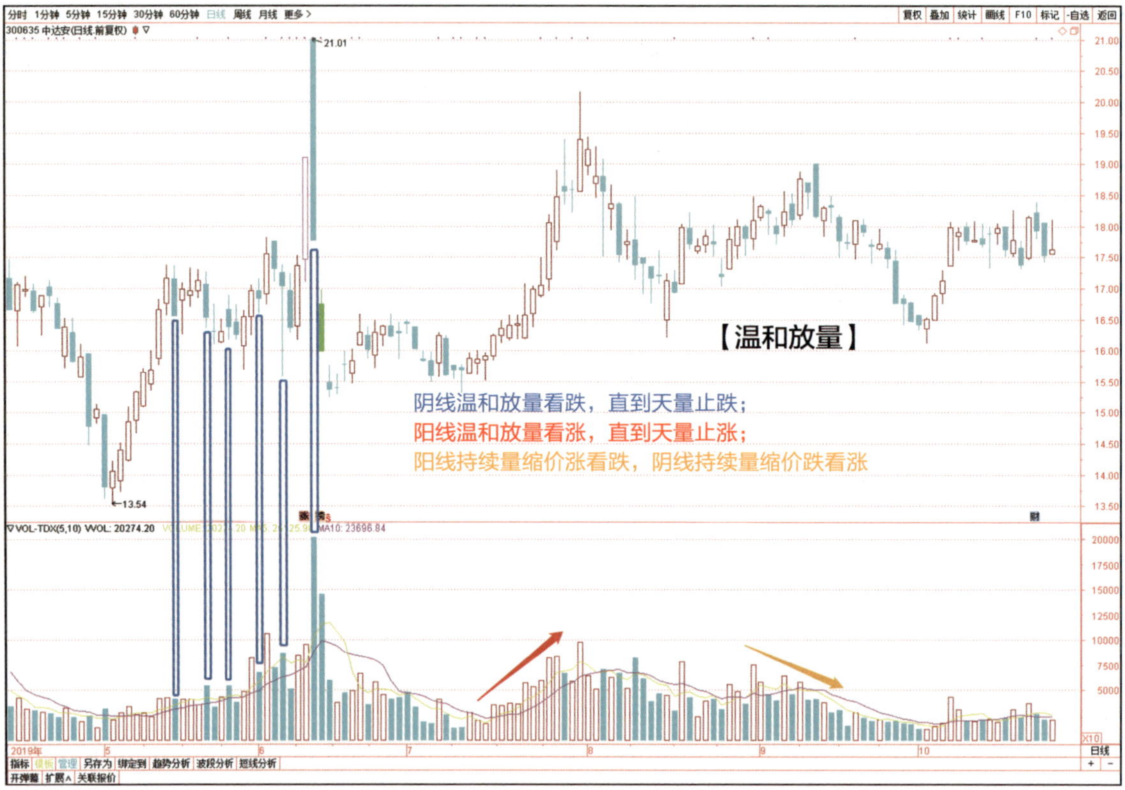

图 176 （股票）中达安（300635）在 2019 年 4—10 月的日 K 线走势

【图形特征】

阳量（温和放量）看涨——后市看跌。

阴量（温和放量）看跌——后市看涨。

地量后（温和放阳量）——看涨。

地量后（温和放阴量）——看跌。

【综合分析】

我们从图176整体来看，持续温和放量的线一般能持续5根左右，通常，出现在低位起涨时为阳量，在高位转跌初期为阴量。低位缩量阴线后或地量星线后出现温和放量阳线均为起涨点信号，相反，在高位修整后或下跌中继后出现温和放量阴线为转跌拐点信号。

案例177

逐渐缩量分析法

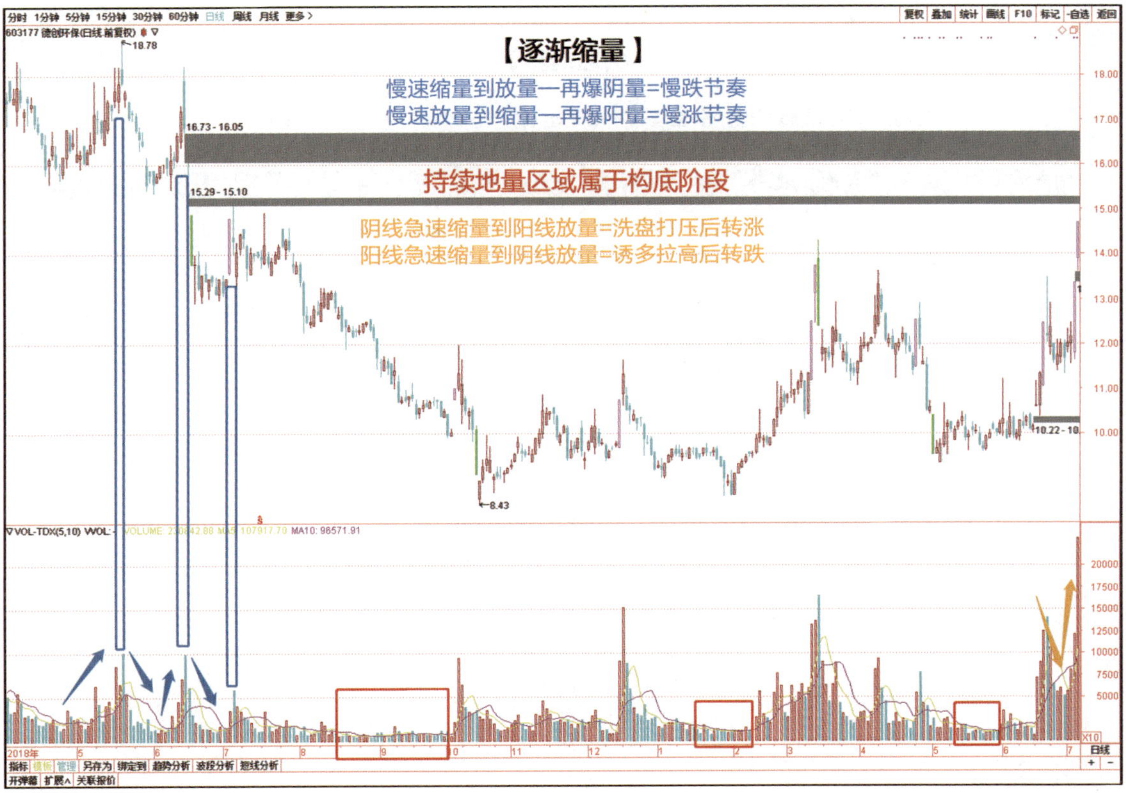

图 177 （股票）德创环保（603177）在 2018 年 5 月—2019 年 6 月的日 K 线走势

【图形特征】

急速缩量是短暂打压，慢速缩量到地量是洗盘，重复慢速缩量是走熊。

【综合分析】

我们从图177整体来看，一轮上涨后迅速或逐渐缩量是打压，快则三天左右（长阴短量），慢则一周左右，在出现地量+温和放量起涨点后再回升。在构假顶（阶段顶）时慢速逐渐缩量是洗盘，但低点一般会在前低点之上有支撑，时间周期一般为一个月左右，或构出《做精一张图（彩图版）》中提到的EXPMA“蜻蜓点水”形态，同样会出现地量+起涨点的信号。相反，如果回调中破前低和左颈线（导致低点下移），再反复逐渐缩量后下跌，则属于慢熊状态。

案例178

山地堆量分析法

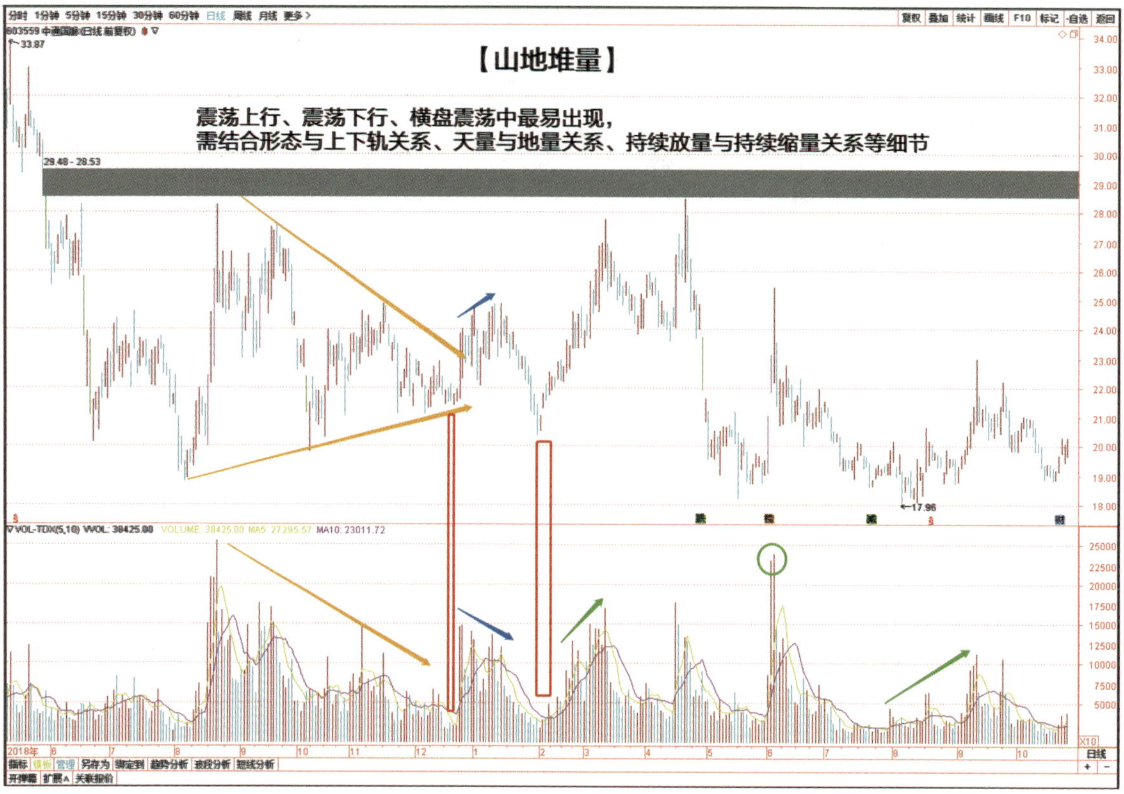

图 178 （股票）中通国脉（603559）在 2018 年 6—10 月的日 K 线走势

【图形特征】

阳线放堆量价不涨——看跌。

阴线小堆量价不跌——看涨。

【综合分析】

我们从图178整体来看，山地堆量一般出现在上行、下行、横盘中的震荡行情。操作方面可逢谷底出现缩量或地量时买进，在峰顶出现放量或天量时卖出。如果持续或频繁地出现堆量中阴量多阳量少、阴量放大突出、阳量缩减，则是偏空信号，最好别碰。

通常震荡上行时阳量多又长，震荡下行时阴量多又长。

案例179

三堆量变分析法

图 179 （股票）综艺股份（600770）在 2017 年后的日 K 线走势

【图形特征】

三堆量能递增——走完后行情会反转。

三堆量能递减——走完后行情会反转。

【综合分析】

我们从图179整体来看，三堆量变是指最近的三堆量能变化，在前高点后的一轮下跌中出现三堆量能，或在前低点后的一轮上涨中出现三堆量能，走完之后行情均有可能反转或回调。实操当中可运用此技巧去做上行中第三堆递增量，例如当第二堆量能比第一堆量能大时，可推断会有第三堆更大的量能出现。相反，如果持有的个股已经在上涨中走完三堆量能，则需注意回调风险，应在第三堆量能走完前逢高卖出止盈。等回调修整结束后，出现第二堆量能递增时才可以再买入。

案例180

无规则量分析法

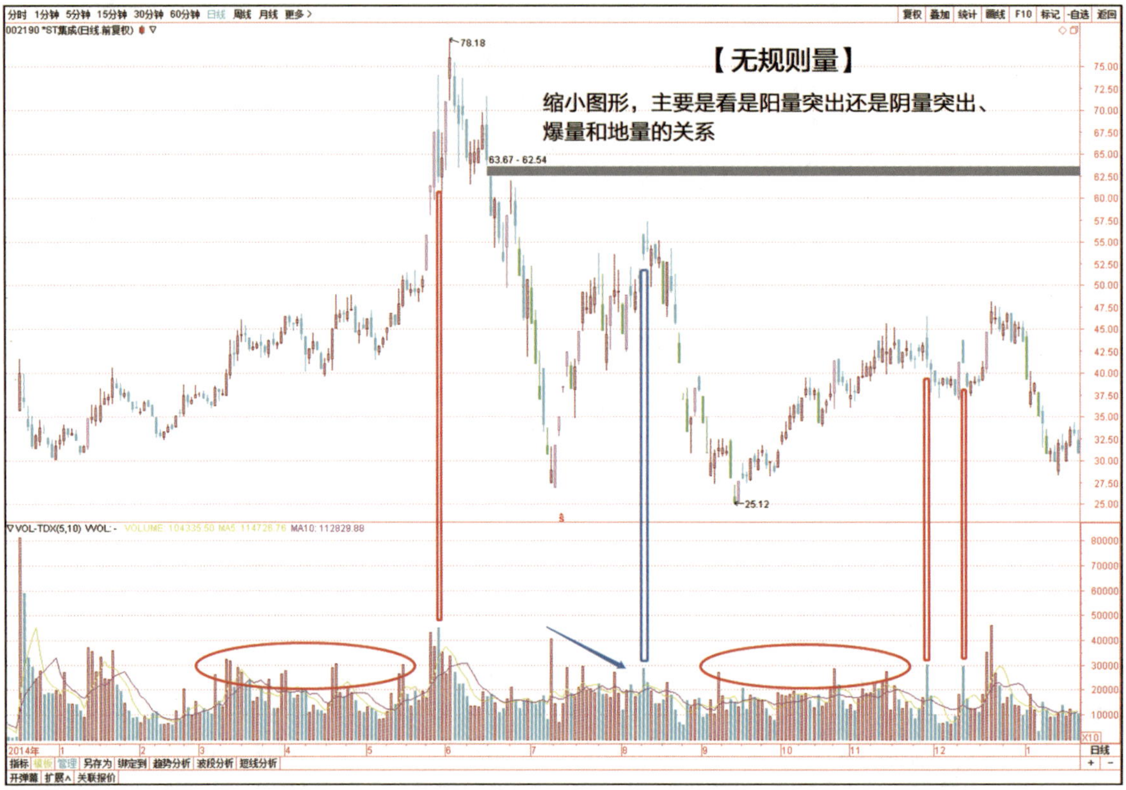

图 180　（股票）*ST 集成（002190）在 2014 年 1—12 月的日 K 线走势

【图形特征】

放大图形会看不清规律，需缩小图形；缩小图形看得宽，自然明白当前所处阶段位置和运行规律，或结合指标背离关系来辅助判断。

【综合分析】

我们从图180整体来看，在震荡上行时阳量柱比较突出，震荡下行时阴量柱比较突出，横向震荡时阴阳交叉量比较突出。

案例181

阳肥阴瘦分析法

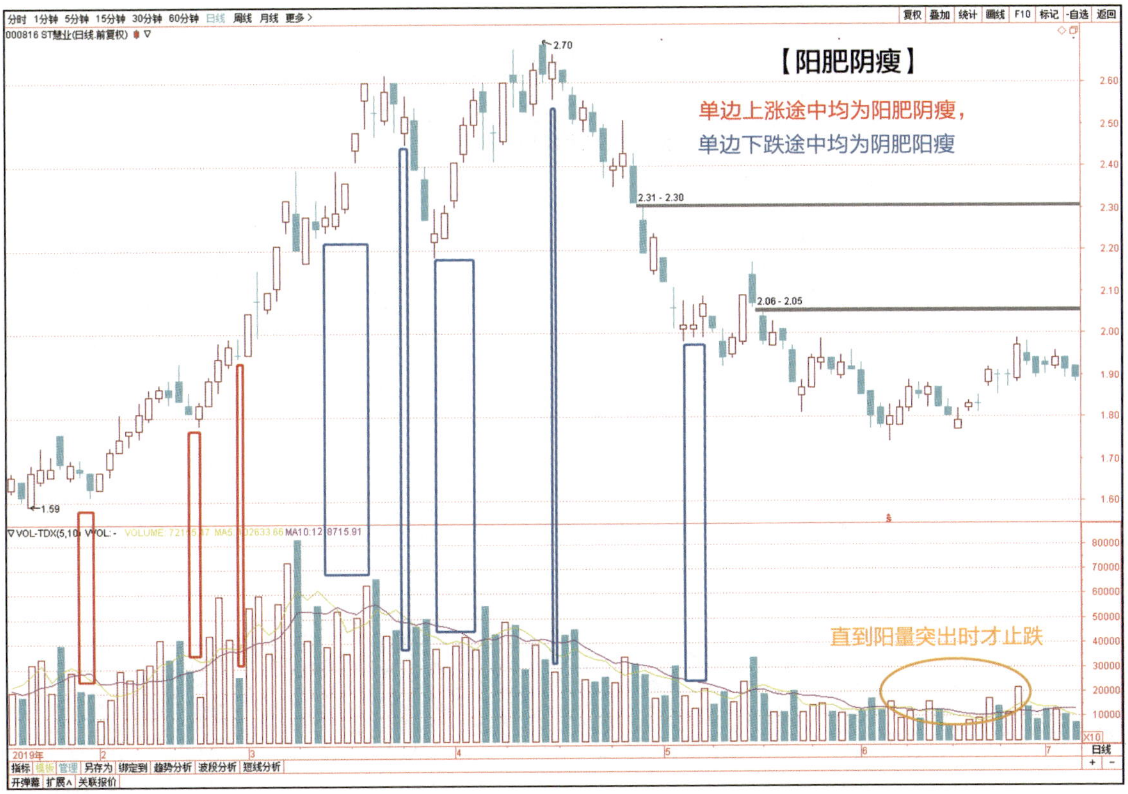

图 181 （股票）ST 慧业（000816）在 2019 年 2—6 月的日 K 线走势

【图形特征】

这类情形在主力建仓期和主力拉升期最常见，也是所有强势股持续上涨时最明显的特征，上升通道中每出现缩量阴线或地量星线，都是低吸的机会。

【综合分析】

我们从图181整体来看，阳量增阴量缩属于良好的上行趋势，但又可分为主力建仓期、拉升期、主升浪期。主力建仓期可能偶尔还会放大阴量，但近一个月的走势整体还是阳量放大突出。拉升期阳量居多，阴量居少且以缩量和地量为主。主升浪期先有缩量阴线，难有地量出现，随后高位便是阳量缩阴量增，是构顶信号。有的主升浪之前或震仓中会出现天量阴线，但很快以缩量阴线企稳止跌，再急速放递增阳量。

阴量增阳量缩在下降趋势中最容易出现，在上涨趋势中的洗盘阶段和构顶阶段也会出现，阴阳交叉中频繁出现阴量增阳量缩时，要注意转势为空。

案例182

阳多阴少分析法

图182　（股票）大禹节水（300021）在2018年6月后的日K线走势

【图形特征】

图182中多头成交活跃，在建仓阶段、拉升阶段、主升浪阶段等阶段中常出现。

【综合分析】

我们从图182整体来看，运用阳多阴少分析法，一可以评估一只个股长期以来的活跃度，二可以评估短期波段中的活跃度，三可以从主力做盘手法中去评估K线力度规律，四可以观察是否有规律可循或是否有良好、健康的上涨形式，而不是无规则的乱序震荡。如果你选择的个股在近期几个月内，常出现阳线多阴线少，阳量增阴量缩，说明股性活跃，不容易被套，只要低进式买入就有赚钱的机会。

案例183

阴多阳少分析法

图 183　（股票）国药股份（600511）在 2018 年 3—9 月的日 K 线走势

【图形特征】

阴多阳少常出现在高位震仓出货阶段、出货转跌阶段、低位中继阶段、下行阶段中，表现为阴肥阳瘦的特征。

【综合分析】

我们从图183整体来看，持续的阴多阳少，一般出现在顶部和下降通道中，特别要注意小阴线和小阳线持续的阴多阳少，因为盘跌后极可能转急跌。只有出现在低位地量区域后，逐渐转为阳多阴少和阳肥阴瘦的情况，才有反转回升之势。

案例184

阴阳交叉分析法

图184 （股票）江苏国信（002608）在2018年1—5月的日K线走势

【图形特征】

在构底阶段出现：人心未稳，容易出现阴阳交叉但阳长阴短。

在横盘阶段出现：高位和下跌中继容易出现阴阳交叉。

在洗盘阶段出现：频繁打压洗盘时容易出现阴阳交叉。

在震仓阶段出现：主升浪前的震仓阶段容易出现阴阳交叉，放阴量出货诱空。

在出货阶段出现：边拉边出货时容易出现阴阳交叉。

【综合分析】

我们从图184整体来看，在大图形中，时而放大阴量缩小阳量为构顶特征，时而放大阳量缩小阴量为修整蓄势待发特征。另外，例如一些白马股、蓝筹股、长牛股、慢牛股，也均有可能出现阴阳频繁交叉现象，建议用周线、月线去分析。

【本节总结】

常用量价关系口诀：

1. 缩量上涨还会上涨，缩量下跌还会下跌。
2. 放量上涨必会回落，放量下跌必会反弹。
3. 缩量不跌，筑底成功；放量不涨，顶部将现。
4. 量大成头，量小成底。
5. 无量顶不跌，后市必有主升浪；无量底不涨，后市必有主跌浪。
6. 放量顶下跌，后市调整漫长；后量超前量，股价也跟上。

第三节　原油成交量判断波段顶底

在A股市场中，“量价形态”是行情运行中的基因，“一根K线一根量”“一堆K线一堆量”决定着趋向。在T+0的国内期货与国际原油市场中，其成交量的阶段性巨变将影响波段行情趋势。

关于原油成交量的爆量分类特征：

爆量是指行情上涨或下跌到一定幅度时，呈现出一种多空力量释放的走势，从而爆出短期或中长期以来的巨量，但不计星线爆量。

一、低位爆量

1. 低位爆阴量，是指在一轮下跌后的低位，空头在急跌中爆阴量释放的特征，随后不久可能会由空转多，观察是否伴有阳肥阴瘦或阳量递增以及阳量吞没阴量的确认信号，从而确认行情是否有反转为多头的信号。

2. 低位爆阳量，是指在一轮下跌后的低位，空头在盘跌中爆阳量反转的特征，随后可能出现多头“占山为王”，观察是否伴有阳肥阴瘦或阳量递增的确认信号，若再出现阴量吞没前面爆出的阳量，那么前面的爆阳量将失效。

二、高位爆量

1. 高位爆阳量，是指在一轮上涨后的高位，多头在急涨中爆阳量释放的特征，随后不久可能会由多转空，观察是否伴有阳瘦阴肥或阴量递增以及阴量吞没阳量的确认信号，从而确认行情是否有反转为空头的信号。

2. 高位爆阴量，是指在一轮上涨后的高位，多头在盘升中爆阴量反转的特征，随后可能出现空头“占山为王”，观察是否伴有阳瘦阴肥或阴量递增的确认信号，若再出现阳量吞没前面爆出的阴量，那么前面的爆阴量将失效。

三、细节提示

1．有时爆量后行情会立即反转，有时会延迟几根K线后才反转。

2．爆出的量有大有小，请将K线图缩小，方便对比前一段时间以来的量，要观察此次爆出的量能是否超过前段时间以来的量，才能确定是否为真正的爆巨量。

3．本判断方法可用于原油市场中的任何周期图，但常用的是日线图、5分钟图以及1分钟图。

4．爆量形式可分为“堆量持续递增”“3根递增爆量”以及“单根急于爆量”。

案例185

高位爆量判断阶段顶

图185 WTI（美国原油期货连续）在2019年4—11月的日K线走势

【图形特征】

标记1：在前面最高价66.60美元后一路下跌，直到阴量在短期内持续释放，随后再爆出阳量时，行情开始反弹回升。接着在二次探底时该形态重复上演。

标记2：在反弹中的高位，开盘跳空高开时爆出巨大阳量，次日再爆出近期以来最大的阴量，行情随即反转为空头，一个波段跌幅超过10美元。

【综合分析】

我们从图185整体来看，其先是出现一堆阴量持续递增，再是3根递增阴量，后是单根K线急于爆阳量和阴量。特别是标记2处的阴量，虽然没有吞没前一根阳量，但这根阴量也大于前一段时间以来的最大阴量，所以仍然是“由多转空”的确认信号。只要后面短期以内阳量没有大于这根阴量，行情就将以跌为主。

案例186

低位爆量判断阶段底

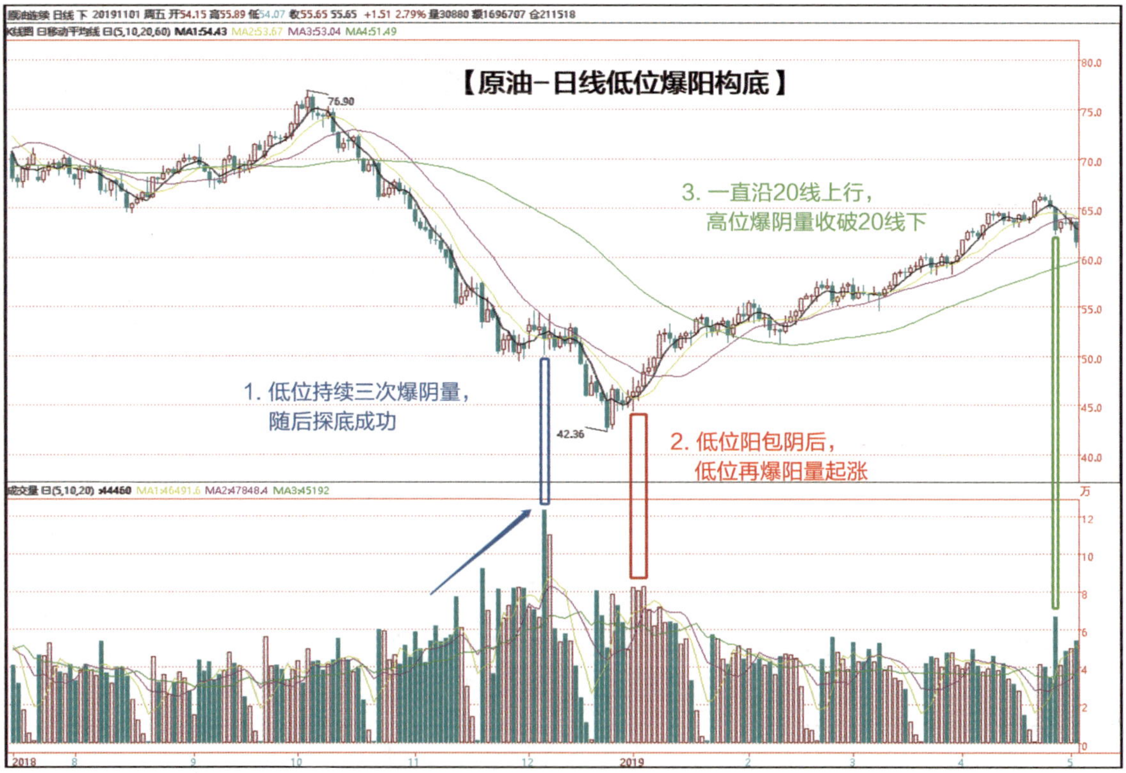

图186　WTI（美国原油期货连续）在2018年8月—2019年4月的日K线走势

【图形特征】

标记1：在一轮下跌后的低位出现3根最显眼的递增阴量，属于空头在大量释放力量的情况，空头力量释放完后，行情才有机会转为多头。

标记2：虽然前面爆阴量的次日爆出阳量，但行情仍然再次探底，也可理解为最后一跌，直到扎堆阳量后行情正式回升。

标记3：回升中一直沿20线上行，直到高位左侧低点反阻时，在20线下收阴，同时爆出高位阴量，说明行情有回调反转之势。

【综合分析】

我们从图186整体来看，这是一张日K线图，运用低位爆量判断技巧，可以轻松把握大波段行情。如果在现货市场做高杠杆交易，1美元的行情收益可翻1倍，10美元的行情收益可翻10倍，而图中右侧一轮上涨超过20美元。同理，将国际原油走势分析运用在国内期货市场中的大部分品种，同样可以把握波段以及中线交易机会，特别是化工类的品种几乎与原油走势同步。另外，原油是全球大宗商品的龙头，原油的涨跌趋势将直接影响整个大宗商品期货市场的涨跌趋向。

案例187

高位爆阳量后再爆阴量反转看跌

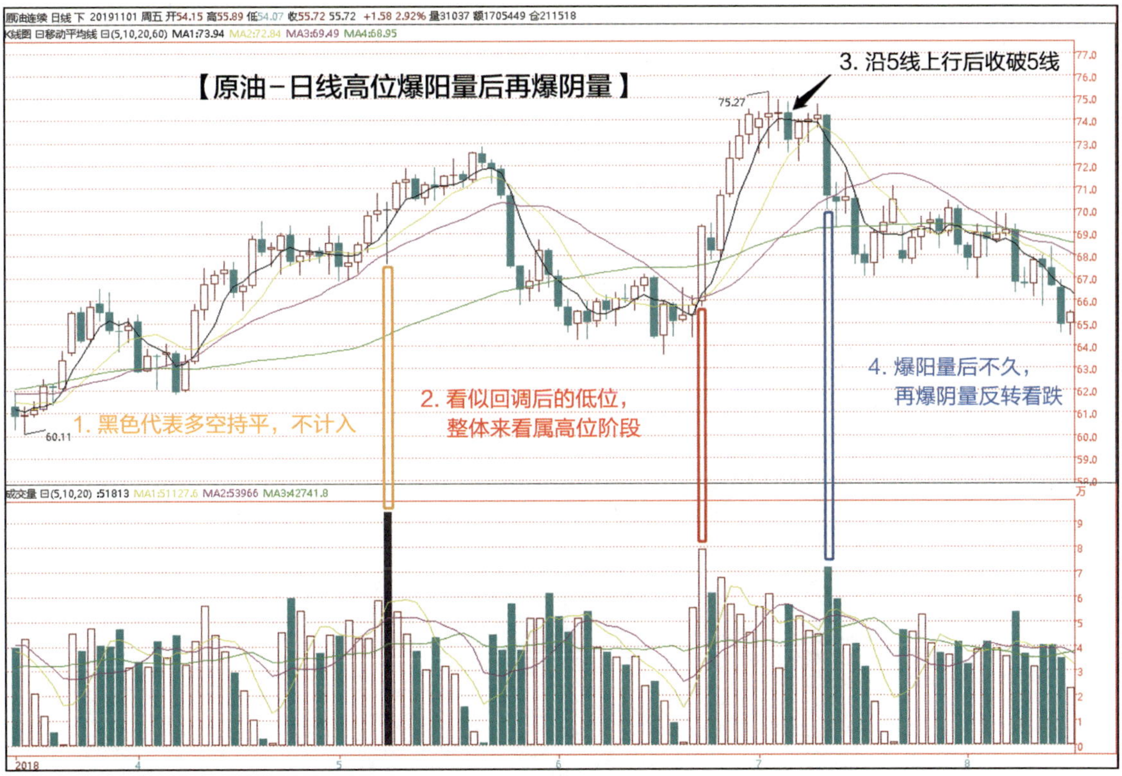

图 187 WTI（美国原油期货连续）在 2018 年 4—8 月的日 K 线走势

【图形特征】

标记1：十字星线的爆量不计入，灰色（多空持平）的量不计入。

标记2：看似低位，但前面回调的幅度不大，从整体阶段位置来看，属于高位，再结合后面爆阴量，顶部就完美形成。

标记3、4：在爆阳量后再创新高的涨势中一直沿5线上行，直到出现收阴在5线之下，说明多头止涨，随后3连阳递减削弱，再爆一根阴量，随即行情开始进入下降通道。

【综合分析】

我们从图187整体来看，标记2在回调后的低位爆阳仍可参与多单，在标记3时全部止盈多单，在标记4时参与空单，这是不是简单明确的交易技巧？此前该技巧一直没有在书本中公开，仅出现在“志尚投教”平台“14节课：黄金　外汇　原油　揭秘交易的核心体系”系列视频的第14节“T+0成交量判断波段顶底技巧”中。如果读者朋友们想要深入学习，不妨观看这节视频课程。

案例188

低位爆阴量后再爆阳量反转看涨

图 188　WTI（美国原油期货连续）在 2015 年 10 月—2016 年 5 月的日 K 线走势

【图形特征】

标记1：虽然没有爆出巨量，但比近段时间的阴量大，说明接近底部了，随后再爆阳量为确认信号，确认后参与多单，此时应空单止步、为多单信号出现做准备。

标记2：随后不久果然迎来了扎堆阳量，并超出前面所有阳量之最，虽然行情二次探底，但仍是“阳肥阴瘦”的多头特征。

标记3：一轮回升中突破1.0位置（黄金分割线）后再回踩1.0位置获得反支撑，并伴有阳量递增回升。同时在60线上“三线”（5线、10线和20线）先死叉再金叉+突破，属于回调到位后的重拾升势特征。

标记4：在60线上“两线”（5线和10线）先死叉后金叉+突破，属于上涨中继特征。

【综合分析】

根据爆量判断顶底的买入信号，再运用“志尚四线理论”进行捂单和确认卖出信号，一套简单实用且立竿见影的技巧适用于任何周期图，简单的事情长期、重复做，做精一张图、做精一种手法和做精一个品种，最终它能成为你赚钱的绝招。

案例189

阳量递增后再爆阴量反转看跌

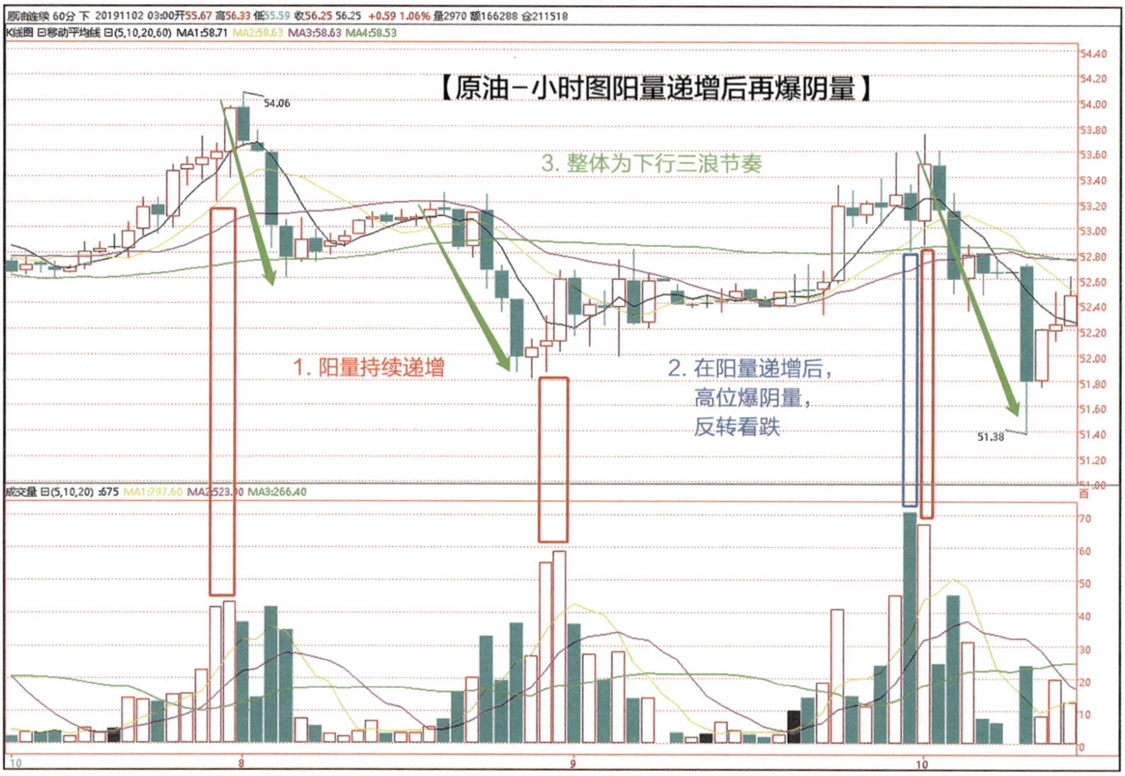

图 189　WTI（美国原油期货连续）在 2019 年 10 月的 60 分钟 K 线走势

【图形特征】

标记1、2、3：高位阳量持续递增，随即伴有爆阴量，为波段回调的开始；一轮回调的低位再爆阳量，为波段回升的开始；回升中在前高位受阻时先爆阴量，后爆阳量但没有吞没前阴量，接着再爆阴量，为又一轮回调下跌的开始。整体来看为下行三浪的波浪特征。

【综合分析】

我们从图189整体来看，前面的图解以日K线图为案例，此图以60分钟的小时图为案例，对于小波段行情来说仍然可以运用自如。

案例190

阴量递减后再爆阳量反转看涨

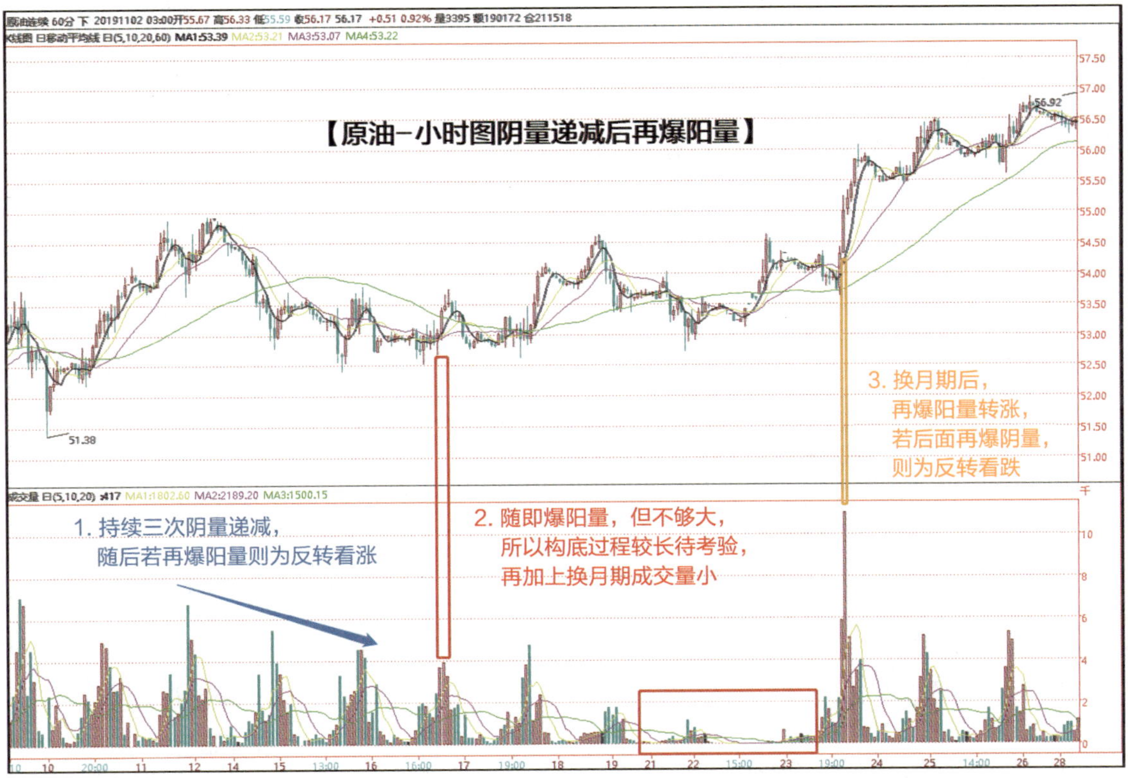

图 190　WTI（美国原油期货连续）在 2019 年 11 月的 60 分钟 K 线走势

【图形特征】

标记1：三堆量能中最突出的是三根阴量递减，代表回调即将到位。

标记2：紧接着在低位爆一堆阳量，行情随即开始回升。后再爆一根阴量为多单止步信号，待爆阴量时是空单的信号。图190中的横框处为美国原油期货合约换月期，量能削减，低迷期以观望为主。

标记3：因为笔者看的是美国原油期货连续，所以在换月期后行情会延续下一个合约月份的价格，一般来讲，当完成换月后若先爆阳量则后期看涨，若先爆阴量则后期看跌。

【综合分析】

我们从图190整体来看，美国原油换月期为每月21—23日，读者朋友们可以将K线图缩小，就会发现每月这个时间段内的成交量最小。当然也可以提前切换到下个合约月份的行情，因为笔者看的是连续行情，所以不用每个月去切换合约。

案例191

结合MACD底背离共振法

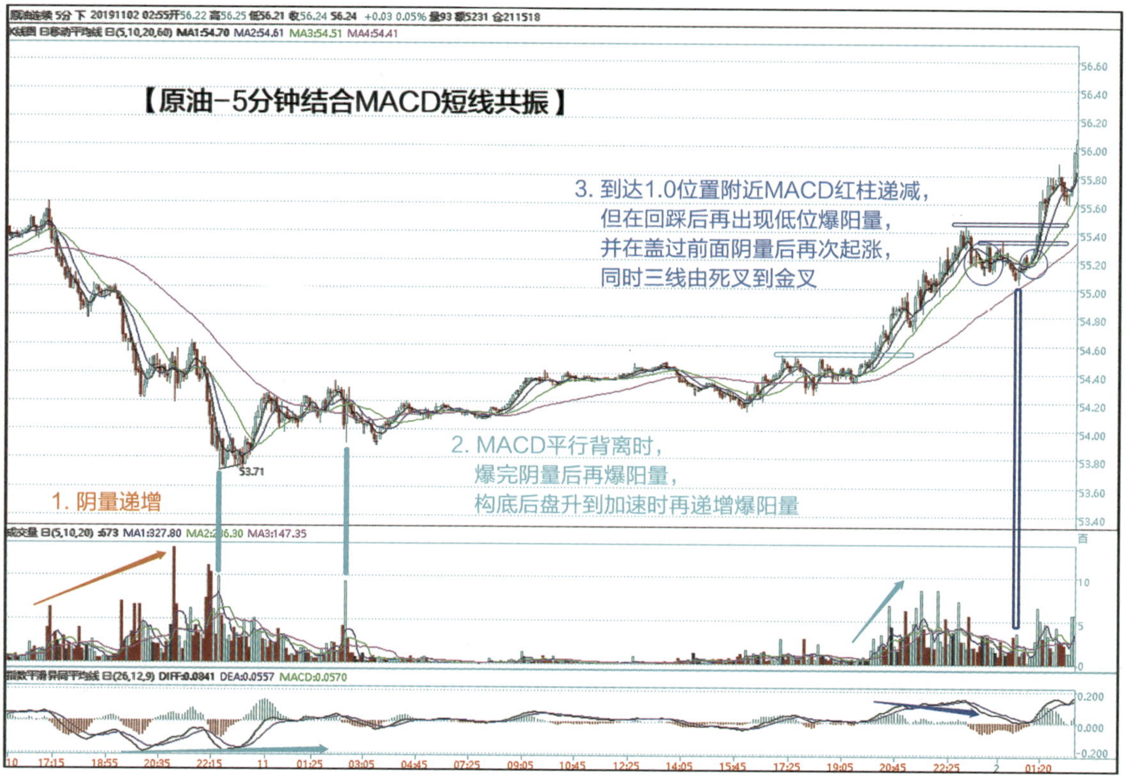

图191　WTI（美国原油期货连续）在2019年11月的5分钟K线走势

【图形特征】

标记1：左侧下跌三浪中，持续三堆阴量递增，说明探底临近，在完成第三浪下跌后再爆阳量，为精准的做多信号。

标记2：在下行三浪完成浪形周期后，行情会反向进入新的浪形周期，此时低位两次爆阳量酝酿多头，同时MACD两条线也开始平行背离。直到后面阳量开始持续递增，才是行情正式爆发上涨之时。

标记3：酝酿之后的上涨中，在回补前三浪的跌幅时，当在前高点附近即黄金分割线0.809～1.0位置之间时，难免会有压力。所以，行情在此处出现了三线交叉。从细节来看，在出现交叉之前，MACD已有红柱递减现象，交叉后出现红柱递增现象。

【综合分析】

我们从图191整体来看，如果将左侧形态识别技巧学会，再结合在关键时期出现的爆量信号及MACD背离技巧，就可提升识别做单的多个条件依据共振信号的能力，同时也能提升成功率。

案例192

结合MACD顶背离共振法

图 192　WTI（美国原油期货连续）在2019年10月的5分钟K线走势

【图形特征】

标记1：阶段低位先爆阴量再爆阳量，为看涨条件信号。

标记2：阶段高位出现单根爆阴巨量，为看跌条件信号。

标记3：结合MACD柱与线同步第三次顶背离后，行情正式进入回调下跌周期。

【综合分析】

我们从图192整体来看，同样的方法技巧还可运用在1分钟图中，也可以将1分钟图和5分钟图结合起来看，特别是对超短线来讲更适合。另外，做期货化工类（例如沥青、EG、PP、EB、甲醇和燃油等）均可实时参考原油1分钟图和5分钟图的走势以及爆量技巧。当然，若原油中大周期有高低位爆量条件出现，建议不要错过大趋势赚大钱的机会。

【本节总结】

注意事项：

1. 一定是超越前面较长时间以来的巨量才更有效。
2. 不排除短时间内持续三次放量，但一定是逐根递增。
3. 巨量后回抽与修整时一定要观察量肥量瘦的关系。
4. 巨量后持续伸延可顺着1～5分钟右侧顺势追单和捂单。
5. 越是小周期越要密切观察其后的转变。
6. 在此基础上一定要结合左侧形态指标和右侧四线顺势技巧。

第四节 期货成交量的分析方法

案例193

60线之上山地堆量买卖法

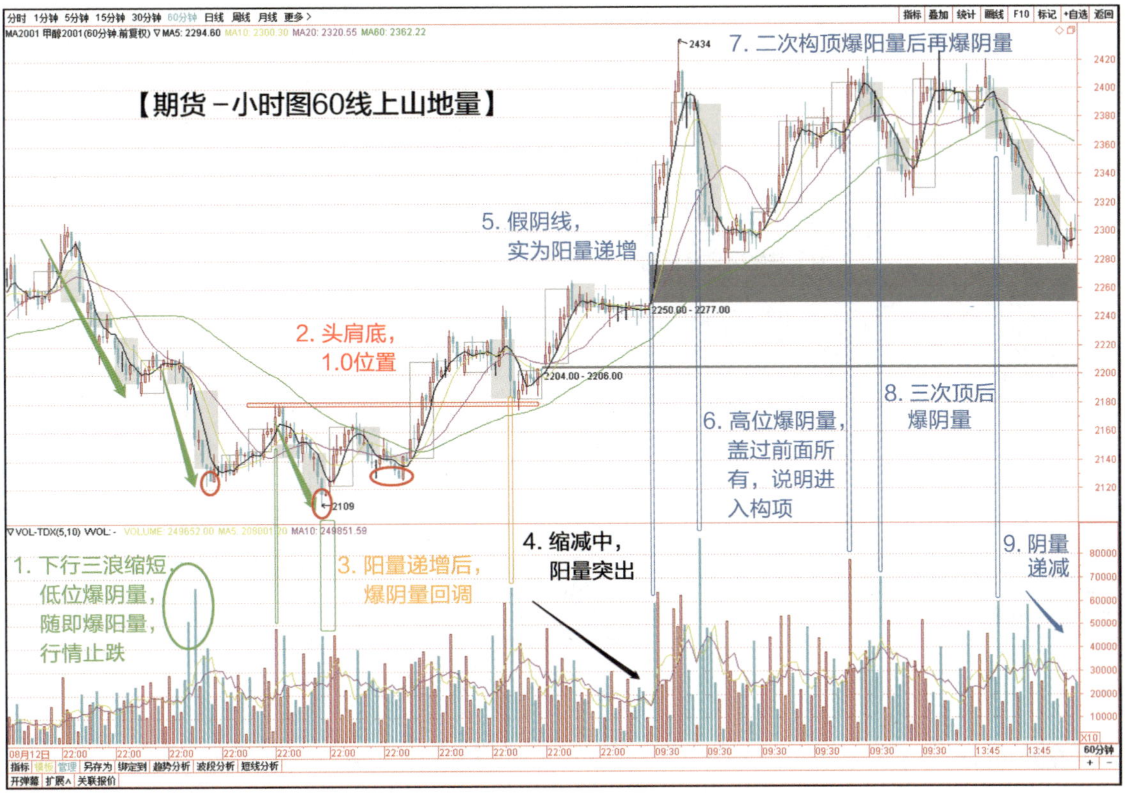

图 193　（期货）甲醇 2001（MA2001）合约在 2019 年 8 月的 5 分钟 K 线走势

【图形特征】

先有左侧下行三浪缩短，再有头肩底构底，后有右侧上行三浪拉长的特征。

【综合分析】

我们从图193整体来看，期货相比前述中的原油爆量识别更复杂一些，但我们将K线图缩小之后，对比的视觉感就展现出来了。另外，图中标记9在阴量递减后，若再爆阳量为看涨信号。

案例194

60线之下山地堆量买卖法

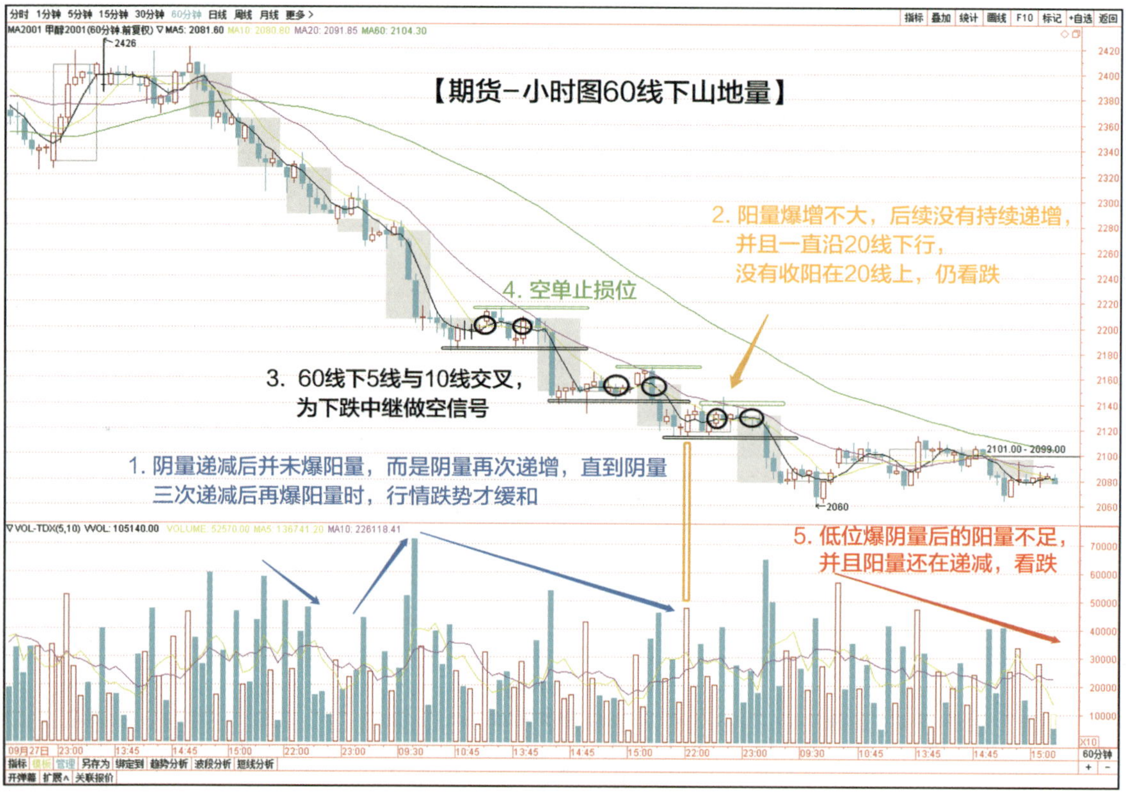

图194　（期货）甲醇2001（MA2001）合约在2019年9月的60分钟K线走势

【图形特征】

在单边行情中一定要运用先以大势为重的四线看盘技巧，如图194中，行情一直在60线下沿20线下行，再结合爆量细节技巧，就可把握每个下跌阶段的做空单机会。

【综合分析】

我们从图194整体来看，量能复杂时，我们有可能会看花眼，不妨将量能分为两部分或两步来看：第一步看整体中最突出、最长的量的关系；第二步看邻近的持续递增或持续递减量的关系。

案例195

价涨量增+高位爆阴量看跌

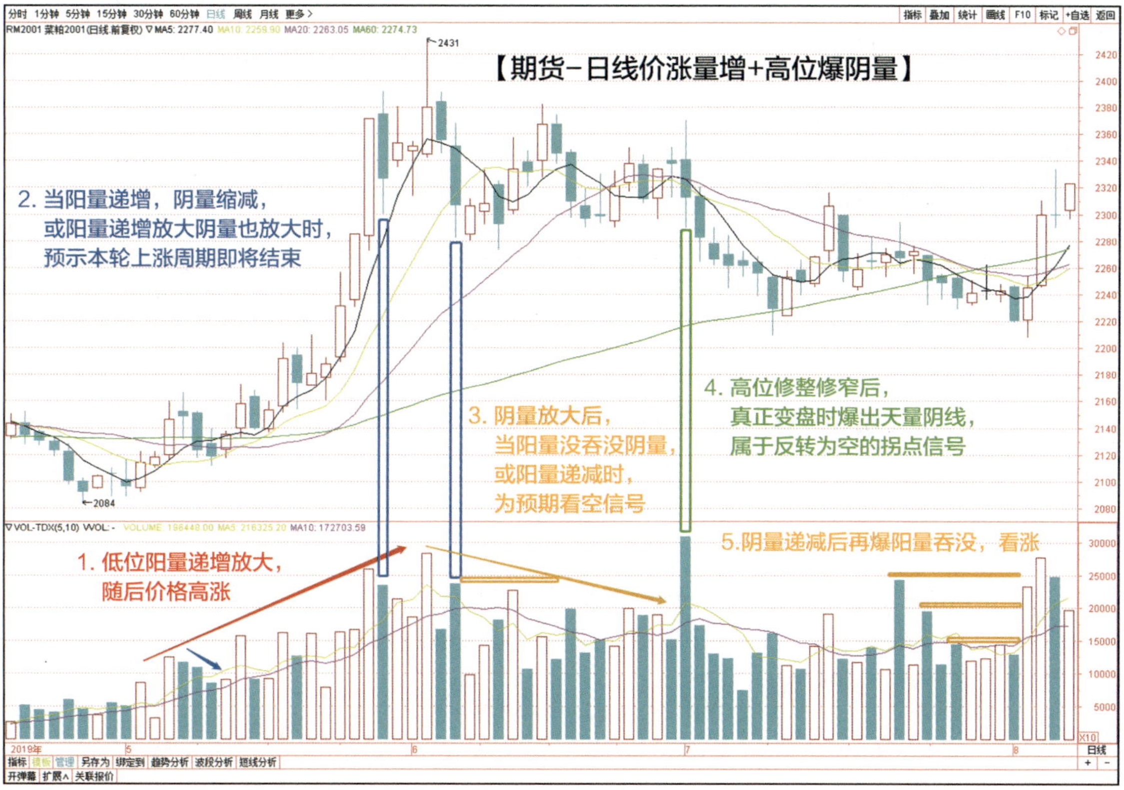

图 195 （期货）菜粕 2001（RM2001）合约在 2019 年 4—8 月的日 K 线走势

【图形特征】

标记1、2：一轮上涨中，K线由短到长完成一轮上涨周期浪，途中阳量持续递增逢阴量缩减，属于良好的上涨通道趋势；与股票一样，此途中每逢缩量阴都是低多的信号，直到高位阳线拉长、伴有阴量放大时，多单才止步。

标记3：在高位横向修整中，阳量递减，且一直没有吞没前一根阴量，所以预期看跌。

标记4：在高位修整的末端收窄后变盘时，再爆阴量并吞没前面所有的量，为下跌的拐点信号。

标记5：一轮下跌后的低位横向修整中，先是阴量递减，后是阳量递增，并且阳量吞没前面的阴量，为看涨信号。

【综合分析】

我们从图195整体来看，期货日线量能的变化比小周期的量能变化更明朗，所以在实操中建议先看日线和周线的量能变化，再从小周期的量能变化中顺着日线和周线的方向去制定交易策略，这样才更稳妥。

案例196

价跌量减+低位爆阳量看涨

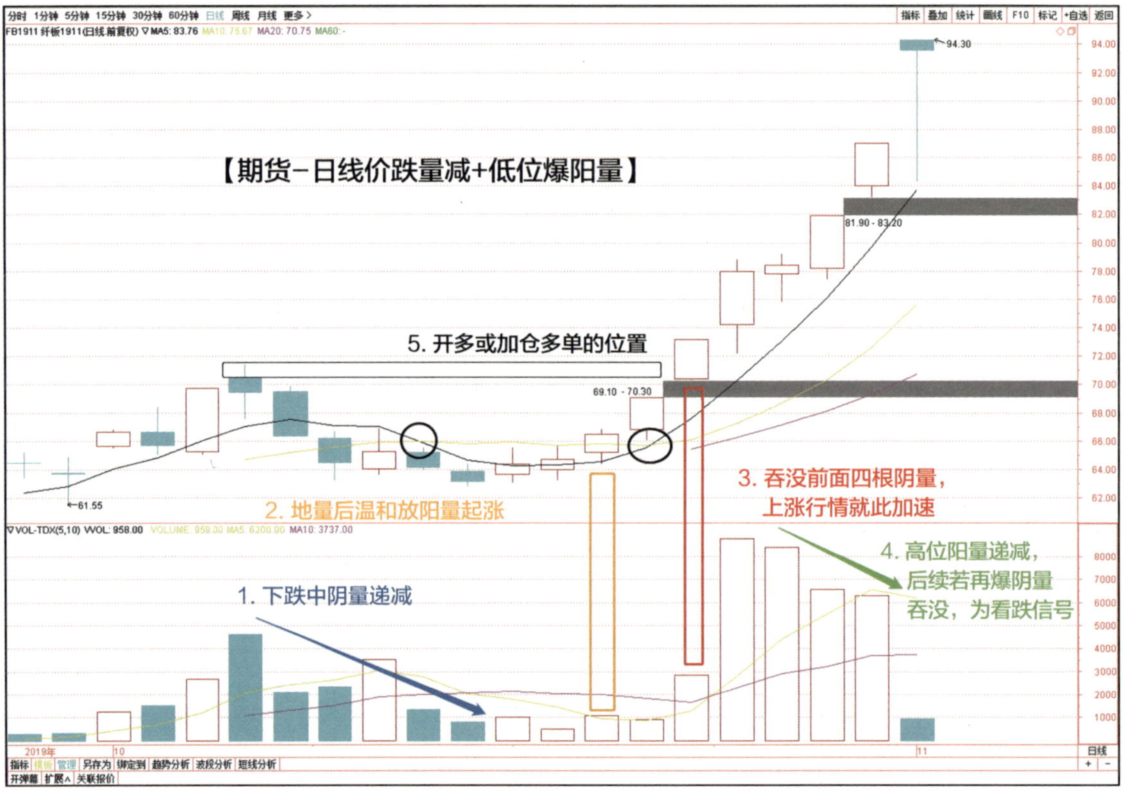

图196　（期货）纤板1911（FB1911）合约在2019年10月的日K线走势

【图形特征】

标记1：回调中阴量递减，属于多头洗盘特征。

标记2：直到地量后再呈现阳量温和递增，为洗盘到位再重拾升势的特征。

标记3、5：一根阳量吞没前面四根阴量，并且价格也突破新高，为多单加仓信号，随即行情也开始进入加速上涨周期。

标记4：从图中可看出常被笔者用于趋势分析的主图指标（EXPMA/12日均线和50日均线两

条线）先死叉短期内再金叉，属于“梅开二度”的看多条件，从金叉开始3连阳+十字星中继+3连阳冲顶，形成“两头长中间短”的浪形结构特征。同时在后半部分阳量递减，若再爆阴量即为反转看空信号。

【综合分析】

我们从图196整体来看，在期货的中大周期图中进行量能分析，实则与前述中的股票量价关系一样。后续笔者计划再写一本《做精期货一本通》，敬请关注与期待。

案例197

反弹中阳量递减+爆阴量后看跌

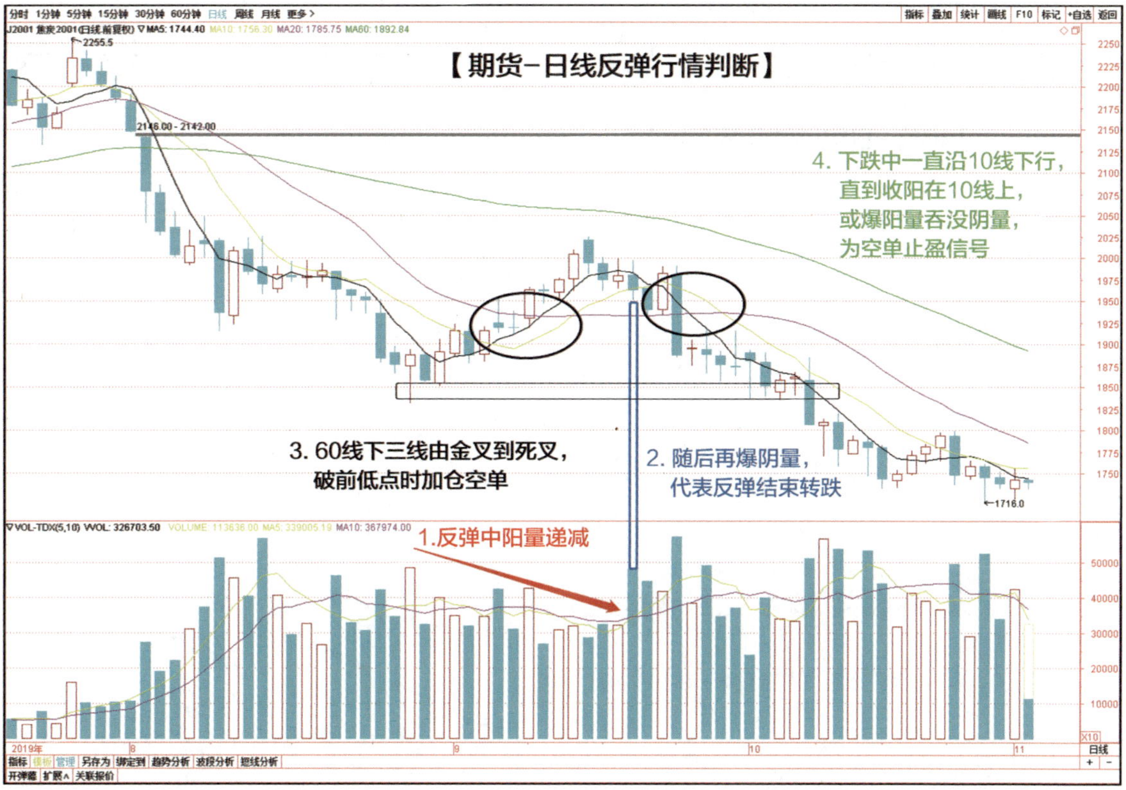

图 197 （期货）焦炭 2001（J2001）合约在 2019 年 5—10 月的日 K 线走势

【图形特征】

标记1：低位反弹中阳量间接性递减，难构成反转的条件。

标记2：随即再出现爆阴量，吞没前面的量能，意味着反弹正式结束，并进入原有空头下跌通道。

标记3：其间在60线之下三线交叉+突破前低是加仓空单的信号。

标记4：下跌中一直沿10线下行，待收阳在10线之上或者爆阳量吞没前面的阴量时，为由空转多的信号。

【综合分析】

我们从图197整体来看，如果单纯用四线技巧的买点条件（三线或两线交叉+突破），可能会滞后，但若结合爆量技巧，就可提前精准地在拐点位置买入。

案例198

回踩中阴量递减+爆阳量后看涨

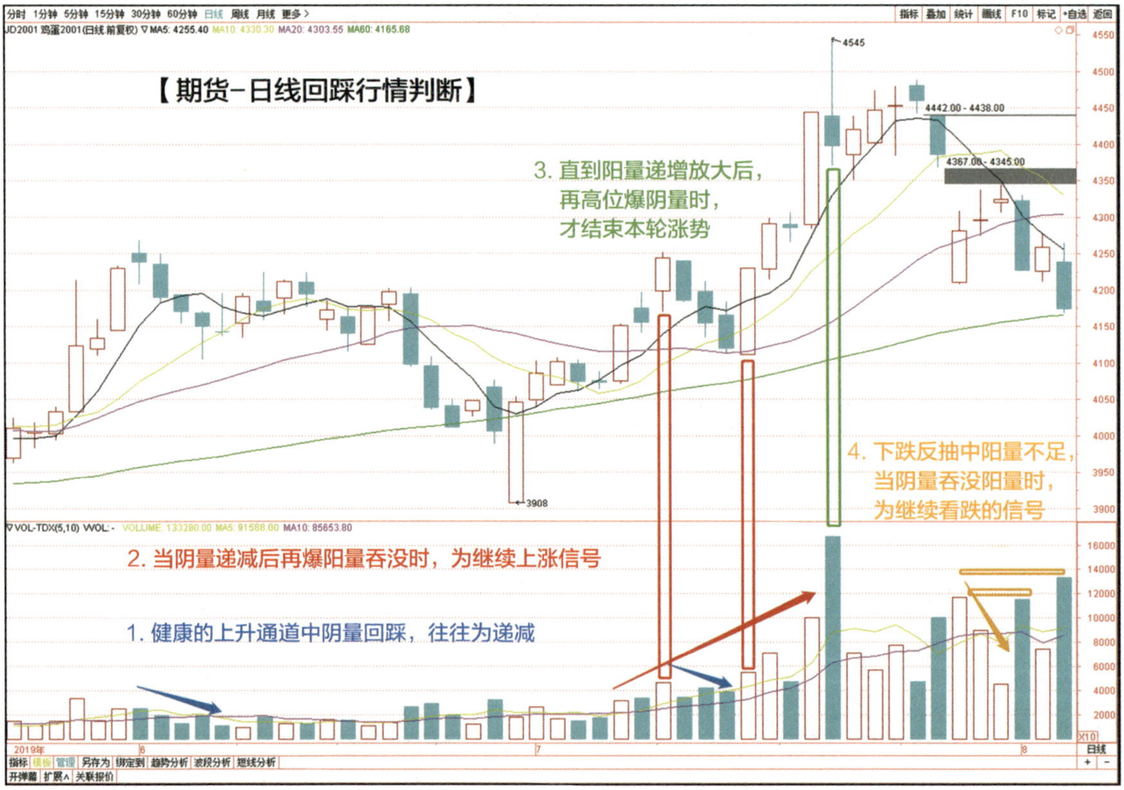

图198　（期货）鸡蛋2001（JD2001）合约在2019年5—8月的日K线走势

【图形特征】

在日线大趋势的正常回踩或回抽过程中观察量价关系特征细节。

【综合分析】

我们从图198整体来看，先“一线定势”，行情处在60线上运行的多头趋势中，再观察每次回抽后的量能关系，以便把握低多机会。注意在一轮震荡上行中，不一定要对每一小段行情都那么在意，当不清楚某些小波段信号，无法准确判断时可以放弃，只做其中能看懂、成功率高的那一段即可。

案例199

阳量3连递增做多法

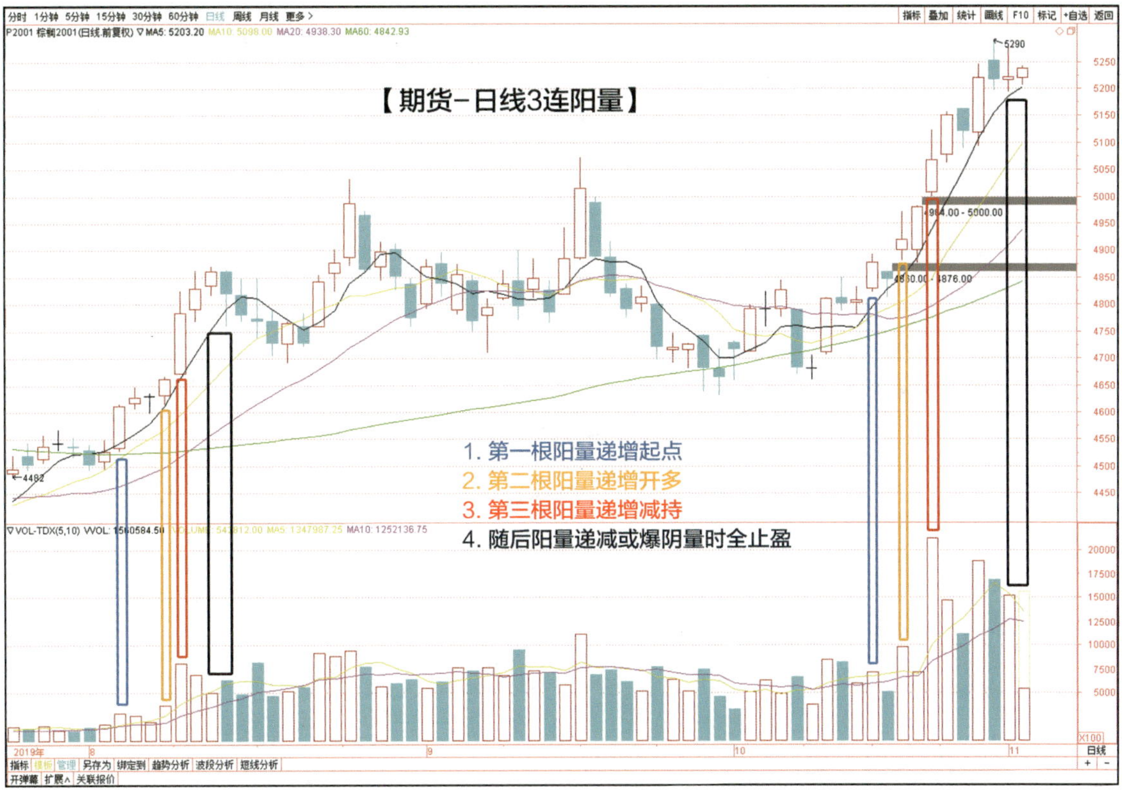

图199 （期货）棕榈2001（P2001）合约在2019年8—10月的日K线走势

【图形特征】

日线阳量能与3连线存在明显关联。

【综合分析】

我们从图199整体来看，为什么在第三根递增量时要减持或止盈？因为其与“3连线”

有关系，这是在可把控范围内安全系数最高的决策。超出范围可做可不做，若做则轻仓快进快出。

案例200

阴量3连递增做空法

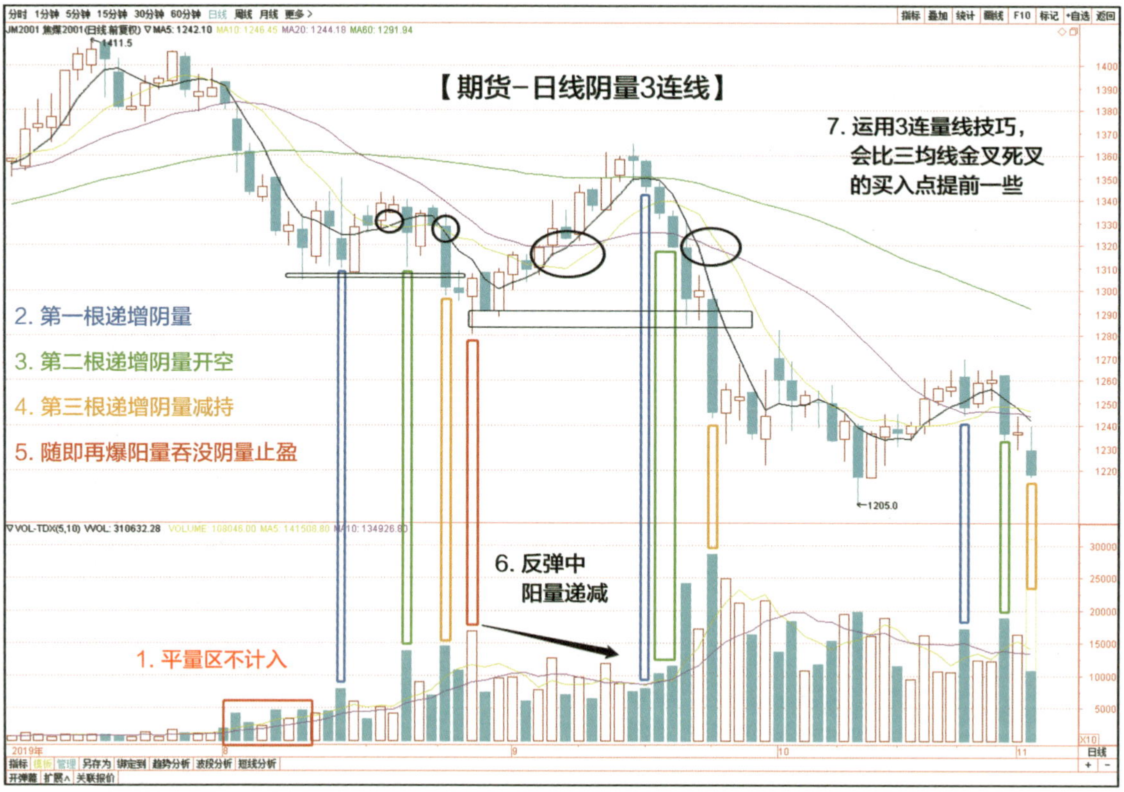

图 200 （期货）焦煤 2001（JM2001）合约在 2019 年 7—11 月的日 K 线走势

【图形特征】

日线阴量能与3连线存在明显关联。

【综合分析】

我们从图200整体来看，无论是波浪“3+1”、MACD的柱堆还是3连线、3连量柱之间的关联，我们在第二次相比第一次增加的情况下去做第三次的递增，更容易把握，且成功率也较高。

【本章综述】

特别是在原油、期货和比特币市场中，成交量细节技巧和高低位爆量识别波段顶底技巧极为重要，读者朋友们可以在复盘和操练中发现其神奇之处。

例如比特币市场无论在哪个周期图中，每一个顶底都会出现爆量，只要娴熟运用爆量技巧，行情的把控也就顺利了。再例如期货市场最注重的量能有“高低位爆量、持续阳量增阴量缩代表多头伸延和持续阴量增阳量缩代表空头伸延，以及上行通道中出现缩量阴的低多信号与下行通道中出现缩量阳的高空信号”。如果采取“志尚四线理论”右侧交易，做5分钟图的组合条件：小时图和5分钟图在60线之上，“三线或二线交叉+突破前高+阳量增阴量缩+1分钟图综合盯盘”，由此寻找最佳买入信号，然后沿着1分钟图或5分钟图的5线或10线捂单，直到收阴在沿线之下就全平。

该书的干货较多，细节也较多，技巧好不好用取决于是否用心。关于更多期货实操方面的知识，笔者将在下一本新书《做精期货一本通》中详解。

第六章　在各市场运用K线技巧的注意事项

一、理念观点

K线图走势反映的都是市场“人性”的变化，无论哪个市场都存在人性的博弈，所以在所有有K线图的市场中，K线技术运用技巧都是相通的，这也是市场最直观的体现。

二、反常之处

在人气低迷、成交不活跃、流通盘较小、易受主力操控等的个别品种中，K线走势规律很容易出现反差，会出现不按常理出牌的现象。例如冷门股、ST股、小盘股，成交量低迷的部分期货品种，甚至K线不完整、不连续的品种。

三、阶段位置

在不同时期和不同阶段位置，也会走出不同形态的行情，会导致失去往常规律。例如在政治动荡、政策变化、横向震荡阶段等，人性恐慌和人性不稳定时，K线走势也将出现无规则的反常。

四、消息窗口

在每个品种有直接相关的数据发布窗口前后，都会出现人性的猜疑和不稳定现象，K线行情也将出现上下乱窜，甚至利好未必会涨、利空未必会跌，或者买预期卖事实，以及诱多诱空等现象。在这种不确定性较大的窗口，最好提前空仓观望，待市场“人性”多空达成一致时，或消息行情消化之后回归原趋势时，再重新在全面分析中寻找交易机会。与此同时，读者朋友们一定要了解自己交易的品种有哪些不同的交易规则和市场属性，受哪些重要数据消息的影响，要明白消息数据公布的时间窗口，以提前防范和做好两手应对准备。因为重大消息发布时，K线图往往不按技术规律走。

五、大趋势背景因素

K线图的变化因人性而变化，人性的变化因市场基本面的背景变化而变化。例如供需关系、货币汇率、国际政治、国际经济、经济周期、行业与企业的生命周期，以及天灾人祸等导致市场大转变，产生技术性风险和系统性风险以及非系统性风险，这些都将影响与改变K线图的大趋势。

六、以不变应万变

你学到多少K线技术？熟悉多少交易技巧？只在自己能把控的范围内去做好其中一段行情，对于不熟悉的图形、没把握的图形、共振条件较少的信号、不确定性因素较多的情况等，建议以回避为主，宁可错过也不做错。只在熟悉的地方去做自己有把握的交易，无论在哪个市场或操作哪个品种，我们只认和图形相关的技巧，并坚持做精自己最擅长的那种技巧。

七、一定要量化定式

在多年来的教学以及与同学们的交流中，笔者发现，即使技术学得再好，如果在交易细节和仓位控制以及交易手法方面，没做到一种“量化定式”，最终仍可能面临亏损，甚至会怀疑技术、技巧的有效性和怀疑自己是否不适合参与交易。

招式细节不固定：符合1个条件就开仓，符合2个条件也开仓；或者A图形做一单，B图形也做一单，C图形也做一单等。随心所欲地频繁交易，没有固定的图形或固定的条件信号依据。

仓位分配不固定：一会儿1成仓交易，一会儿2成仓交易，一会儿3成仓交易，随心所欲地乱分配仓位，导致做对的单仓位轻了少赚、做错的单仓位重了大亏，甚至有一单亏损回到“解放前”的可能。

止损位不固定：在盈利时没有捂单技巧，不能将利润更大化，也没有分批止盈的习惯；在亏损时没有底线限定，甚至图形已经被破坏了仍在持仓，导致风险无限放大。例如笔者常交易的图形条件有5～10个点的止损风险，那么它的预期利润空间是15个点以上止盈。另外，在把握买点的时候，一定要讲究“近损”的理念，例如看好一张图的预期，没忍住手就立即下单，可能因为买入点位没把握好，导致离破坏该图形时的止损点位较远。所以一定要在破坏该图形条件的价位附近去买入，这样止损幅度最小。或者在离止损位大于10个点的情况下放弃买入，如此才能做到将止损幅度控制在一定范围内。

如果按“志尚投教”平台“量化定式”课程中的要求去完善交易体系，则可采用固定的图形+3个以上的条件信号+每单固定的仓位+每单固定的止损幅度，其余就交给胜率比。例如10单成功4单以上就能实现整体盈利，同时还会非常稳定。

我们学习所有相关知识，都是冲着市场的钱去的，如果钱来得快去得也快，那不是理性的投资交易，理性的投资交易需要持之以恒的稳定性，做到细水长流才能积沙成塔。

如果缺乏上述认知或者没有遵守交易纪律，那么我们学到的各种分析和交易技巧都不能派上用场，因为“量化定式”环节占交易成功条件的50%，所以有了丰富的K线技术知识后，还需一套固定的量化定式交易模型，仅在此框架内去做交易，才能持续稳定，而不是随心所欲、无约束地交易。

本书《一张K线图赢遍全球市场》的续作是《一种交易模型赢遍全球市场》和《一种交易心态赢遍全球市场》，三本书组成完美组合，可畅行于全球所有K线图市场的交易，并且缺一不可。因为对K线图中的高概率条件没有深刻认识，踏不准行情的运行节奏以及把握不到最好的买卖信号就无法实现稳定盈利；没有一套完整的交易模型就会导致盈亏漂浮不定；没有一种能控制与保持良好心态的常规做法就会扰乱全局，所以笔者敢说，这三本书可以将K线图交易的精髓推向新的境界。

正因为有读者朋友们对笔者一路的支持与信任，笔者才有了充分的动力，讲解读者朋友们迫切需要的交易技术、技巧。笔者之所以一直专心、专注于面向读者朋友们的投教工作，是因为希望能帮助更多的人。

附 录

附录一 “志尚投教”海量视频在线学习平台

“志尚投教”是专注于读者教育培训的视频课程在线学习平台，读者在此既可学习又可分享获取收益，实现低价甚至免费学习。

视频课程内容包括与股票、期货、黄金、原油、外汇、投资理财、揭秘各种投资陷阱、相关法律法规知识等相关的系列视频课程，还有金融类经典图书在线解读的线上、线下“读书会”以及未来的“金融书吧”实体，全方位伴随读者学习和成长。

附录图 1 志尚读书会海报

教程内容集中于分享各类投资知识，具有独特原创、系统全面、实用性强、精简易学的特点，尽是干货。其部分内容免费，部分内容收费，可实现足不出户、随时随地轻松学习投资知识。精益求精的内容、大众化的优廉价格，希望能给读者提供一些帮助。

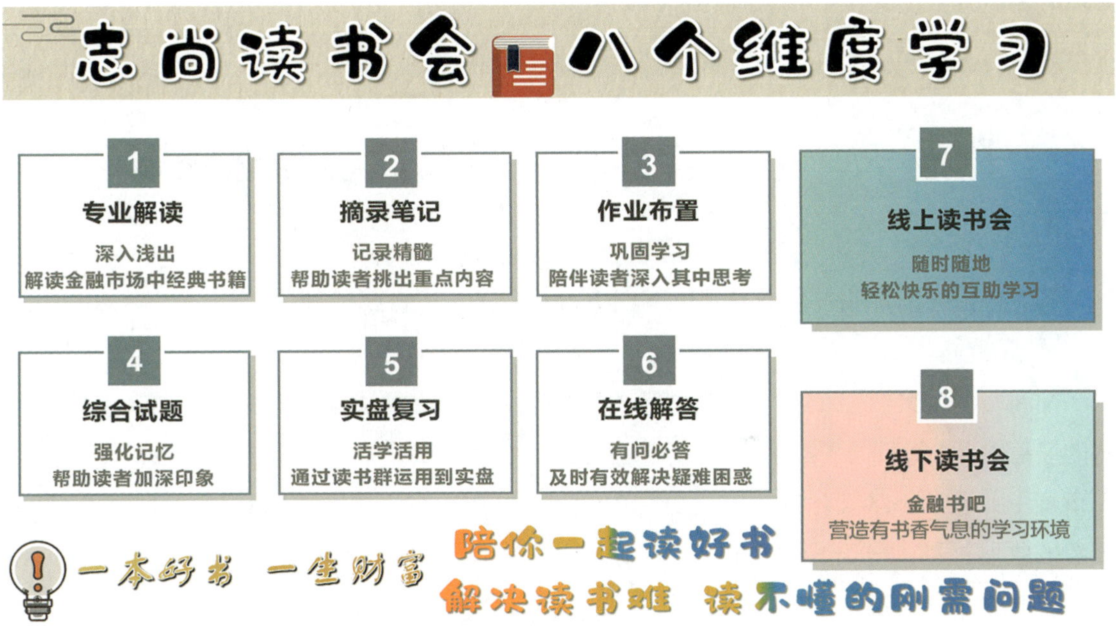

附录图 2 志尚读书会简介

手机学习方式：在微信上搜索“志尚投教”，可通过公众号或小程序点击进行关注，可随时随地在手机上学习。

电脑学习方式：在电脑上登录微信，点开“志尚投教”的公众号，再点击底栏中的“志尚投教”，打开后点击学习入口进入，即弹出网页。为了使视觉体验更好，建议读者使用电脑学习，可以放大视频至全屏模式。

免责声明：本平台仅提供金融投资知识培训与教育的相关案例信息，主要专心为志尚读者服务，不提供任何直接或间接的证券投资咨询和顾问服务及证券经营业务。本平台不荐股、不代客操盘、不承诺收益和不参与收益分成。市场有风险，入市需谨慎。本平台内任何信息仅供参考，盈亏自担！

附录二 【读者福利】四大惊喜等您领取

笔者特地为读者朋友们准备了以下四类福利奉送，请自愿选领。

福利1：鉴于志尚团队与头部券商（上市公司）达成的战略合作关系，对于经志尚团队的渠道引荐开立“股票”账户的读者朋友，股票交易手续费的收取标准为“万分之1.2”（市场中普遍的手续费标准为“万分之2.5”或“万分之3”）；场内ETF、可转债交易手续费的收取标准为“万分之0.5”，同比可节省交易成本50%以上（一年可节省数千元以上）；融资融券仅收取5.3%～6%的手续费，并配有专属人员跟踪服务。因此，对于有意向参与股市交易的读者朋友们，笔者强烈建议趁此福利机会开一个账户，以便往后有需要，一次开户后此优惠长期有效。

福利2：鉴于志尚团队与老龙头期货公司（上市公司）达成的战略合作关系，对于经志尚团队的渠道引荐开立“期货”账户的读者朋友，期货交易手续费仅在交易所收费的基础上加0.01～0.03元（一年可节省万元以上），同时还可享有专属微信群交流服务。一次开户后此优惠长期有效。

福利3：鉴于志尚团队与香港某国际金融集团（旗下有六家上市公司，平台安全可靠，工作日内可随时到该集团参观考察）达成的战略合作关系，对于经志尚团队的渠道引荐开立“黄金、外汇、原油和国际股指”国际盘账户的读者朋友，交易手续费全免（可节省一半的交易成本）。但需注意：因国内对国际盘的政策限制，以及高杠杆的风险，还请读者朋友们慎重考虑是否开户和参与交易。

福利4：购买笔者所著任意图书的读者朋友，凭持书拍照为证，每购买一本书即赠送100元现金券（例如：购买3本即赠送300元现金券），该券可通用于“志尚投教”平台上的学习抵用（没有时间或门槛限制），凭券还能额外免费学习100元的视频课程。因此，笔者建议读者朋友们使用现金券兑换平台线上的VIP会员，或者兑换志尚读书会系列书籍的解读视频课程，进行学习。

获取以上福利请联系志尚客服微信号（微信扫一扫二维码）。

结　　语

笔者再次强调自己的观点，仅供大家参考：第一个观点是只做两三种或一种成功率较高的图形，简单的事情重复做，并一直坚持下去，奇迹必会发生。不要固守一个市场，而应该熟悉全品种相关市场的性质和交易规则，先扫描中大周期图是否有大趋势机会，如果没有，再继续做回自己最擅长品种的中小周期图。

例如，你是以股票交易为主的交易者，当股票有结构性上涨行情时，就集中精力专做股票；股票上涨行情结束后，再扫描期货看原油、黄金，外汇看美元指数，若发现美元指数的周线、月线有下跌趋势，就集中精力做多黄金或外汇品种中与美元反相关的品种；若发现原油的周线、月线有上涨趋势，就做多国际盘原油或做多化工类的期货品种。无论是做短线还是波段以及中线，都应在大趋势的背景下，顺势而为。如此，在全年当中才能始终做有大趋势行情的相关品种。

第二个观点就是，T+0交易在国内已经不再陌生，而且不断在普及，所以长期交易者必须尝试增强对T+0市场的适应性，因为未来A股实行全面注册制后，也有实施T+0的可能性。并且T+0市场对K线技术水平的要求较高，要求应变能力较强，日内通过小周期图能发现多组图形的买卖信号，这对技术、技巧的练习有极大的帮助，能使交易者快速提升自己的交易能力水平。所以，对于T+0市场，可用少量资金练习参与，当作技术、技巧的实战练习场。

本书满是干货，读者朋友们一定要认真用心品读，一定要多看几遍，不要漏读某个字或某句话。然后从中精挑几种自己最容易理解且熟知的方法技巧，整理成套，完善自己的交易体系。学习受益后，若能将该书分享出去，也算是对笔者的默默支持。

有关笔者更多的作品，读者朋友们可在百度、当当、京东、淘宝等平台搜索“李志尚”查看相关信息。

本书写作时间均为夜深人静时，经过半年之久的打磨，最终成册，其中难免会有错漏的地方，还望以书结缘的读者朋友们能不吝赐教，批评指正，笔者将不胜感激。关于本书的出版，笔者要感谢广东经济出版社编辑室主任罗振文老师、编辑周伊凌与孙媛的付出，以及志尚团队（张超、张洲、曹仁、何欣）等同仁的关心与帮助。

万书列中，能翻阅到笔者的书籍，也是一种缘分，希望这缘分能开花结果。若读者朋友在阅读过程中有疑惑需要解答，请按以下方式与笔者互动交流。在此，祝福广大读者朋友在投资中学以致用，收益丰厚！

以书结缘　互动方式：

电话：4006917866　QQ：420150497

官网：www.zswm168.com　微博：https://weibo.com/LZSV5

微信扫一扫，使用小程序

“志尚投教”公众号　　在线学习小程序

李志尚

2020年夏于深圳